Ulf Engel

GEGEN DIE

LAUFRICHTUNG

Fußballgeschichten

Ulf Engel, geb. 1960 in Stuttgart, ist seit Jahrzehnten vom Fußball fasziniert. Er lebt und arbeitet in Heidelberg.

© 2020 Ulf Engel
2., überarbeitete Auflage Juni 2021

Ulf Engel
Cover & Umschlaggestaltung: Liliana Rieß, Lorenz Milla

Verlag & Druck: tredition GmbH, Halenreie 40-44, 22359 Hamburg
ISBN: 978-3-347-34627-7 (Paperback)
ISBN :978-3-347-34628-4 (e-Book)

Bibliografische Information der Deutschen Nationalbibliothek:
Die Deutsche Nationalbibliothek verzeichnet diese Publikation in der
Deutschen Nationalbibliografie; detaillierte bibliografische Daten sind
im Internet über http://dnb.d-nb.de abrufbar.

Inhalt

Eintrittskarte

Ausgekontert

If Japan score here, Belgium are going home.

Die Uhr steht bei +3:29, 31 Sekunden vor dem Ende der Nachspielzeit von vier Minuten, als Heisuke Honda den Eckball von links hereinschlägt. Die Luft brennt in der Rostow Arena. Beim Spielstand von 2:2 scheint eine Verlängerung bevorzustehen, aber gerade in den letzten Minuten haben beide Mannschaften versucht, die Entscheidung vorher zu erzwingen.

Vielleicht liegt es am Spielverlauf: die Tore sind alle in der zweiten Halbzeit gefallen, Japan, der Außenseiter, führte zunächst mit 2:0, dann glich Belgien, das als einer der Favoriten für den WM-Sieg gehandelt wurde, aus. Spieler wie Zuschauer sind emotionalisiert. Gerade hat Belgien noch gedrückt, der japanische Torwart musste innerhalb weniger Sekunden zweimal spektakulär eingreifen. Dann haben die Japaner ihren Angriff, Courtois, der das belgische Tor hütet, verhindert mit Müh und Not ein Eigentor. Kurz darauf lenkt er einen von Honda geschossenen 40-Meter-Freistoß zur Ecke.

Und die fliegt jetzt herein. Japan ist im Aufwind, wie schon in der kurzen Phase, als sie mit zwei Toren vorne lagen. Ein Japaner steht bereit, eine eventuell kurz ausgeführte Ecke anzunehmen; in diesem Moment ist er arbeitslos, aber vier Spieler warten im Strafraum, ein weiterer direkt davor. Insgesamt sieben haben sie also noch einmal vorne. Sie hoffen nicht auf den Zufall, auf einen oder zwei, die irgendwie den Ball erwischen und vielleicht treffen. Sie stehen bereit für mehrere Luftduelle und mögliche zweite Bälle. Sie wollen es gewinnen, jetzt.

Treffen sie, fährt Belgien nach Hause, sagt der Kommentator.

+3:30. Courtois fängt den Ball und rollt ihn umgehend Kevin de Bruyne in den Lauf. Der Massensprint hat schon eingesetzt, aber als de Bruyne den Ball aufnimmt, sind immer noch sechs Japaner hinter ihm; nur vier, jenseits der Mittellinie faktisch nur noch drei japanische Feldspieler müssen sich der Überzahl von fünf heranstürmenden Belgiern erwehren.

Sie haben keine Chance. De Bruyne treibt den Ball im Höchsttempo durchs Mittelfeld und spielt Meunier in den Lauf; dessen Hereingabe lässt der eng bewachte Lukaku einfach durch. Hinter ihm ist Chadli hereingesprintet. Er war im selben Sekundenbruchteil aus dem eigenen Strafraum gestartet wie de Bruyne, hat über achtzig Meter hinter sich; kein Gegenspieler konnte ihn stellen.

+3:43. 3:2 für Belgien, nach einem Weltklasse-Konter.

So könnte man es erzählen. Ich habe jetzt die Bausteine benutzt, die von den Japanern handeln, die als eigentlich doch Unterlegene furchtlos noch in den letzten Sekunden dem Favoriten die Stirn boten, und von den Belgiern, die genau wussten, worauf sie warteten, und schon in dem Moment, als ihr Torwart den Ball herunterpflückte, ihr Ziel vor Augen hatten.

Aber das ist nicht zwingend. Man könnte den Japanern ebensogut bodenlosen Leichtsinn unterstellen und dass sie es einfach zu sehr auf die Spitze trieben, naiv waren, zu viel riskierten und dafür bestraft wurden (man wusste doch, dass die Belgier mit ihren Supersprintern kontern konnten). In dieser Version hätten die Belgier lediglich (zugegeben in ansehnlicher Manier) angebotene Räume genutzt; aber dass sie gegen eine von vornherein massiert stehende Deckung ihre Schwierigkeiten haben und keine Lösungen finden würden, hätte sich dann ja im Halbfinalspiel gegen Frankreich gezeigt. (Auch jenes Spiel kann man selbstverständlich völlig anders erzählen.)

Was spricht für die eingangs erzählte erste Version? Vor allem, dass sie mir besser gefällt als die andere. Vielleicht auch, dass sie das emotionale Auf und Ab, in das auch die Zuschauer involviert waren, eher abbildet als die nüchterne, leicht defizitorientierte Sichtweise.

Welche ist die „richtige"? Mir persönlich ist das egal, in diesem Fall. Nicht immer, und darum geht es. Um das Erzählen von Geschichten vom Fußball. In diesem Buch werden sich, neben kürzeren, viele ausführliche Schilderungen, Nacherzählungen von längst gespielten Spielen finden. Die Geschichte des Fußballs ist in großen Teilen eine perpetuierte Geschichte, in der man voneinander abschaut, kritiklos übernimmt oder etwas in Zusammenhänge einbettet, die man durch die Auswahl der Komponenten doch glatt willkürlich überhaupt erst kreiert. Manchmal liegen Fehldeutungen (und seien sie lediglich einem oberflächlichen Urteil nach Ergebnis geschuldet) geradezu ungeschützt offen. In der Mehrzahl der Fälle folgen die Skripte der Spiele eben nicht einer dramatischen Logik, oder besser: es gibt im Grunde kein Skript; generalisierende Deutungen im Nachhinein haben oft den Schwachpunkt, Details, die der Deutung widersprechen, zu übergehen. In England fällt bisweilen der Satz *football is unscripted drama*. Dem ließe sich hinzufügen, dass es natürlich auch Verläufe gibt, die einer gewissen Logik folgen, die man aber ignoriert, weil man einfach gerne eine andere Geschichte erzählen will als die, die sich ereignet hat.

Dort hake ich ein. Dazu muss ich in manches Detail gehen, analysieren, und so entstehen dann längere Geschichten und auch ganz neue. Die sich zum Teil erst beim Zuschauen und Schreiben verändern. So wollte ich gerne die tragische Geschichte des brasilianischen Scheiterns 1982 schildern – als ob es darüber nicht genug gäbe; allein das Spiel gegen Italien hat mich Jahre beschäftigt. Es war einer meiner Söhne, der nach 25 Minuten ausstieg und sagte, er wisse gar nicht, was ich wolle mit den tollen Brasilianern, die Italiener sind doch besser. Nun wusste er freilich nichts von dem Kontext, der dieses Spiel umgab; aber seine freche Unbefangenheit erlaubte es mir, noch einmal von vorne anzufangen, und auf einmal hatte ich einen Faden in der Hand (so glaube ich zumindest), der zu einer deutlich verständlicheren Geschichte führte. Und als um die Jahreswende 2014/15 viele Spiele der WM in Brasilien in voller Länge mit englischem Kommentar im Netz zu sehen waren, kniete ich mich vor allem in das Algerien-Spiel der Deutschen hinein und bemerkte verblüfft, wie sehr doch das Urteil an der Perspektive hängt. Auch hier las ich eine Geschichte heraus, die der, die ich zuerst geglaubt habe, widerspricht.

Manche der hier zu findenden Texte haben viele Jahre auf dem Buckel, ohne dass ich ernsthaft an ein Buch dachte. Es ist aber so, dass die lange Zeit dem behandelten Stoff eine Entwicklung erlaubt hat, und das ist ein Gedanke, der mir gefällt. Nur, dass man den Dingen nicht ewig beim Sich-Entwickeln zuschauen kann. Irgendwann muss der Ball ins Tor. Für mich hieß das ursprünglich: im Sommer 2020. Wie das im Fußball so ist, gab es erstmal eine Nachspielzeit, die sich bis in den Herbst zog. Inzwischen wurde eine weitere Nachspielzeit angeordnet, für die die eine oder andere Szene noch einmal neu zu spielen, vielleicht sogar neu zu bewerten war.

Ich habe nur hobbymäßig gekickt. Und ich habe (schon früh mit Brille) gekuckt, das allerdings über 50 Jahre lang. Sehr viele Spiele sah ich vor Ort, im Stuttgarter Neckarstadion (das waren die meisten; in einem von ihnen schauten wir weit in die Zukunft, allerdings durch ein etwas milchiges Glas: Eckball Magath, Eigentor Hitzfeld - inwieweit das den weiteren Verlauf der beiden Biografien vorwegnahm, sei dem Leser überlassen), in Degerloch unterm Fernsehturm (das war der Platz, wo man noch „steil!" hineinrief, und dann machten die das wirklich), auf Kreisligaplätzen in Stuttgart, Berlin, Heidelberg und Mannheim; Studentenkicks in Mainz; im Berliner wie im Münchener Olympiastadion sowie an der Dreisam in Freiburg; auf dem Betzenberg und in Sinsheim; auch WM-Spiele sah ich im Stadion. Und natürlich unzählige Spiele am Bildschirm; Puristen werden einwenden, das gelte nicht, denn natürlich hat man so gut wie nie den Blick aufs Ganze. Allerdings hat sich die Kameraführung bei Live-Übertragungen seit den Siebzigern doch fundamental verändert, man sieht überwiegend recht große Ausschnitte des Spielfelds, sodass man zumindest näherungsweise nachvollziehen kann, wie auf taktischer Ebene agiert wird.

Zu diesen Seh-Erfahrungen kommen meine Auseinandersetzungen mit einem bisweilen verblüffend runden Spielgerät. Zeit meines Lebens hat mich schiere Begeisterung an dieses Spiel gefesselt, im Wortsinn, konnte und kann ich doch selbst bei einem Grottenkick nicht wirklich wegschauen. Denn selbst der Grottenkick könnte jederzeit einen Jahrhundertmoment im Ärmel haben. Ibrahimovićs Fallrückzieher haut mich ebenso vom Hocker wie eine zwingende und bezwingend schöne Kombination, wie Maradonas berühmtestes Solo, wie eine spektakuläre Rettungstat, wie der sensationelle Sieg des Außenseiters, wie das sich immer wieder ereignende Zusammenwirken zweier Mannschaften, die gegeneinander spielen und doch miteinander ein großes Spiel schaffen und eine große Geschichte erzählen. Ja, das neigt auch zum Kitsch (oder, rundheraus, es *ist* oft genug welcher), und ich bin anfällig dafür, wovon ich noch ausführlich Zeugnis ablegen werde.

In der Zeit der Corona-Krise mag für manchen auf der Hand liegen, dass der Fußball, vor allem in seiner medial hochgejazzten Version, auch gerne dazu diene, von wichtigeren Dingen abzulenken – „Brot und Spiele", „Opium fürs Volk" sind die Schlagworte, die in diesem Zusammenhang oft zu hören sind. So sehr das auf gewisse Menschen und gewisse Zusammenhänge zutreffen mag, so sehr ist auch wahr, dass der Fußball, in den Worten von Klaus Theweleit, ein Realitätsmodell sein kann, und als ein solches hat er, in vielerlei Hinsicht, auch und gerade seit Beginn der Pandemie im Frühjahr 2020 funktioniert.

Wer den Profifußball der reinen Orientierung am großen Geld zeiht, greift doch zu kurz: Einige Wochen lang war die Bundesliga die einzige große Liga weltweit, in der wieder gespielt wurde. Davon ging etwas aus. Zunächst einmal ging es nie darum, den großen Vereinen oder gar den Superverdienern unter den Spielern ihre Pfründe zu sichern. Um den FC Bayern und den BVB musste man ebenso wenig Angst haben wie um Spieler, die schon so viel Geld verdient haben, dass sie zwei-, dreihundert Jahre gar nicht mehr arbeiten müssten. Sprechen wir aber von Vereinen wie dem FSV Mainz 05 oder dem SC Freiburg oder gar von einem Drittligisten wie dem 1. FC Kaiserslautern, dann ging und geht es dort gar nicht um das große Geld, sondern vor allem um das kleine, den Lebensunterhalt der Angestellten vom Platzwart bis zur Leiterin der

Geschäftsstelle. Auch um den keinesfalls existenzabsichernden Acht- bis Zehnjahresverdienst eines Drittligafußballers. Vor einer Gesellschaft, die eine Krise zur Umerziehung nutzen wollte, für die Botschaft, dieses oder jenes habe man hoch oder im Gegenteil gar nicht zu schätzen, aber solch sozial relevante Zusammenhänge ignorierte, wäre mir bange.

Dies ist die Stelle für einen Exkurs, mitten hinein in die Frage, was es eigentlich heißt, in einem Boot zu sitzen, nicht zuletzt inmitten einer Krise, die das große Ganze in den Grundfesten erschüttert. Karl-Heinz Rummenigge hat sich dazu im November 2020 eindeutig geäußert: in einem Boot sitzen alle die, die er hineinlässt. Ein offen und hinter niemandes Rücken versandtes Positionspapier von vier Bundesligavereinen an die DFL, in dem es um die mögliche zukünftige Verteilung von Fernsehgeldern ging, bezeichnete er als „hingeworfenen Fehdehandschuh" und lud die Vertreter dieser Vereine nicht zu einem Treffen der Profiklubs ein (auch einige Zweitligaklubs wurden ausgeschlossen). Dass Rummenigge, unbestritten einer der besten Stürmer aller Zeiten, als Funktionär mehr und mehr in eine Parallelwelt abdriftet, konnte man schon sehen und hören, als er sich mit seinem Eingangsstatement bei der verunglückten Pressekonferenz vom Oktober 2018 – Artikel 1 des Grundgesetzes zitierend – an den Rand des Lächerlichen begab. (Ein anderer stolperte später über diesen Rand und fiel hinein.)

Rummenigge, der an Geheimgesprächen über die Schaffung einer europäischen Superliga beteiligt war (das war er, und als das ruchbar wurde, war der Gegenwind in Deutschland so stark, dass sich die Bayern im Frühjahr 2021 schlicht nicht mehr trauen konnten, sich der tatsächlich ausgerufenen Super League anzuschließen), bezeichnet einen offen vorgebrachten Denkanstoß als „Fehdehandschuh"; das ist das eine und kommentiert sich von selbst. Das andere ist die Behauptung, mit einer gleichmäßigeren Verteilung der Fernsehgelder würden die Vereine bestraft, die jahrelang gut gewirtschaftet hätten. Ursprünglich sagte das, bereits im Frühjahr, Hans-Joachim Watzke; jetzt sprang ausgerechnet Mönchengladbachs Max Eberl Rummenigge bei. Es ist aber einfach glatt gelogen. Denn dass überhaupt Fernsehgelder fließen, verdankt sich der

Tatsache, dass es ein vermarktbares Produkt gibt: einen Wettbewerb. Dieses Produkt würde gar nicht existieren, gäbe es keine relevante Anzahl von Vereinen, die sich an diesem Wettbewerb beteiligen. Dieser Wettbewerb ist das Boot, in dem alle sitzen. Alle. Wenn Rummenigge entscheiden will, wer dazugehört, soll er bitte das *kicker*-Sonderheft nehmen und seine eigene Tabelle stecken.

Örtlich sind die Vereine durchaus verschiedenen Bedingungen unterworfen, die ihr Wirtschaften bestimmen. Fredi Bobic hat die Frankfurter Eintracht in den letzten Jahren zu einem wesentlichen Anteil mit der Leihe und Ausleihe von Spielern über die Runden gebracht; für die feste Verpflichtung von hochkarätigen Spielern waren die Spielräume nicht da, auch, weil die Berater die Flexibilität, die sich aus einer Leihe ergibt, schätzen. Das Kapital des 1. FSV Mainz 05 setzt sich im Prinzip aus dem Marktwert der Spieler zusammen. Wird nicht gespielt, gibt es irgendwann keinen Marktwert mehr: ein zweiter Lockdown der Liga würde die Mainzer wohl direkt in die Viertklassigkeit befördern.

Derlei Dinge unterliegen nicht der freien Entscheidung der jeweiligen Verantwortungsträger. Die Spielräume sind auch Folge eines Rankings, das sich über die Jahrzehnte, in denen der Wettbewerb „Bundesliga" nun schon läuft, herausgebildet hat. Ja, sie sind auch die Folge sportlicher Resultate. Die Bayern, der BVB, auch Leverkusen und Leipzig operieren unter komfortableren Bedingungen als andere. Ein Fünfjahresvertrag bei den Bayern ist attraktiv, den bekommt man unterschrieben.

Aber dieses Ranking ist ja nicht entstanden, weil die Bayern seit Jahrzehnten gegen sich selbst spielen. Nein, sie mussten sich das in Spielen gegen richtige, real existierende andere Mannschaften erarbeiten, unter ihnen Borussia Neunkirchen (die ihnen einst in einer Aufstiegsrunde das Nachsehen gaben), Rot-Weiß Oberhausen, Eintracht Braunschweig, Kickers Offenbach, Blau-Weiß 90, den 1. FC Saarbrücken, Lautern und die Stuttgarter Kickers. Irgendwann in den Siebzigern sagte Bayern-Präsident Wilhelm Neudecker, „ein Spiel gegen den VfL Bochum bringt uns nix. Wir brauchen die Europaliga." Das bald folgende Auswärtsspiel in

14

Bochum war eines von der Sorte, wo sich der gegnerische Trainer die Motivationsrede sparen konnte: Bochum gewann glatt mit 3:0.

Will sagen: „euer" Geld, liebe Bayern, liebe Dortmunder und wer auch immer noch meint, er dürfte nicht „bestraft" werden, „euer" Geld habt ihr eben nicht im luftleeren Raum erwirtschaftet, sondern innerhalb eines Gewebes, an dem andere mitgeknüpft haben. Wenn man die Äußerungen von Rummenigge, Watzke und Eberl ins Extreme verlängerte, käme eine Sechser- oder Achterliga heraus, mit den Bayern, dem BVB, Leverkusen, RB Leipzig, Wolfsburg und Gladbach, dazu gnadenhalber Hertha (wegen Hauptstadt und so) und Hoffenheim (damit die BVB-Fans, des Revierderbys verlustig, sich weiter abreagieren können). Ich verrate hiermit etwas, was bestimmt niemand vermutet hätte: Diese Mini-Liga würde keinen jucken. Dafür gäb's kein großes Geld mehr. Um die Kirsche auf die eben servierte Torte zu setzen, Rummenigges Äußerung ist vor dem dargelegten Hintergrund nicht nur halt-, sondern bodenlos. Solidarität ist hier nicht das Verteilen von Almosen; wer die abstürzen lässt, die kleiner wirtschaften und einen Lockdown nicht aus eigener Kraft wegstecken, stürzt mit ab.

Noch gar nicht erwähnt, aber natürlich nicht zu übergehen ist an dieser Stelle die Tatsache, dass speziell der FC Bayern ein Gutteil seines Vermögens nicht nur über die sportliche Schiene erspielt, sondern auch auf dubiose Weise ergaunert hat. Hans Woller hat in seiner Gerd-Müller-Biografie etliche Indizien zutage gefördert, die Steuerhinterziehungen etwa seit Beginn der 70er Jahre in großem Umfang nahelegen; mir ist zur Stunde nicht bekannt, dass die Bayern auf Unterlassung klagten oder sich überhaupt der Mühe unterzögen, irgendeine Anschuldigung zu widerlegen. Auch der Kirch-Deal, der die Bayern schon rein finanziell zum Haupt-Gewinnler einer bis dahin nicht gekannten Vermarktungsstrategie machte, verschaffte den Bayern Vorteile gegenüber der Konkurrenz, die das Gerede von „Bestrafung für solides Wirtschaften" noch absurder erscheinen lässt als es das unter rein sportlichen Gesichtspunkten schon ist.

Ende des Exkurses. Der Geruch des großen Geldes stößt zwar mehr und mehr Menschen ab, aber wie schon erwähnt, geht es im Fußball auch um vielfaches kleines Geld, und die meisten Bundesligavereine hätten sich bei einer längeren Schließung der Liga kaum erlauben können, die meisten ihrer Angestellten (die Rede ist nicht von den Fußballprofis) zu halten. Ja, der Re-Start im Frühjahr 2020 musste sein. Ich gebe zu, dass ich skeptisch war; ich konnte aber bald nicht umhin zuzugestehen, dass dieses kontrollierte Experiment seine Berechtigung hatte. Dazu kommt, dass der Fußball (wie jeder öffentlichkeitswirksam betriebene Sport) entgegen den vermeintlich hehren Statuten der großen Verbände hoch politisch ist, nicht weniger jedenfalls als beispielsweise American Football und die eindeutigen Statements der Mitwirkenden in der NFL zur Gewalt gegen Farbige, und auch um keinen Deut weniger als die Verbände selbst, die unter Berufung auf ihre vermeintliche politische Neutralität bei der Vergabe von Austragungsrechten blind und damit, mit Blick auf die Konsequenzen, erst recht politisch agieren. Und so waren 22 Spieler, die zu Beginn um den Mittelkreis herum für eine Minute die Knie beugten, schon eine beeindruckende Botschaft, die in die Welt hinausging. Im Schlusskapitel komme ich darauf zurück.

Der Fußball hat also in kleinem Rahmen modellhaft gezeigt, wie man der Pandemie ohne kompletten Lockdown begegnen könnte, unter streng zu handhabenden Bedingungen. Nicht alles ist in diesem Zusammenhang geglückt, man hat irgendwann die Grenzen verschoben und so die Idee untergraben. Nationale Ligen sind am ehesten ein geeignetes Experimentierfeld; um den Globus jettende Nationalmannschaften waren es im Herbst 2020 nicht mehr.

Da man dem Fußball dieses Experiment zugebilligt hat, hätte man es erst recht der Kultur zugestehen müssen. Dort geht es nämlich erst recht um Existenzen, und nicht nur das; es geht auch um das, was die Kulturschaffenden produzieren und in Wirklichkeit ebenso zu unseren Grundnahrungsmitteln zählt wie das, was wir im systemrelevanten Supermarkt kaufen können. Die Bundesregierung ist in dieser Thematik spät erwacht; noch später dran waren Landesregierungen wie zum

Beispiel die von Nordrhein-Westfalen, die es nicht vermochte, das vom Bund zugewiesene Geld bestimmungsgemäß an die Künstler weiterzugeben.

Hans-Joachim Watzke hat das Hygienekonzept der DFL gelobt und auch die Disziplin der wenigen Zuschauer, die einige Zeit zu den Spielen zugelassen waren. Er mag da recht haben; aber die Hygienekonzepte der Kulturstätten waren ja ebenfalls vorhanden, und dass die Besucher von Konzert- und Theaterveranstaltungen nicht über weniger Disziplin verfügen als Fußballfans, hätte man zumindest in Erwägung ziehen dürfen. So bleibt ein schaler Geschmack zurück: einerseits hat der Fußball eine gewisse Bewährungsprobe bestanden; andererseits hat die offensichtliche und unfaire Bevorzugung eines Bereichs, der ja zunächst einmal Geld produziert und nicht auf Subventionen angewiesen ist, seinem gesellschaftlichen Ansehen geschadet, bestimmt auch manche querdenkerische Entgleisung noch befördert – zu deutlich bot sich die (natürlich trotzdem falsche) Legende an, man könne sich aus der Pandemie herauskaufen, sofern man über die Mittel dazu verfügt.

Geschichten können etwas darüber erhellen, wovon sie zu erzählen vorgeben; aber sie verraten bekanntermaßen am meisten über den, der sie erzählt. Na gut: Die Geschichten dieses Buches sind das Produkt von Teilen, die ich selbst zusammengefügt habe. Reine Willkür, subjektiv, unzuverlässig. Einige gängige Betrachtungsweisen, die den Fußball sowohl in Deutschland als auch international betreffen, fordere ich hiermit heraus, doch am Ende geht es um den Spaß und die Freude, die das Angreifen macht, und zugegeben: Hinten, vorm eigenen Tor, da habe ich Räume frei gelassen. Meine Defensive steht nicht, die treiben sich alle im gegnerischen Sechzehner herum. Schon möglich, dass ich mir, wie die Japaner im Achtelfinale der WM 2018, einen Konter einfange. Welche Geschichte ich erzähle, ist ja auch eine Entscheidung. Meine Entscheidung. Fast wie im richtigen Leben.

Dabei

Dabei sein – 1972

Es ist ganz still. Das Stadion ist ausverkauft: 80.000 sind da. Die meiste Zeit haben sie für eine Geräuschkulisse gesorgt, wie ich sie später nie mehr erleben würde: an- und abschwellender Applaus; oft ein Raunen zuvor; momenteweise kurze Explosionen von Erstaunen, Bedauern und Jubel. Kein Geschrei, kein rhythmisches Klatschen, das später solche Ereignisse prägen sollte. Länger laut wird es nur bei den Laufwettbewerben: Anfeuerung für die Athleten.

Der Stadionsprecher hat vor einigen Augenblicken um Ruhe gebeten. Janis Lusis, vier Jahre zuvor Olympiasieger, konzentriert sich auf seinen letzten Wurf. Es ist seine besondere Stärke, im letzten Versuch noch einmal nachzusetzen. In Mexiko holte er, am Ende eines hochdramatischen Finals, das zwischenzeitlich zwei weitere Athleten im Wechsel vorne sah, mit dem sechsten Versuch die Goldmedaille. Auch andere Wettbewerbe hat er auf diese Weise gewonnen.

Es könnte heute wieder passieren. Klaus Wolfermann hat ihm im fünften Durchgang mit dem ersten Wurf des Wettbewerbs, der über die neunzig Meter hinausging, die Führung abgenommen. Lusis wird den vorletzten oder vielleicht auch den letzten Wurf liefern, je nachdem, ob er noch einmal in Führung geht, oder ob ihm das nicht gelingt – im letzteren Falle wird Wolfermann wohl nicht mehr werfen.

Stille, als Lusis anläuft und wirft. In dem Moment, als der Speer seine Hand verlässt, setzt das Raunen ein. Man sieht sofort: es ist ein guter Wurf, der Speer ist sehr lange unterwegs und bleibt knapp hinter der 90-Meter-Markierung im Rasen stecken – fürs Auge des Zuschauers ist nicht zu erkennen, ob Lusis mit Wolfermann gleichgezogen oder ihn gar überboten hat. Aus dem Raunen wird donnernder Applaus. Für eine gefühlte Ewigkeit herrscht vibrierende Unruhe, dann erscheint Lusis' Weite auf dem Monitor, der auf dem Rasen steht. Der Monitor zeigt das Ergebnis auf beiden Seiten, aber eben nur auf zwei; dafür dreht er sich. So setzt der befreite Jubel der meisten, die Wolfermann die Daumen gedrückt haben, nicht gleichzeitig ein, wird dafür umso eindrücklicher.

Wolfermann ist Olympiasieger, denn Lusis ist um zwei Zentimeter hinter ihm geblieben. Überraschenderweise wirft der Deutsche noch einmal, jedoch mit unbedeutendem Ergebnis. Zuvor hat es fast den Anschein, als würde er sich bei seinem Konkurrenten entschuldigen.

Binnen einer Stunde wird der deutsche Leichtathletikverband mit Hildegard Falcks Sieg über 800 Meter die zweite Goldmedaille des Tages feiern, und als der Geher Bernd Kannenberg durchs Marathontor zur Stadionrunde einläuft, kommt die dritte dazu. Es ist ein Tag der deutschen Leichtathletik, wie er nie mehr wiederkommt.

Ich hätte das alles gerne im Stadion erlebt. Habe ich aber nicht. Mein Vater und mein Onkel hatten sich für den Versuch entschieden, an Tageskarten zu kommen. Mich nahmen sie mit. Wir waren im Olympiapark, schließlich höchstens fünfzehn Meter von den abgesperrten Durchgängen entfernt. Man sah das Zeltdach des Stadions, fast von oben, denn das Stadion selbst befand sich in einem leicht abgesenkten Bereich hinter dem Hügel, auf dem wir uns gerade bewegten. Zu sehen war außer dem Dach nichts. Die Atmosphäre übertrug sich durch das, was man hörte. Und das allein wirkte gewaltig.

Wir waren nicht alleine. Dutzende – Hunderte? – andere hatten die gleiche Idee gehabt wie wir. In all dem Gewühle sah man einzelne Gestalten, die mit Tickets wedelten und mit möglichen Käufern verhandelten. Geldscheine wurden gegen Tickets getauscht. Wir zogen letztendlich unverrichteter Dinge wieder ab. Wir hätten Karten bekommen können: drei für zusammen 150 D-Mark. Weder für meinen Onkel, der als Orchestermusiker sein Geld verdiente, noch für meinen Vater war das machbar.

So erlebten wir das eingangs Beschriebene nicht im Stadion, sondern vor dem Fernseher. Aus der offenen Bühne wird plötzlich ein Guckkasten. Und trotzdem schlug uns, dann insgesamt zu siebt, die letzte Phase des

Speewurfwettkampfs völlig in ihren Bann. „Man hört gar nix", sagte meine Tante, als Lusis zum Anlauf schritt.

Wir hatten zuvor die Ferien auf Baltrum verbracht. Ich las dort *Ferien auf Saltkrokan*, am Ende etwas abgesetzt von den anderen. Die späte und plötzliche Wendung zum Guten, nachdem alles verloren scheint, packte und bewegte mich. Vielleicht liegt dort der Kern meiner Neigung zu Geschichten verborgen, die durch derartige möglichst späte Wendungen geprägt sind, vielleicht eine Erklärung für dieses Buch.

Unmittelbar hatte ich aus dem Sommerurlaub noch etwas anderes mitgenommen. Der Amerikaner Bobby Fischer hatte dem sowjetischen Titelverteidiger Boris Spasski die Schachweltmeisterschaft entrissen, mitten im Kalten Krieg ein Medienereignis, weil der Titel seit 1948 fest in sowjetischer Hand gewesen war. Die Regeln des Spiels kannte ich schon, seit ich etwa acht war; nun, auf Baltrum, tigerten mein Vater und ich fast täglich zu einem kleinen Laden, der einige Tageszeitungen anbot, wobei man nehmen musste, was man bekam: nicht nur einmal blieb nur die *BILD* übrig. Mit etwas Glück fanden wir die Notation der aktuell gespielten Partie schon abgedruckt. In der Ferienwohnung spielten wir sie nach und verwendeten dabei ein Spiel, das mein Vater noch aus seiner Jugend, den Vierzigerjahren, besaß. Die Spielsteine waren nicht etwa rund, sondern quasi zweidimensional, schmal und mit einer Vorder- und einer gleich aussehenden Rückseite, dabei grob geschnitzt. Das Brett bestand aus zwei Teilen, die, ineinandergelegt und mit einer hölzernen Schraube verschlossen, den Kasten bildeten.

Nach zehn Partien hatte Fischer drei Punkte Vorsprung und schien seinen Kontrahenten in Grund und Boden zu spielen. Dann kam die elfte Partie, in der Fischer sich mit seiner Dame auf Spasskis Seite des Bretts verrannte und am Ende überhaupt keine Steine des Gegners mehr schlug, sondern irgendwelche sinnlos aussehenden Züge machte. Spasski hatte einen Punkt aufgeholt. Von der Partie träumte ich noch lange Zeit; das Schicksal der schwarzen Dame, die alleine im feindlichen Gestrüpp gejagt wurde und verloren ging, übte eine eigenartige, fast morbide

Faszination auf mich aus. Ähnlich erging es mir mit der dreizehnten Partie, der längsten des Matches. Spasski drückte Fischers Spiel zusammen und schien das Brett zu beherrschen; schließlich eroberte er sogar einen Läufer, für den er aber einige Bauern geben musste. In der dramatischen Endphase konnte er die gegnerische Bauernlawine nicht mehr aufhalten. Statt um einen weiteren Punkt zu verkürzen, lag er nun wieder drei zurück; das war praktisch die Entscheidung im Wettkampf. Es waren eindrückliche Bilder, die in den Konstellationen auf dem Brett aufschienen; Fischers viele Bauern auf der einen Seite und Spasskis einzelner, von einer Mehrfigur unterstützt, auf der anderen. Sie fesseln mich noch heute, auch an das Spiel, das ich bisweilen noch selbst im Wettkampf betreibe.

Nun waren wir also seit zwei Tagen während der Zeit der Olympischen Spiele in München zu Besuch. Wir fuhren viel mit der U-Bahn, deren wichtigste Strecken rechtzeitig zum Beginn des Großereignisses fertig geworden waren. Einiges erinnerte mich an Stuttgart, vor allem frisch aufgerissene U-Bahn-Schächte, wobei München nicht nur in dieser Hinsicht einen Vorsprung hatte. Schräge Typen wie den Hippie, der eine sich als waschechter Ozelot entpuppende Katze an der Leine mit sich führte, bekam man in den öffentlichen Verkehrsmitteln Stuttgarts eher nicht zu sehen. Ober- und unterhalb der Erde war zu spüren, wie die Stadt pulsierte und die Spiele mit der Heiterkeit und schieren Freude des Gastgebers umrahmte: das ist der Eindruck, den ich damals unmittelbar aufnahm, ich würde auch im Rückblick noch sagen, dass diese positiven Vibrationen tatsächlich vorhanden und nicht herbeigeredet waren. Bekanntlich setzte der terroristische Anschlag auf die israelische Mannschaft am Morgen des 5. September dem ein Ende, auch wenn die Spiele fortgesetzt wurden.

Jener Sonntag im September 1972 ist mir dennoch im Gedächtnis geblieben. Es kam vieles zusammen: die Stadt und ihre Atmosphäre, das Zeltdach und die Geräusche dahinter, und nicht zuletzt eine Ahnung davon, was großer Sport sein kann. Die noch Jahrzehnte später von Beteiligten gepriesene Fairness des Publikums, beispielhaft verdichtet in der Stille, die dem Konkurrenten des Lokalmatadors gewährt wurde, sprang auch am Bildschirm über. Ich war tief beeindruckt.

Bei den meisten der Sportereignisse, die ich in einem Stadion, auf einem Sportplatz oder auch im Fernsehen und am Radio erlebt habe, gab es etwas, das nicht zwingend unmittelbar mit dem rein Sportlichen selbst zu tun hatte und doch jenes Ereignis überhaupt zu etwas Erzählenswertem machte. Es hing fast immer mit einer Wechselwirkung zwischen den Zuschauern und den Sportlern zusammen, mit einer Verbindung, die beide Seiten dorthin brachte, wohin sie ohne einander nicht gekommen wären. Und oft genug sah man die Athleten dann fassungslos und demütig, wie zum Beispiel Steffi Graf, die sich nach ihrem ersten Sieg in Paris erst einmal in ihr Handtuch vergrub, um sich anschließend in ihrer kurzen Dankesrede bei Martina Navratilova für ihren Sieg zu entschuldigen, ratlos gar und verlegen wie Wolfermann, oft überhaupt nicht strahlend triumphierend. Auch Jimmy Connors, gewiss nicht bekannt für durchgehend einwandfreies Benehmen während seiner Auftritte, wartete in Wimbledon auf Mikael Pernfors, den er, mit 1:6, 1:6, 1:4 nahezu aussichtslos zurückliegend, noch bezwungen hatte. Er wollte sich mit ihm gemeinsam von den Royals verabschieden – die Etikette hätte das nicht verlangt. Aber der stürmische Beifall des Publikums galt beiden Spielern, auch dieser Kampf war in seiner dramatischen Entwicklung ein Werk aller Anwesenden. Connors zeigte sich dessen bewusst und zollte dem Co-Autor seinen Respekt.

Ein Highlight der letzten Jahre war die Kür von Aljona Savchenko und Bruno Massot im Paarlauf von PyengChang 2018. Bruno hatte im Kurzprogramm gepatzt, und das Paar lag vor der Kür auf dem vierten Platz, mit einer gewissen Chance auf Bronze, doch weit entfernt vom Anspruch, um Gold mitzulaufen. Was die beiden dann zeigten, war und ist für mich eine der größtmöglichen menschlichen Annäherungen an so etwas wie künstlerische Vollkommenheit – was mehr, weit mehr umfasst als schiere Perfektion im Sinne von Fehlerlosigkeit. Das Publikum spürte früh, auf welchem Weg die beiden waren, und trug sie mit zur Goldmedaille, die es dann hauchdünn doch noch wurde.

Ein auf die Bedeutung des Ereignisses eingestimmtes Publikum kann der Entstehung großer Geschichten einen guten Dienst erweisen. Annäherungen an künstlerische Vollkommenheit (wie beim Eiskunstlauf) oder auch nur technische Perfektion (wie beim Speerwurf) mag es im Fußball in einigen Augenblicken geben; über ein ganzes Spiel ist es unmöglich, weil man ja gegen- und nicht miteinander spielt. Aus nahezu allen Spielen bleiben auch Szenen in Erinnerung, die individuelle oder auch kollektive Fehlbarkeit zeigen, Schwäche und regelrechtes Versagen.

Umso höher einzuschätzen sind die großen Spiele, die um die vielen Fehler herum und trotz des Widerstandes der jeweils gegnerischen Mannschaft entstehen: auch weil sie von einer Einstellung zeugen, von einem Spirit, dessen Wesen es ist, Fehler zu riskieren, hinzunehmen, wegzustecken. Es von neuem zu versuchen und über all das hinaus, entweder aus dem Nichts oder als Frucht einer kontinuierlichen Steigerung, den magischen Moment zu erschaffen, der ein Spiel in eine Geschichte einbettet oder auch schlicht eine Geschichte vollendet. Und das, daran halte ich fest, ist auf die Dauer ohne Zuschauer undenkbar. Um nicht missverstanden zu werden: selbstverständlich waren und sind die Maßnahmen zur Eindämmung von Covid-19 in den Stadien und deren Umfeld richtig und notwendig, notfalls auch anzupassen. Auf lange Sicht aber gilt: Die Stille eines anwesenden Publikums kann große Kraft ausstrahlen; ein leeres Stadion ist einfach nur leer.

Kicks

Klar, wir kickten alle auf Bolzplätzen im Umfeld unserer Wohnungen; meine allerersten Fußballspiele bestritt ich zwischen zwei Garagenreihen in der Herschelstraße im Stuttgarter Dürrlewang. Wir kuckten uns willkürlich zwei Garagentore aus, die sich mehr oder weniger gegenüberstanden, vielleicht 25 Meter zwischen ihnen, und dann bolzten wir - anders kann man das, was wir da taten, kaum nennen, abgesehen von den Kunststücken, die ein wirklich begabter Dribbler zelebrierte. Er spielte in der E-Jugend des TSV Rohr, konnte wirklich was mit dem Ball anfangen, und wenn er ihn mal hatte, gab er ihn nicht mehr her, bis er aufs Tor geschossen hatte und meistens auch hinein.

Da schoss ich auch mein erstes Tor. In Gummistiefeln, die interessanterweise die meisten von uns zum Kicken trugen, ich nehme an, weil das das einzige Schuhwerk war, das die Eltern dafür zuließen. Straßenschuhe waren dafür zu wertvoll, desgleichen auch das eine Paar Turnschuhe, das doch fast alle von uns hatten, das aber ausdrücklich nur in der Turnhalle im Sportunterricht angezogen werden durfte. Das Wort „Kickstiefel" lässt daher auch heute noch als Allererstes ein paar roter oder gelber Gummistiefel vor meinem inneren Auge erscheinen.

Das Tor war ein Zufallsprodukt, ein Schlenzer aus einem Gerangel um eine bunte Plastikpille, die vielleicht einmal in irgendeinem Strandbad an der Nordsee gekauft worden war. Daraus wurde eine Bogenlampe, für die der Sechsjährige, der das gegnerische Garagentor hütete, schlicht zu klein war.

Es war der „Anschlusstreffer" zum 1:11; der Dribbler spielte in der gegnerischen Mannschaft. Ich war wie von Sinnen – ohne „wie", wenn ich es recht bedenke –, rannte minutenlang nur hin und her und rief immer wieder „elf zu eins nur noch". Als die Rauschwirkung abebbte, stand es 17 oder 18 zu 2.

Das war etwa 1969. 1970 versuchten wir, einen Schritt weiter zu gehen, indem wir die auch heute noch freiliegende Wiese im rückwärtigen Bereich der ungeraden Hausnummern als möglichen Fußballrasen ausmachten – zumindest nach der städtischen Mähaktion im Frühjahr ging das einige Wochen lang recht gut. Tore versuchten wir mit Holzstecken zu bauen, wobei es natürlich nie gelang, einen verlässlichen Querbalken zu montieren. Das behinderte den Spielbetrieb nicht ernsthaft, und wir befanden uns sogar im Vorstadium einer Vereinsgründung – „SV Dürrlewang" wollten wir heißen, mit den Farben schwarze Hosen, weißes Oberteil, rein zufällig an die Nationalmannschaft angelehnt. Das weiße Oberteil war freilich nichts weiter als ein ärmelloses Feinrippunterhemd; so etwas wie ein Fanartikelmarketing existierte damals nicht. (Noch in den späten 70ern waren es die Omas oder die Schwestern, die uns die rot-weißen Mützen für den Besuch des Neckarstadions häkelten.)

1970 zog meine Familie aus dem Dürrlewang weg ins Österfeld. Auf der dortigen Grundschule verbrachte ich ein Jahr; unser Klassenlehrer, der zugleich Sportlehrer der Jungs war, ließ uns stets unter dem Kommando „Links – zwo – drei – vier" zwei Runden über die Ecken der Turnhalle drehen. Anschließend wurde ein bisschen geturnt und die letzten 20 Minuten fast immer Korbball gespielt. Fußball kam nicht vor. Da im Neubaugebiet viele der noch freien Flächen nicht nutzbar waren (bevor etwa 1972 ein echter Bolzplatz mit Wäschestangentoren und Fanggittern eingerichtet wurde), wichen wir tatsächlich auf die Straßen aus, meist die Othellostraße. Das dürfte kaum mehr etwas mit der einstigen Romantik des Straßenfußballs gemein gehabt haben; allzu oft hatten wir nur drei oder vier Minuten, bevor wir dem nächsten Auto Platz machen mussten. Einmal stellte ich mich, im Schlepptau eines Freundes aus dem Dürrlewang, beim TSV Rohr vor (zu den eigentlich näher gelegenen Vereinen SV Vaihingen oder Georgii Allianz traute ich mich nicht, da spielten einige aus meiner neuen Umgebung, denen ich mich nicht gewachsen fühlte). Der Übungsleiter meinte anschließend, für die Dritte der D-Jugend könnte es reichen. Mein nonverbaler Eingangskanal war verstopft; auf dem Heimweg sagte mein Freund dann leise und vorsichtig, weißt du, wir haben eigentlich keine Dritte. Dennoch versuchte ich im neuen

Umfeld eine Zeit lang zu streuen, ich spielte jetzt auch im Verein; selbstverständlich klappte dieses Kartenhaus bald zusammen.

Nach Eröffnung des erwähnten Bolzplatzes im Österfeld und dem Beginn meiner Gymnasialzeit in der Stuttgarter Innenstadt entwickelte ich in fußballerischer Hinsicht zwei Existenzen. Auf dem Bolzplatz war ich meist das, was man heute den klassischen Loser nennt; mein Versuch der Hochstapelei wirkte sich noch lange aus, „constant karma" könnte man es wohl nennen. Ich wurde meist als Letzter gewählt, zumindest solange nicht noch deutlich jüngere und kleinere Mitspieler zur Wahl standen. Am besten war es, wenn wir mit ungerader Zahl spielten, dann kam ich zu denen, die einer mehr waren, und niemand beschwerte sich.

Auf dem Karlsgymnasium unten im Talkessel lief es anders. Zwar war ich nicht der beste Kicker in meiner Klasse – unerreicht blieb über die ganzen Jahre Uli, der überhaupt unser bester Sportler war und von dem in späteren Jahren einige sagten, wenn er gewollt hätte, hätte er auch Fußballprofi werden können. Er war in fußballerischer Hinsicht komplett, schlug Pässe aus dem Fußgelenk, war nicht auszuspielen, umspielte aber bei Bedarf alle anderen mit der größten Leichtigkeit, konnte Kopfball, war technisch überhaupt überragend und ging sogar ins Tor, wenn es sein musste. Das Einzige, was ich nie von ihm gesehen habe, war ein Fallrückzieher; dafür praktizierte er beidfüßig den Scherenschlag – den konnte sonst keiner. Er wurde schließlich Gymnasiallehrer für Deutsch und Sport; als er, schon im zarten Alter von fast 50, beim Kick mit Schülern einen Elfmeter an den Pfosten setzte, unterstellten die Schüler, das müsse er mit Absicht gemacht haben. Aber auch andere waren am Ball klar vor mir, zudem war ich nie der Schnellste.

Aber wir hatten ein tägliches Techniktraining, dessen Wirkung sogar ich mich nicht entziehen konnte. Das „KG", wie jeder es nannte, verfügte über einen Schulhof, der zum größten Teil aus einem mit Linien abgegrenzten Hartplatz bestand, theoretisch ein Handballfeld mit Siebenmeterkreis und den entsprechenden Toren. Auf der schulhausentfernten Seite war noch mehr Platz und außerdem die Weitsprunggrube.

Auf diesem Schulhof wurde in jeder Pause unablässig gekickt, mit bis zu etwa 12 Mannschaften gleichzeitig, immer nur auf ein Tor – glücklich, wer eins der Handballtore erwischt hatte, aber ansonsten legte man halt irgendwo zwei Jacken hin, die die Pfosten markierten.

Das erwähnte Techniktraining war deswegen speziell, weil das Kicken mit großen Bällen in den Pausen verboten war; aber in jeder Klasse waren schätzungsweise fünf bis zehn gebrauchte Tennisbälle vorhanden. Das reguläre Spielgerät war, zumindest in den Pausen, ein Tennisball. Und damit lernte man im Spiel entweder klarzukommen, oder man bekam einfach keinen Ball. Man sah ihn nicht einmal.

Anfang, Mitte der 70er war es besonders schick, den Ball mit dem Außenrist spielen zu können. Beckenbauer, schon damals „Kaiser", regierte auch die Schulhöfe. Überhaupt galten uns einfache Pässe ohne Effet als primitiv; und Außenrist war besser, weil schwieriger zu praktizieren als Innenrist. Und siehe da, Außenrist konnte ich, sogar ziemlich gut; da ich außerdem gerade den Tennisball gut aus dem Stand lupfen konnte, hatte ich plötzlich den Ruf eines „Technikers".

1971-1980, das war auch die Zeit der Klassenkicks am KG. Unser erster fand im Sommer 1972 allerdings oben in Degerloch statt, irgendwo dort, wo auch die Stuttgarter Kickers spielten, wir, die 5c, gegen die 5b. Einer von uns hatte den Platz organisiert, weil er in der Gegend wohnte, einen echten Rasenplatz mit echten Toren (es waren noch die „alter" Machart, eckige Pfosten aus Holz; Netze waren natürlich keine da) und mit echten Markierungen (die schon reichlich blass waren); sogar ein Schiedsrichter war dabei, ein älterer Schüler, so in etwa aus der Neunten.

Wir wollten „richtig" spielen, elf gegen elf (jede Klasse bot etwa 15 oder 16 Jungs auf), zwei Mal 45 Minuten; nur Abseits, das beschlossen wir sein zu lassen.
Es verlief so dramatisch, wie man es sich nur vorstellen kann. Uli dribbelte sich unablässig durch die Gegenspieler, spielte ab oder schoss selbst; wir hatten die sprichwörtlichen Chancen für drei Spiele, aber

keiner brachte den Ball über die Linie. In der Halbzeitpause Tränen, weil einer mit seiner vorab besprochenen Auswechslung nicht mehr einverstanden war. Etwa 10 Minuten vor Schluss gingen nach einem unübersichtlichen Getümmel in unserem Fünfmeterraum plötzlich die anderen in Führung. Die Zeit verrann, und einige, auch ich, waren schon am Heulen. Dann setzte Uli noch einmal zu einem Solo an, traf mit seinem Schuss die Querlatte, ein anderer stand bereit und schoss den Ball tatsächlich ins Tor. Es war verrückt, wir sprangen meterhoch und schrien uns die Seele aus dem Leib.

Verlängerung. Ja, wirklich. An einem heißen Sommertag im Juli 1972 waren uns 10-, 11-Jährigen 90 Minuten nicht genug. Kein Unentschieden, bitte, nach all dem Aufwand musste es einen Sieger geben.

Wieder ein Solo, noch ein Schuss, und diesmal ging er rein, 2:1 für uns. Kurz darauf kam meine Chance, aufs Spiel Einfluss zu nehmen. Bis dahin war ich kaum am Ball gewesen. Jetzt versuchte ich im eigenen Strafraum, einen hoch hereinfliegenden Ball zu klären. Ich traf aber nicht richtig, der Ball kam zu einem Gegenspieler. 2:2.

Ende. Schluss? Nein – Elfmeterschießen. Die anderen versiebten gleich den ersten, dann hätte ich uns in Führung bringen können. Aber ich schoss den Torwart an. Letztlich trafen wir nur ein-, die anderen dreimal. Wir hatten verloren.

Die allermeisten Klassenkicks in den folgenden Jahren fanden aber am KG im Schulhof statt. Der erste nur wenige Wochen nach Wiederbeginn des Schuljahres, natürlich, da in einem offiziell angemeldeten Spiel, mit einem regulären Fußball. Jetzt als 6c spielten wir gegen die neue 5c, ich denke mit sieben gegen sieben; die Handballtore waren aus einem unerfindlichen Grund flachgelegt, sodass sie effektiv vielleicht 80 oder 90 Zentimeter hoch waren. Unterlegen waren uns die Jüngeren keinesfalls; sie hatten schon richtig gute Leute. Aber an diesem Tag hatte ich mal Glück und schoss unsere beiden Tore zum knappen Sieg.

Ich wurde im Lauf der Jahre besser, war jedoch meistens genau der erste, der nicht in der Startformation spielte. Es reichte immer gerade nicht, und das in Tateinheit mit dem Faktum, dass wir, je älter wir wurden, mit umso weniger Feldspielern spielten, in den obersten Jahrgängen nur noch mit vier. Die Aufstellung lag in der Hand des Sportwarts – das war derjenige Mitschüler, den die Klasse dafür bestimmt hatte, in unserem Fall einstimmig Uli.

Ich schaute also oft zu, zum Beispiel, als Gert ein Spiel in allerletzter Sekunde, mit dem Rücken zum Tor und aus sehr spitzem Winkel, mit einer artistischen Drehung des Fußgelenks entschied. Ich glaube wirklich, der Fuß war das einzige Körperteil, das Gert in diesem Moment bewegte – er war da ökonomisch. Das hatte schon einen Anflug von Gerd Müller.

Elfte Klasse, es wird im Spätsommer 1977 gewesen sein, eine der ersten Schulwochen. Für den Freitag jener Woche stand der vielleicht bedeutendste Vergleich für unsere Klasse an: gegen *die* Fußballklasse der Schule schlechthin, aus dem Jahrgang über uns. Alle von denen spielten im Verein, sie waren technisch und physisch stark, alle gefühlt einen halben Kopf größer als unsere Leute, dazu kräftiger gebaut. Zwei Tage davor hatten wir Sportunterricht. Wir kickten; im Grunde waren das spätestens ab der Achten unsere Sportstunden: fast nur Fußball. Unser Sportlehrer machte mit, denn Uli hatte ihn gebeten, sich uns mal genauer anzuschauen und Tipps zu geben, wie die Erste am Freitag bestehen könnte.

Bei der internen Wahl kam ich in die Mannschaft, die gegen die stärker besetzte Hälfte deutlich verlor. Aber mir gelangen ein paar Sachen, und unseren einzigen Treffer bereitete ich direkt vor. Im Anschluss gab der Lehrer die klare Empfehlung, mich am Freitag spielen zu lassen. Uli war skeptisch: er arbeitete die ganzen Jahre daran, mich zu mehr Körperlichkeit zu ermutigen. In heutiger Sprache ausgedrückt, machte ich in der Tat oft „den letzten Schritt" nicht; und in Zweikämpfen mit dem ballführenden Gegenspieler war ich meistens von vornherein passiv und rein reaktiv. Selbst am Ball, kam ich kaum je im Eins-gegen-Eins vorbei; gut war ich im Weiterleiten, und dass mittlerweile viele, nicht zuletzt eben auch Uli, mir gute Übersicht bescheinigten, hieß schon etwas.

Aber es reichte nicht. Uli konnte sich nicht durchringen, ich schaute an jenem Freitag wieder einmal zu, und das erwies sich als die richtige Entscheidung.

Es wurde vielleicht einer der besten Klassenkicks überhaupt am KG, ein Bombenspiel mit einem unwahrscheinlichen Tempo. Die unseren wirkten voll konzentriert, sie gingen mit, hatten überraschenderweise oft selbst den Ball. Gespielt wurden 2x30 Minuten; wir gingen in Führung, und legten kurz vor der Pause das 2:0 nach. Das war nicht der Halbzeitstand, denn direkt danach traten die anderen einen Freistoß mit Wucht ins Tor. Der zweite Durchgang versprach eng zu werden. Aber unsere zogen auf 4:1 davon. Es folgte der einzige Torwartpatzer, doch das 5:2 kam fast prompt. Etwa zehn Minuten vor Schluss ließ einer unserer Spieler vorne einen Ball, den die Gegner eigentlich schon so gut wie abgefangen hatten, nicht los, der Torwart stürzte ihm entgegen, unser Mann schob die Kugel unten durch. 6:2, es nahm jetzt phantastische Züge an. Sie verkürzten am Ende noch auf 6:4, aber das sensationelle Ergebnis war nicht mehr zu erschüttern. Insgesamt hatten etwa 20, 25 Schüler aus anderen Klassen zugeschaut, die jetzt anerkennenden Applaus spendeten. Und ich musste mir eingestehen, dass meine Qualitäten für dieses Spiel nicht gereicht hätten. Zu schnell, zu körperlich, zu wenig Zeit, um die Bälle zu verarbeiten. So gut war meine Technik eben doch nicht.

Im Frühsommer 1980 dann, wir hatten das Abi schon in der Tasche, fand auf dem Schulhof an zwei aufeinanderfolgenden Montagen ein Turnier statt, natürlich keineswegs das erste. Als eine von drei Klassen unseres Jahrgangs hatten wir leider nie etwas gerissen, auch nicht in unserem mutmaßlich besten Jahr in der Elften. Nun waren wir in den letzten beiden Jahrgängen durchmischt, das Klassenprinzip war ja aufgehoben. Wir versuchten, zu unserem Abschied von der Schule noch irgendeine Truppe zusammenzubekommen. Uli war aus einem Grund, den ich nicht mehr erinnere, nicht dabei, dafür aber einige aus unserer alten Klasse sowie zwei aus ehemaligen Parallelklassen.

Ich erwähne das Turnier nicht wegen sensationeller Auftritte unsererseits – siehe unten. Nein, im Rückblick finde ich es erstaunlich, wie sehr sich schon damals zwischen einzelnen Klassen die Spielauffassungen unterschieden, und dass man recht klar sagen kann, dass eine der damaligen Auffassungen, wie sie auf einem Pausenhof einer Stuttgarter Innenstadtschule zu bestaunen war, sich aus heutiger Sicht als absolut „modern" darstellt.

Wir drangen ins Halbfinale vor, ohne besonders zu spielen; dass es so weit reichen würde, hatten wir nicht direkt erwartet. Dort wartete eine Zehnte auf uns, von der wir wussten, dass sie gut waren; aber richtig hingeschaut hatten wir wohl nicht. Sie überrannten uns, wir hatten nicht den Hauch einer Chance. Es begann mit der schieren Geschwindigkeit: jeder von ihnen nahm jedem von uns auf zwanzig Metern fünf ab, zumindest fühlte es sich so an. Dazu waren sie beweglicher und ließen uns mit einfachen Körpertäuschungen wie Besenstiele aussehen. Und sie trafen nahezu beliebig. Sie kombinierten uns nicht einmal in Grund und Boden; sie schossen einfach, auch wenn man den Angriff noch hätte ausspielen können, und schon wieder war der Ball drin. Ich erinnere die genauen Spielzeiten nicht mehr; 2x15 Minuten maximal, vielleicht sogar nur 2x12. Gut, dass es schnell vorbei war. Zweistellig wurde es aber trotzdem: 10:2 war das Endergebnis.

Im Spiel um den dritten Platz bekamen wir es gar mit einer Achten zu tun. Diese Jungs waren die Sensation des Turniers, und ich will kurz dabei verweilen, weil es das wirklich wert ist. In der Klasse war ein portugiesischer Junge, der zumindest beim Fußballspielen Regie führte, und was soll ich sagen: der Ball lief. Wir alle hatten so etwas in all den Jahren auf unserem Schulhof nicht gesehen; es war auch gar nicht die Art von Fußball, der man normalerweise in Deutschland Aufmerksamkeit schenkte, wo man immer noch versuchte, die weiten Steilpässe zu schlagen oder Flanke und Kopfball zu üben (ja, sogar für den Kick auf dem

Asphalt des Schulhofs). Das war kein Sportschau-Fußball, den diese Jungs boten; wenn immer – es ereignete sich selten genug – eine Mannschaft mal über eine gewisse Zeit innerhalb eines Spiels „den Ball laufen ließ", hieß das im Kommentatoren-Deutsch verlässlich „…kombinierten gefällig", mit dem Unterton: aber ineffektiv. Diese Achtklässler jedoch spielten in der Tat konsequent am Boden, flott und immer so, dass sie Eins-gegen-eins-Situationen mit großer Leichtigkeit vermieden. Eine Absicherung hatten sie durch ihren Torwart, der diese Position auch im Handballverein einnahm und beeindruckende Reflexe zeigte. Im Halbfinale waren sie an einer Elften gescheitert, an den späteren Turniersiegern, die es vermochten, ihnen rechtzeitig den Ball abzunehmen und ihrerseits ein Kombinationsspiel aufzuziehen, und natürlich spielte auch die körperliche Überlegenheit eine Rolle.

Die waren also etwa fünf Jahre jünger als wir. Wir waren uns im Klaren darüber, dass wir ihnen nicht ins offene Messer laufen wollten. Und in engen Situationen, im Kampf um den Ball, da müssten wir uns doch schlicht und einfach durchsetzen können, oder?!

Konnte ich vom Halbfinale noch berichten, dass unsere Gegner uns nicht in Grund und Boden kombiniert hätten (zugegeben: weil sie es nicht nötig hatten), so passierte genau das im Spiel um den dritten Platz.

Es war ein bisschen wie elf Jahre zuvor zwischen den Garagen. Mit dem Unterschied, dass damals ein Solist unterwegs war, den niemand stoppen konnte. Nun war es eine Mannschaft, die den Ball immer in großer Entfernung von uns hielt und ihn dennoch permanent nach vorne trug. Die Jungs spielten uns erbarmungslos her. Es stand 6:0, bevor wir die ersten zwei machten und in unserer besseren Phase auf 4:7 verkürzten. Aber selbst zu diesen vier Toren muss man sagen: die waren ihnen wursch. Sie störten uns nur pro forma ein bisschen, weil sie wussten, mit dem Anstoß würde die nächste Chance kommen, uns auszuspielen. Am Ende stand es 9:4.

Für den Turniersieg waren sie noch zu schmächtig; aber fußballerisch hatten sie einen neuen Maßstab gesetzt. Sogar Lehrer, die zugeschaut hatten, waren hingerissen.

Und wir? Es war seltsam. Natürlich waren wir verdutzt; aber irgendwie war uns nicht danach, uns vor Peinlichkeit zu verkriechen. Das mag daran gelegen haben, dass niemand, wirklich niemand sich vor uns hinstellte und uns auslachte oder auch nur augenzwinkernd stichelte. Vielleicht rechnete man uns unser sportliches Betragen an. Beim Schlusspfiff hatte einer von uns kurz in die Hände geklatscht, wir antworteten reflexartig, ebenso kurz, ich würde aus der Erinnerung heraus sagen, dass das einfach unsere Art war zu sagen „Das war's"; die zahlreichen Zuschauer (sicherlich 50 oder 60) verstanden das vielleicht als Respektsbezeugung für unsere Gegner. Und dann kamen einige auf uns zu, vielleicht fünf oder sechs alles in allem, gaben uns die Hand und sagten irgendwas. Das war der Moment, als uns klar wurde, dass es das jetzt war für uns mit den Kicks auf dem Schulhof, und es waren nette Gesten.

Für mich trat eine Pause ein, was das Fußballspielen anging; es begannen Irrungen und Wirrungen hinsichtlich meiner Zukunftspläne. Als sich zumindest die Richtung geklärt hatte, begann ich im Sommer 1982 meinen Zivildienst, und zugleich kam ich wieder einigermaßen regelmäßig an den Ball, worüber ich kurz im Kapitel „Die Reservebank der Jahrhundertspiele" berichte. Diese Phase dauerte immerhin fast eineinhalb Jahre an.

Mein Musikstudium verschlug mich im Frühjahr 1984 nach Mainz. Zumindest die ersten fünf bis sechs Semester nahmen mich so in Beschlag, dass an Fußballspielen kaum zu denken war. Allerdings stand ich im Sommer 1986 bei einigen Spielen des jährlichen Uni-Fußballturniers an den Spielfeldrändern der beiden Sportwiesen auf Bretzenheimer Gemarkung. Ich bemerkte erstaunt, wie gut einige Mannschaften spielten, und auch, wie ernst und teilweise erbittert gekämpft wurde. In einem Halbfinale gab es drei oder vier rote Karten (keine unmittelbar wegen eines Foulspiels, sondern alle aufgrund von Tätlichkeiten) und am Ende ein Elfmeterschießen, bei dem nahezu jeder Schuss, gehalten oder verwandelt, wegen vermeintlich nicht regelgerechter Ausführung angezweifelt wurde. Das alles musste der Schiedsrichter ohne jegliche Unterstützung durchstehen: Linienrichter gab es nicht, sogar die Abseitsentscheidungen musste der Schiri alleine fällen.

Für die Zusammensetzung der Teams gab es keine einheitliche Kategorie außer der Vorgabe, dass alle Spieler an der Mainzer Universität eingeschrieben sein mussten (ich habe nie erlebt, dass das überprüft wurde); viele Fachbereiche hatten eine Mannschaft gemeldet, fast immer mit Phantasienamen aus der Kategorie „Blinde Bolzer", „Break a Leg" oder „FC Lattenschuss", aber es gab, quer dazu, auch ein Team, das ausschließlich aus iranischen Studenten bestand. Sie fielen auf mehrfache Weise auf: sie pflegten ein Passspiel am Boden wie sonst keine andere Mannschaft, sie führten oft früh und verloren gegen Ende den Faden; und dann gab es Stress. Sie stellten auch eine der beiden Mannschaften der erwähnten Halbfinalpartie. Die andere Mannschaft vertrat irgendeine Fakultät, die ich vergessen habe. Mit deren Torwart kam ich ein bisschen ins Gespräch, wenn seine Stürmer weit vorne Druck machten: er erinnerte mich irgendwie an Werner Vollack, kam aus Trier (wo Vollack ja auch einmal gespielt hatte); und er stoppte mehrfach Angriffe, indem er sich den Stürmern sprichwörtlich „furchtlos" entgegenwarf und ihnen den Ball vom Fuß pflückte. Das machte schon Eindruck auf mich, und als er mal wieder Pause hatte, fragte ich ihn, ob er bei solchen Aktionen keine Angst habe: der Stürmer hat mehr Schiss, meinte er.

Seine Mannschaft holte ein 0:2 auf. Im Elfmeterschießen hielt er zwei, doch seine Leute schossen schlechter, und gegen Ende verschoss er selbst einen. Er nahm es sportlich, doch bei einigen anderen – auf beiden Seiten – brannten die Sicherungen durch, und eine komplette Eskalation konnte nur knapp abgewendet werden.

Trotz dieses ambivalenten Erlebnisses war ich angefixt. Und in den kommenden drei Jahren schickten wir Musiker unter dem Namen „Comedian Disharmonists" tatsächlich eine Mannschaft ins Uniturnier. Wir dürften die bunteste Truppe gewesen sein, die jemals an diesem Turnier teilnahm.

Da waren zunächst mal sogar einige, die früher mal im Verein gespielt (aber auch schon länger keinen Ball mehr gesehen) hatten; dann unser Methusalem Erik, fast schon Mitte dreißig, der um die einsneunzig maß, mit einer Thekenmannschaft gekickt hatte und schlicht *der* Abräumer im Abwehrzentrum war, was mit seinem instrumentalen Hauptfach Blockflöte auf merkwürdige Art korrespondierte. Da war sogar, beim ersten Mal, unser Dozent für Schulpraktisches Klavierspiel, der sich vor dem Kopfball immer noch schnell die John-Lennon-Brille von der Nase riss, und einer mit Katholischer Theologie als zweitem Fach, der heute ein hochrangiger Geistlicher in Österreich ist. Aber die meisten waren, wie ich, einfach Freizeitkicker gewesen, und einige traten sogar zum ersten Mal wirklich gegen einen Ball – wir hatten durchaus Schwierigkeiten, elf bis dreizehn Leute für die Termine zusammen zu bekommen, die Studienpläne waren sehr individuell, und eine Verletzung, die zum Ausfall am Instrument führen konnte, wollte auch nicht jeder riskieren.

Wir überstanden nie die Gruppenphase. Aber unseren Spaß hatten wir ebenso wie das eine oder andere respektable Resultat. Im ersten Jahr musste ich im letzten Spiel gegen die Lateiner ins Tor und hatte plötzlich Gelegenheit, das ein Jahr zuvor bei der Plauderei mit dem Torwart erworbene Wissen anzuwenden. „Fliegen", mich werfen, das konnte ich überhaupt nicht, aber ich beschloss, mich durchbrechenden Stürmern blitzschnell entgegenzustürzen. Und es funktionierte famos, ich bekam die Bälle zwar nicht, aber die nervös gewordenen Stürmer schossen weit daneben oder drüber. Natürlich gingen trotzdem welche rein, aber unsere hielten vorne dagegen. In der letzten Minute rannte ich ins Toreck (wie gesagt: Flugparaden hatte ich nicht drauf), um einen Fernschuss zu erwischen, konnte ihn wegfausten und das 4:4 retten: unser erster Punktgewinn, den wir lautstark feierten.

In den drei Jahren gelang uns ein Sieg; es war die erste Partie im zweiten Jahr. Gegner war eine Mannschaft namens „Rotation B". Für die war es bereits das zweite Spiel. Sie hatten das erste knapp verloren, schön flüssig spielend, aber im Abschluss glücklos. Uns beherrschten sie zunächst klar, führten früh und ließen uns nicht oft an den Ball. Dann schnappte sich unsere Sturmspitze Lothar, Pianist mit zweitem Fach: Sport, was noch eine Rolle spielen sollte, den luschigen Querpass eines gegnerischen Abwehrspielers und schob zum Ausgleich ein – mehr „aus dem Nichts" geht nicht.

Auf einmal waren wir immerhin ab und zu am Ball. Wenn Lothar ihn vorne hatte, foppte er fintenreich die Gegenspieler, drehte gefühlt minutenlang irgendwelche Pirouetten und behauptete so die Kugel manchmal auch gegen drei, sodass unsere Hintermannschaft durchatmen konnte; im Mittelfeld konnte ich öfters einem durchstartenden Mitspieler den Ball in den Lauf spielen – einer kündigte den nächsten Start immer mit einem tiefen Schnaufer an und brauchte wie ein Diesel etliche Meter, bis er wirklich in seiner Geschwindigkeit war, aber dann zog er den Spurt durch; rechts vorne lief einer unserer Cellisten oft irgendwohin, aber immer so, dass die anderen aufpassen mussten, was er machte; und hinten kloppten Erik und zwei andere nach alter Väter Sitte alles weg, was da wegzukloppen war.

1:1 zur Pause. Es waren, wenn ich mich nicht komplett täusche, 30-Minuten-Halbzeiten, und während wir schon hinter unserem neuen Tor saßen und knieten, Wasser tranken und Sprüche klopften, der Schock. Unser Torwart, Klarinettist, stand plötzlich mit geschulterter Sporttasche vor uns: er müsse weg, Probe für irgendeinen Auftritt am Wochenende.

Wir hatten jetzt keinen mehr, der ernsthaft als Torwart in Betracht kam, also war es eh mumpe. Ich musste rein. Und einer oder zwei sagten, letztes Jahr, das war doch OK, das klappt schon.

Die Gegner waren aus dem Tief nach dem geschenkten Ausgleichstor heraus und spielten uns ziemlich an die Wand. Immer sehr überlegt, saubere Kombinationen im Dreieck, es sah schon gut aus. Unser Gegenmittel waren Lothars Pirouetten – wenn es so weit kam, dass er angespielt werden konnte. Der Cellist bekam kaum noch einen Ball, andere stemmten irgendwo die Arme in die Hüften. Hinter meinem Tor unsere Fans, etwa zehn bis zwölf an der Zahl, unter ihnen auch etliche

Kommilitoninnen, ebenso wie Armin, Fagottist, der in den ersten Minuten noch mitgewirkt hatte, sich aber dann seinem fürchterlichen Heuschnupfen geschlagen geben musste. Er trompetete im Minutentakt mit neunzig Dezibel in sein Taschentuch.

Jetzt waren sie durch, Pass auf die Grundlinie, ich ging hin, um den Querpass zu stoppen, aber erstens war ich zu spät und zweitens bleibt man bei so einer Situation zwischen den Pfosten. Kopfball am Fünfer, drin. Aber der Schiri war sofort da und gab Freistoß für uns – keiner wusste genau, wieso. Einige sagten, dass der Pfiff schon vor dem letzten Pass gekommen war (Armin hatte das womöglich übertönt), und die anderen protestierten nicht. Vielleicht war es Abseits.

Das war aber auch schon nahezu alles, was gefährlich auf unser Tor kam. Die hohen Bälle köpfte Erik weg, ein anderer blockte einen Schuss mit dem Hintern; einmal musste ich einen Ball, der sich wahrscheinlich hinter mir hineingesenkt hätte, über den Balken wischen, aber ich hatte Zeit für die Reaktion. Ansonsten kamen einige Schüsse direkt auf mich; ein paar hielt ich fest, und drei oder vier bolzte ich direkt mit dem Fuß raus. Ich wartete auf den unhaltbaren Schuss ins Kreuzeck, aber der kam nicht.

Sieben oder acht Minuten noch, vorne wieder die Pirouetten, und auf einmal hatte er drei Leute hinter und nur noch den Torwart vor sich. „Des gibt's net", hörte ich hinter mir, zwischen zwei Trompetenstößen. Kaum einer hatte noch Kraft, zu Lothar hinzulaufen, um das Tor zu feiern. In den letzten Minuten war's dann doch ein ziemliches Getümmel vor meinem Kasten, aber es kam nichts durch, für mich gab es weniger zu tun als bis dahin. Vorne hatte der Cellist nochmal die Kugel und entschwand irgendwo in einem Paralleluniversum; zum gegnerischen Tor lief er jedenfalls nicht. Dafür brachte es Zeit.

In den letzten zwei Minuten signalisierte Lothar, dass man ihn besser nicht mehr anspielen sollte, er hatte irgendwas. Nun hatten wir gar nichts Konstruktives mehr aufzubieten. Aber es reichte.

In all unserer Euphorie vergaßen wir nicht, unseren Doppeltorschützen zu fragen, was denn sei. Seine Antwort: In einem Wettkampf einige Jahre zuvor hatte er sich einen Muskelfaserriss eingefangen und war nun anfällig; er hatte gespürt, dass sich da wieder etwas anbahnte, und sich so weit wie möglich rausgenommen. Seine Anwesenheit auf dem Platz hatte dennoch bewirkt, dass zwei Gegner bis zum Schluss auf ihn aufpassten.

Uns standen noch zwei Spiele bevor, aus denen uns, so war die Konstellation, ein einziges Unentschieden fürs Viertelfinale reichen würde. Im folgenden Spiel waren wir einige Zeit dran, hielten zur Pause ein 1:1. Am Ende kamen wir nicht mehr mit und verloren 1:4. Schlimmer war aber, dass Lothar trotz Bedenken mitspielte und nach fünf Minuten runter musste – der Muskelfaserriss, jetzt war er da. Im letzten Spiel gingen wir, nach einem noch Hoffnung heischenden 0:1 zur Pause, mit einer Packung unter.

Der Sieg gegen „Rotation B" begründete keine jahrzehntelange Legende. So wichtig wurde das Kicken drunten am Binger Schlag, wo sich damals noch der Fachbereich Musik befand (heute ist er unter dem Namen „Staatliche Musikhochschule Rheinland-Pfalz" auf dem Campus angesiedelt) nicht genommen. Aber ein Highlight war es für den Moment schon.

1989 spielten zwei oder drei Kommilitoninnen mit, keine von ihnen ausdrücklich sportaffin (dennoch absolut gewandt), aber das war in diesem dritten Jahr kaum einer von uns. In einem Spiel fing es irgendwann an zu regnen, und weil die wenigsten von uns Stollen- oder Nockenschuhe hatten, flutschten wir immer wieder über den Rasen wie über eine Eisbahn. Im Kontrast zu unserer reinen Spaßtruppe agierten zwei gar finstere Gesellen auf der Gegenseite, die, auch noch, als wir mit etwa sieben Toren hinten lagen, allen Ernstes mit Herbergerschem sliding tackling in uns hineingrätschten und nicht nur einmal völlig unnötig Verletzungen riskierten; zum Glück passierte nichts.

Ich verließ Mainz nach jenem Sommer. Ob es eine Fortsetzung der Geschichte der „Comedian Disharmonists" gegeben hat, ist mir nicht bekannt.

In den folgenden Jahren und Jahrzehnten wurde Kicken zur absoluten Ausnahme, aber eine Erinnerung ragt heraus. An meiner zweiten Ausbildungsschule auf dem Weg ins Lehramt, im Mannheimer Norden gelegen, war auch ein ehemaliger Profi dabei: Wolfgang Platz, einst in Diensten des VfR Mannheim und des KSC, ein ganz feiner Techniker, der an dem durchschnittlichen Gekicke von uns anderen wohl nicht immer Freude hatte und sich trotzdem für nichts zu schade war. Im Sommer 1991 spielten wir auf dem großen Feld elf gegen elf gegen eine Schülerauswahl aus der Oberstufe. Wir gewannen nach für uns zähem Beginn mit 8:1. Erstaunlich war dabei, dass wir Lehrer samt und sonders eigentlich schon nach 45 Minuten – als es erst 1:1 stand! – vollkommen platt waren und (erfolgreich) um eine Verlängerung der Pause bettelten und die eigentlich fitteren Schüler gerade in der zweiten Halbzeit überhaupt nichts mehr zu bestellen hatten: der Herr Platz organisierte uns durch laute Zurufe, und wenn wir mal Ruhe brauchten, legte er ein Dribbling ein. Das war schon beeindruckend, irgendwie der Sieg des Geistes über die Materie.

Wiederum nach etlichen Jahren, in denen ich maximal einmal pro Jahr für zwanzig Minuten irgendwo mit dabei war, begann an meiner Schule eine Serie eines ebenfalls lediglich jährlich stattfindenden Ereignisses: der Abi-Kick, mit dem die Abiturienten sich am Ende des Abi-Scherzes von den Lehrern verabschiedeten. Der Untergrund war der Rasen des Parks, holprig und alles andere als zum Fußballspielen geeignet. Wir benutzten Jugend-Tore, und über die Jahre gewannen mal die Schüler, mal die Lehrer. Das Wichtigste war die Gaudi für die dicht an dicht um das Spielfeld stehenden jüngeren Schüler. Mein letzter Auftritt endete im Desaster. Die keinesfalls völlig nüchternen Abiturienten, fast alle barfuß und vollkommen aufgedreht, hatten uns bereits niedergespielt, die Krönung war ein Seitfallzieher zum 7:0 gegen uns. Nun aber prallte mir der Ball nach dem Pfostenschuss eines Kollegen entgegen, und nichts würde verhindern können, dass ich den Ehrentreffer erzielte.

Dann lag ich da und hielt das Knie. Es war ein Patellasehnenriss, passend zum Tag; schon vor mir hatten zwei Kollegen das Gelände wegen Verletzungen verlassen müssen (kein einziges Mal, auch in meinem Fall nicht, aufgrund eines Kontakts).

Ab da kickte ich nur noch mit meinen zwei ältesten Söhnen, und irgendwann war ich auch denen nicht mehr gewachsen. Derzeit fordert mich noch der Jüngste, und wirklich, mehr muss es nicht mehr sein. Auch wenn ich immer noch den Kick spüre, wenn ich einen Ball sehe.

Meine Fußballgeschichte

Jetzt wird's Zeit, sagte mein Vater. Dabei war das Spiel noch gar nicht vorbei. Auf der Uhr, die eben auf dem Bildschirm eingeblendet worden war, konnte man sehen, dass die 45. Minute der zweiten Halbzeit bereits deutlich überschritten war. Ich stand in der Tür, seit sicherlich zehn Minuten einen dicken Kloß im Hals, und die ersten Tränen kamen. Auch mein Vater erhob sich gerade; die Nachbarn starrten noch in den Fernseher: das ältere Ehepaar Pohl, Übersiedler aus Schlesien, die hier im Erdgeschoss wohnten und denen der einzige Fernseher im Haus gehörte, natürlich schwarz-weiß; Frau Hauffe aus dem Nachbarhaus, die dort alleine in einer kleinen Wohnung lebte und für die Übertragungen zu den Pohls kam; vielleicht noch die beiden großen Jungs aus der Nachbarschaft. Bestimmt noch ein oder zwei mehr, die ich mir aber gar nicht mehr in Erinnerung rufen kann.

Ich konnte nicht mehr genau sehen, was geschah, der Tränen wegen und weil mein Vater in diesem Moment genau vor mir stand. „Nein" rief der Fernseher plötzlich, mehrere Male; Schreie im Wohnzimmer der Pohls, alle sprangen auf. Ich hatte mich inzwischen um meinen Vater herumgeschlängelt und sah einen Spieler der deutschen Mannschaft vor dem Tor der Italiener auf dem Boden liegen. Zwei andere im weißen Trikot beugten sich über ihn, weitere kamen hinzu. Dann sah man Zuschauer jubeln und einander umarmen; die Zeitlupe; und dann die Deutschen, die zur Mittellinie zurückliefen. Hier bei Pohls war die Hölle los, auch mein Vater, der die zweite Halbzeit des Spiels auffallend schweigsam verfolgt hatte, lachte; er und Herr Pohl legten einander die Hände auf die Schultern, ganz kurz, aber in diesem einen Moment vollkommen gelöst.

Wir wohnten im ersten Stock. Das Verhältnis zu den Pohls war nie ganz frei von Spannungen gewesen. Das Haus gehörte Verwandten von uns, die zu der Zeit einige Jahre im Ausland lebten. Einerseits hatten wir im Haus also den Verwandtenbonus, der uns vor manchem Zornesausbruch der Pohls schützte, wenn wir Kinder im Garten mal wieder Unordnung gestiftet hatten. Dieser unausgesprochene Schutz sorgte auf der anderen

Seite bei meinen Eltern für ein schlechtes Gewissen, das sie auf uns übertrugen. Teilweise bewegten wir uns so vorsichtig durchs Haus, als wären die Pohls die Vermieter. Eine gewisse Eskalation hatte es im Sommer zwei Jahre zuvor gegeben: meine Mutter hatte meiner Schwester und mir je einen Becher Tritop, Geschmacksrichtung Orange, auf den Balkon gebracht, ein widerliches Sirupgesöff, das ich abgrundtief hasste. Kaum war meine Mutter nach drinnen verschwunden, streckte ich die Hand mit dem Becher über die Brüstung und drehte sie um; ich schaute nicht einmal hin. Ich tat das nicht zum ersten Mal. Eine Minute später klingelte es bei uns an der Wohnungstür. Ich öffnete und sah mich Herrn Pohl gegenüber, sein weißes Hemd und die schwarzen Haare nass und gelblich verfärbt.

Wir gehen jetzt trotzdem, sagte mein Vater dann. Ich war unfähig, einen Ton herauszubekommen. Zugleich war ich unendlich erleichtert. Natürlich wusste ich, dass es nun Verlängerung geben und ich diese nicht mehr sehen würde. Aber ich setzte dem Aufbruch keinen Widerstand entgegen, weil ich mir sicher war, dass nun alles gut ginge.

Drei Tage zuvor war meine Reaktion anders gewesen. England war kurz davor, uns aus dem Turnier zu werfen; dann hatten Beckenbauer und Seeler den Rückstand wettgemacht. Beim Abpfiff der 90 Minuten schickte mein Vater uns – auch meine Schwester war dabei – erbarmungslos nach oben, was ich überhaupt nicht verstand und was mich sehr wütend machte, ohne dass ich dies auch nur andeutungsweise hätte äußern dürfen.

Dabei hatte das Englandspiel etliche Stunden früher stattgefunden als dann das Spiel gegen die Italiener, früh genug für mich, um am Radio in meinem (separat im obersten Geschoss befindlichen) Zimmer so lange herumzuschrauben, bis ich die Übertragung hatte – rechtzeitig, um Oskar Kloses Worte „Das kann ja alles gar nicht sein" zu hören, nachdem Müller das Siegtor erzielt hatte. Zum Italienspiel hatte ich mich heruntergeschlichen, ungewiss, worauf ich eigentlich hoffen konnte. So klar, wie es meinen Eltern war, dass ein noch nicht einmal Zehnjähriger kein Spiel anschauen würde, das gegen Mitternacht erst gesendet wurde, war es mir, dass ich mich irgendwie wachhalten, wachkneifen würde. Wundersamerweise war die Tür zur Pohlschen Wohnung nur angelehnt. Während der ersten Halbzeit wurde ich nicht bemerkt; ich bezahlte damit, immer wieder nur um den Türrahmen herumzulugen und somit etliche Abschnitte nicht wirklich zu sehen – auch nicht das 1:0 für die Italiener. Es dauerte auch einige Zeit, bis ich realisierte, dass wir im Rückstand waren. Kurz vor der Pause verschwand ich ins Treppenhaus und betete, dass niemand die Wohnungstür schließen würde.

Entdeckt wurde ich nach Overaths Lattentreffer von Frau Hauffe, die zur Toilette musste. Mein Vater sagte nur, „ja, sag mal"; er war nicht in der Lage, die Energie aufzubringen, derer es bedurft hätte, um mir mit der nötigen Strenge zu begegnen. Wir schlossen in dieser Sekunde den unausgesprochenen Pakt, dass meine Mutter nichts erfahren dürfe. Und jetzt waren es ja nur noch 25 Minuten. 26 oder 27 wurden es dann, bis der Fernseher „nein" rief.

Oben versuchte ich noch halbherzig, den Sender mit der Rundfunkübertragung zu finden (wer glaubt, das müsse doch ein Leichtes gewesen sein, einfach den Regler dorthin zu schieben, wohin ich ihn drei Tage zuvor geschoben hatte, hat keine Ahnung davon, was es bedeutete, sich im Jahre 1970 mit einem Radioempfänger herumzuschlagen, der noch aus den Studienzeiten meines Vaters, mithin aus den späten Fünfzigerjahren stammte.). Es gelang mir nicht, aber es war auch egal – das Gute hatte bereits gesiegt. Als mein Vater mir am Morgen mit verschwörerischem Blick eröffnete, dass die Deutschen doch verloren hatten, war ich überrascht und enttäuscht, konnte aber keine rechte Spannung mehr aufbringen. Irgendwie konnte das nicht stimmen; gestern Abend, das war real gewesen.

Im Sommer 1970 erlebte ich also zum ersten Mal bewusst eine Fußballweltmeisterschaft. Wirklich gesehen habe ich nur drei Spiele, keines davon in voller Länge: eben die beiden Spiele der deutschen Mannschaft gegen England und Italien, sowie die zweite Halbzeit des Endspiels, in dem Brasilien den Italienern letztlich keine Chance ließ und zum dritten Mal den Coupe Rimet gewann - dass sie ihn jetzt behalten durften und somit gewissermaßen eine neue Runde der Fußballweltmeisterschaften begann, das wusste ich schon.

Für mich war es die Zeit des Radios. Das Spiel gegen Bulgarien hörte ich komplett in der Rundfunkübertragung; um am nächsten Morgen mitreden zu können, war das vollkommen ausreichend, denn der Radioreporter hatte gesehen und vermittelt, dass „Stan" Libuda der Mann des Spiels war, trotz dreier Müller-Tore. Auch das 3:1 der Deutschen in Wembley 1972 verfolgte ich noch am Radio – einen eigenen Fernseher besaßen wir nach wie vor nicht, und im Spätsommer 1970 waren wir aus der alten Wohnung ausgezogen, sodass der Weg zu den Pohls keine Möglichkeit mehr war.

Aus alldem soll deutlich werden – und ich beanspruche, ganz gewiss ein bisschen übergriffig, dass meine Erfahrungen und mein Erleben bis zu einem gewissen Grad verallgemeinerbar seien –, dass der Rang, den gewisse Ereignisse für uns einnehmen, vorrangig von den Geschichten bestimmt wird, die wir persönlich damit verknüpfen und die wir uns dazu erzählen, objektiver, gar mithilfe bewegter Bilder nachzuvollziehender Beweisführung nicht bedürftig.

Insofern ist das Etikett „Jahrhundertspiel", das man zunächst der Aufholjagd der Deutschen gegen England anheftete, nur um es ihm drei Tage später schnöde wieder wegzunehmen und an das Italienspiel weiterzureichen, schon immer ambivalent gewesen. Die Etikettierung ist auch ein Versuch, die vielen Geschichten zu einer einzigen zu vereinigen, ihnen damit auch das je Persönliche zu nehmen.

Dass man die beiden Spiele, vor allem das Italienspiel, so benannt hatte, bekam ich frühestens sechs, sieben Jahre später überhaupt erst mit. Heute frage ich mich, ob es denn zeitlos gültige Kriterien gibt, die eine Ernennung zum Jahrhundertspiel rechtfertigen. Wie ist „Jahrhundertspiel" definiert? Kann es zwingend nur ein einziges Spiel gewesen sein?

Geht es um Qualität, wie beim 1:1 bei Frankreich – Brasilien 1986 oder wie bei Brasilien – Niederlande 1998 mit dem gleichen Ergebnis? Geht es um das Sensationelle, wie beim 6:3 der Ungarn in Wembley, beim 6:1 der Dänen über Uruguay oder beim 7:1 der Deutschen in Belo Horizonte? Geht es um das epische Ringen, dem das Schicksal nach zwei Stunden gegen allen Widerstand einen Sieger abfordert?

Wer es über die Qualität erklären will, muss auch sehen, dass die beiden oben erwähnten Spiele der Brasilianer, Franzosen und Niederländer von 1986 und 1998 bereits in Geschichten eingebettet waren, die man im Vorfeld erzählt hatte und die jeweils vom Höhepunkt einer Epoche zu handeln schienen. Völlig frei kann man den Blick davon nicht machen. Den Sensationsspielen wiederum sei zugegeben, dass sie Erzählungen aufbrachen und zugleich neue begründeten; man muss aber auch fragen dürfen, ob man ein Spiel, in dem eine Mannschaft völlig neben sich steht und chancenlos untergeht, in einen solchen Rang heben sollte. Jedenfalls hat die Titulierung des Sieges der Deutschen über die Brasilianer 2014 als Jahrhundertspiel – im Untertitel des Buches, das komplett der Schilderung dieses einen Spiels gewidmet ist – mich dazu veranlasst, der Sache nachzugehen (ich fand und finde diesen Untertitel fragwürdig), und es war eine der Motivationen, letzten Endes dieses Buch zu schreiben. Das epische Ringen, die dritte erwähnte Kategorie, ist mir am sympathischsten, lässt es doch beiden Beteiligten so etwas wie den Respekt, auch vor den Fehlern, die zwangsläufig dazugehören.

Bei all diesen Betrachtungsweisen fallen freilich einige Spiele durchs Raster, die den bereits so oft benannten in nichts nachstanden, vor allem Spiele mit knappem Ausgang, die nicht verlängert wurden, oder auch Spiele, die zwar nach Verlängerung knapp ausgingen, deren Merkmal aber nicht unbedingt das zweistündige Ringen war, sondern etwas anderes. Schauen wir daher auf einige – sicherlich willkürlich ausgewählte – Spiele, die in der kollektiven Erinnerung keine ganz prominente Rolle mehr spielen (obwohl zwei von ihnen auch in der zurzeit aktuellen Auflage – von 2018 – des 11FREUNDE-Bestsellers *Die 100 besten Spiele aller Zeiten* aufgeführt sind und besprochen werden, was aber für meine

Auswahl keine Rolle gespielt hat). In den Turnieren, in denen sie ausgetragen wurden, wirkten sie bis zum Ende nach; seinerzeit wurden sie als große Spiele gesehen und benannt. Später verblasste die Erinnerung, sie nahmen quasi auf der Ersatzbank Platz. Für mich haben sie den Rang von Jahrhundertspielen, wobei die Zusammenhänge jeweils ganz eigene sind – die vier passen nicht in eine Kategorie. Wenn aber die VHS-Kassette von Deutschland – Italien einmal durchgescheuert oder die DVD völlig zerkratzt ist, kann man jedes von ihnen jederzeit einwechseln. Jedes ist gut für das Jokertor.

Es sind vier. Alle fanden einen Sieger, das Ergebnis war stets 3:2, und mit einer Ausnahme waren sie nach 90 Minuten beendet. Die Ordnung ist, meiner Phantasiearmut geschuldet, chronologisch.

Ball gegen Besitz: Italien – Brasilien (1982)

Am Anfang steht das einzige Spiel von den hier vorgestellten, das Teil eines großen Narrativs geworden ist, der Erzählung, wie der schöne Fußball der Brasilianer die ganze Welt verzückte, um dann am Pragmatismus der Italiener zu zerschellen. Interessanterweise ist es im erwähnten 11FREUNDE-Buch nicht aufgeführt – nicht mehr, ich glaube mich zu erinnern, dass die vorige Auflage es noch enthielt.

Ich will mich nicht weiter mit dem Mythos des Todes des *futebol arte* befassen. Mich interessiert eher die italienische Seite dieser Geschichte, die eigentlich eine eigenwertige ist und die es verdient hat, erzählt zu werden, auch, weil die Italiener nach ihrem Sieg zunächst einmal angeschaut wurden wie Kriminelle, die bei ihrem Einbruch in den königlichen Palast die ganzen schönen Dinge entweder zerstört oder einfach geklaut hatten. Und das ist ungerecht.

Wahr ist, dass Italien vor diesem Match vier Spiele gezeigt hatte, von denen jedes auf seine Art gruselig war. Falsch wäre, anzunehmen – wie es manchmal impliziert wird, wenn die oben erwähnte Erzählung zum Aufeinandertreffen Italiens mit Brasilien gelangt –, dass die italienische

Mannschaft das Turnier von vornherein mit kühler Berechnung und reinem Ergebnisfußball angegangen sei. Vielmehr hätten sowohl die nackten Ergebnisse als auch das Spiel der Italiener locker ausreichen können, um sie früh aus dem Turnier zu befördern. In die Gruppe mit Polen, Peru und Kamerun gelost, hätte Italien souverän einen der ersten beiden Plätze belegen müssen, doch sie erwiesen sich als unfähig, eine spielerische Überlegenheit auf den Platz zu bringen und blieben sieglos. Im letzten Gruppenspiel gegen Kamerun zitterten sie sich beim Stand von 1:1 dem Ende entgegen. Das dritte Remis genügte zum Weiterkommen.

Italien hatte sich am Abgrund entlang gehangelt; so etwas plant man nicht. Nicht Pragmatismus, sondern Unvermögen kennzeichnete ihr Spiel. Es war nicht zu sehen, wie Italien die Zwischenrunde, auch zweite Finalrunde genannt, in der Dreiergruppe mit dem amtierenden Weltmeister Argentinien und den augenscheinlich auf Titelkurs befindlichen Brasilianern überstehen sollte. Man musste diese Gruppe ja gewinnen, um nicht auszuscheiden und ins Halbfinale vorzustoßen.

Es oblag Italien und Argentinien, die zweite Finalrunde in der Gruppe C zu eröffnen. Auch Argentinien hatte Mühe gehabt, aus der Gruppenphase herauszukommen; nach einer überraschenden Auftaktniederlage gegen Belgien siegte der Weltmeister zweimal, ohne zu überzeugen, und das, obwohl mit dem 21-jährigen Diego Maradona schon nach damaligem Urteil der begabteste Fußballer der Welt in ihren Reihen stand. Die Vorhersagen liefen samt und sonders in die Richtung, dass Brasilien die Gruppe gewinnen und ins Halbfinale einziehen würde. Was das Spiel Italien – Argentinien anging, standen die Wetten klar auf einen Sieg Argentiniens. Die Argentinier wären danach zunächst spielfrei gewesen, was für das letzte Spiel einen Showdown der beiden südamerikanischen Rivalen mit sich gebracht hätte.

Italien siegte jedoch mit 2:1. Hauptsächlich suchte man die Gründe für Italiens Sieg in der harten Gangart der Mannschaft, mit der das technisch betonte Spiel der Argentinier zerstört worden sei. Statistiker sollen allein 28 Fouls von Gentile an Maradona gezählt haben. Die damalige

Regelauslegung ließ den Schiedsrichtern aber großen Spielraum in der Zweikampfbewertung; die notorische Grätsche von hinten, gegen die der Attackierte sich nicht wehren kann, war noch nicht automatisch mit einem Platzverweis zu ahnden, vielmehr konnten die Verteidiger sich derlei Attacken durchaus zwei- oder dreimal erlauben, bevor sie wenigstens Gelb sahen. Was sich aber hinter den zahlreichen Anklagen gegen Italiens hartes Spiel der Aufmerksamkeit entzog – nebenbei erlaubte sich auch der Argentinier Kempes ein Foul, für das er heutzutage umgehend vom Platz marschieren würde –, war die Tatsache, dass die Mannschaft zum ersten Mal so etwas wie mentale Stärke und Willen sowie sogar spielerische Ansätze erkennen ließ. Nur wenige bemerkten, dass Italien dem Weltmeister fußballerisch ebenbürtig und in der zweiten Hälfte sogar die dominierende Mannschaft gewesen war. Der Gesamteindruck blieb der eines zerfahrenen, oft unterbrochenen Spiels.

Damit waren es die Italiener, die die Pause bekamen; im Anschluss warf Brasilien in einem hochklassigen Spiel Argentinien mit 3:1 aus dem Turnier. Nach dem Gehacke der Italiener und den glanzvollen Auftritten der Brasilianer war alles angerichtet; das folgende Kapitel über den Sieg des Guten über das Böse, der gestaltenden schieren Schönheit über die reine Destruktivität war schon geschrieben. 13:3 Tore in vier Spielen und glänzende Leichtigkeit auf der einen Seite; auf der anderen nur vier erzielte Tore, hilf- und planloses Verhalten gegen Mannschaften, die man klar hätte dominieren müssen; dann den Titelverteidiger zusammengetreten: nicht nur waren „Gut" und „Böse" bereits klar zugeordnet; es war auch klar, dass „Gut" mit den besseren Mitteln ausgestattet war – der Gute hieß dieses Mal Goliath.

Zico soll später gesagt haben, der 5. Juli 1982 sei der Tag gewesen, an dem der Fußball starb. Das ist, wie vieles im Fußball, reichlich übertrieben. Es war einfach ein Fußballspiel, das die favorisierte Mannschaft nicht gewann, was im Fußball häufiger vorkommt als in anderen Mannschaftssportarten. Es gibt zahllose Spiele, deren Verlauf nicht logisch und deren Resultat unerklärlich erscheint. Wie verhält es sich hier?

Stadion Sarria in Barcelona, das Stadion von Espanyol. Brasilien muss gar nicht gewinnen. Da sie Argentinien um ein Tor höher geschlagen haben als die Italiener, ist Italien zwar punktgleich, liegt aber in der Tabelle zurück. Den Brasilianern würde ein Remis reichen. Was wird das für das Spiel bedeuten? Kaum vorstellbar, dass Brasilien die Italiener erstmal kommen lässt, um sie dann auszukontern. Zu dominant sind sie bisher ihre Spiele angegangen, zu spielfreudig, um sich von Tabellenständen oder Eigenschaften der gegnerischen Mannschaften in irgendeiner Weise beeindrucken zu lassen. Die Ansage der brasilianischen Kommentatoren direkt vor dem Anpfiff ist klar: Nicht an ein Unentschieden denken, sondern spielen, kombinieren und angreifen wie immer.

Brasilien stößt an. Bald erfolgt das erste Zuspiel in die Spitze, doch Scirea fängt es ab. Natürlich sichert Italien erst einmal den Ball, ohne aber Zoff einzubeziehen und erst einmal das Tempo zu drosseln. Die Blicke scheinen nach vorne gerichtet, auf mögliche Räume hin. In der gegnerischen Hälfte können aber auch die Italiener das Spiel nicht festmachen. Ein erster zentraler Vorstoß Brasiliens durch Falcão wird durch ein Foul unterbunden, doch ist der flach ausgeführte Freistoß wiederum kein Problem für die italienische Abwehr – man sieht jetzt schon, dass sie hochkonzentriert sind, sie gehen den Bällen schnell entgegen, versuchen, die Brasilianer bereits bei der Ballannahme zu stören. Ein Foul an Oriali führt zum ersten Freistoß für Italien, der genauso im Nichts endet wie zuvor der der Brasilianer.

Bruno Conti erscheint zum ersten Mal im Bild, rechts in der eigenen Hälfte. Er dribbelt, stoppt ab, schaut, dribbelt wieder. Sein Zuspiel wird nicht gut verarbeitet, Brasilien hat den Ball wieder. Aber diese kurze Sequenz lässt schon spüren, dass Conti eine zentrale Rolle zukommen wird. Gedanklich wird vieles über ihn laufen, nicht nur, wenn er den Ball hat. Wollte man einen Spieler nennen, mit dem man seinen Einfluss in diesem Spiel vergleichen könnte, wäre dies Johan Cruyff, nur dass Conti nicht den Habitus eines Feldherrn einnimmt – es reicht zu sehen, wohin er schaut, er hat es nicht nötig, den Mitspielern mit ausgestrecktem Arm anzuzeigen, wohin sie laufen sollen. Vielleicht auch, weil er eine intelligente Mannschaft um sich hat.

Der erste Versuch der Brasilianer, mit Tempo hinter die italienische Verteidigung zu gelangen, missrät, der Pass auf Eder ist viel zu steil und rollt ins Toraus. Im Mittelfeld erobert Brasilien den Ball erneut, es folgt ein erster ansehnlicher Versuch, über eine Sequenz schnell gespielter Kurzpässe freien Raum zu erspielen, doch Sócrates' letzter Ball ist ein wenig zu lässig angetippt, Graziani gibt den Spielverderber und lenkt den Ball zum Einwurf. Der brasilianische Kommentator ist erfreut, „Brasilien beginnt gut."

Dreieinhalb Minuten; dreißig Meter vor dem italienischen Tor wird erneut eine Aktion der Brasilianer energisch unterbunden. Natürlich ist das im Nachhinein im Wissen um Verlauf und Ausgang des Spiels gesprochen, aber hier sind erste Signale: Hallo, Brasilien. Wir sind da. Offensichtlich sind die Italiener entschlossen, das vorab erstellte Skript zu unterlaufen, und sie geben sich nicht die geringste Mühe, das zu verbergen. Wird das von den brasilianischen Spielern zur Kenntnis genommen?

Paolo Rossi ist am Ball. Man muss sich ins Gedächtnis rufen, dass seine Berufung eine faustdicke Überraschung war. Nach seiner mutmaßlichen Verwicklung in eine Spielmanipulation zwei Jahre zuvor war er gesperrt worden. Als Enzo Bearzot seinen Namen auf die Kaderliste setzte, war er eineinhalb Jahre ohne Spielpraxis. Dementsprechend gab es Zweifel und Kritik, und Rossis Leistungen in den ersten vier Spielen waren nicht überzeugend, obwohl er jedes Mal in der Startelf stand und demzufolge viel Zeit hatte, sich zu bewähren. Sein Spiel wirkte stumpf, er traf nicht nur das Tor nicht, er kam überhaupt selten gefährlich zur Geltung, und wenn, machte er eine klägliche Figur. Bearzot ließ sich auf keine Diskussionen ein und hielt an ihm fest. Am Ende benötigte Rossi dieses Spiel und zwei weitere, um die Weltmeisterschaft als Torschützenkönig zu beenden – welche Botschaft sollen die Trainer in aller Welt, die ja versuchen, aus Training und Spielen Schlüsse zu ziehen, ihre

Mannschaften zu entwickeln, auf Verläufe zu reagieren, aus solch einer Geschichte entnehmen?

Rossi legt ein ambioniertes Dribbling hin und wird schließlich gefoult, weit links abgesetzt im Mittelfeld. Italien führt den Freistoß kurz aus und hält den Ball daraufhin länger. Am Ende wird Tardelli links steil geschickt, mit weitaus größerer Präzision als kurz zuvor Eder auf der anderen Seite. Die Abwehr ist überspielt, Tardelli handelt schnell, vielleicht hätte er abstoppen und auf das Nachrücken weiterer Mitspieler warten sollen; andererseits übt er mit dem Pass in den Rückraum durchaus Druck aus, die Brasilianer haben alle Mühe, vor Rossi zu klären. Während sie ihrerseits aufbauen, ist sich der Kommentator nicht zu fein, die vorangegangene Aktion der Italiener zu loben. Ob er schon etwas spürt, ist schwer zu sagen; aber er ist beeindruckt.

In der italienischen Hälfte wirkt das Herangehen der Brasilianer noch ohne Biss, am Ende folgt ein ohne Überzeugung gespielter halbhoher Ball, den Conti mit dem Kopf abfälscht. Collovati sichert, nimmt Scirea mit, der auf Oriali, der über die Mittellinie dribbelt, dann übernimmt Conti, alles weit rechts abgesetzt. Conti schaut wieder, findet schließlich Cabrini, der auf der linken Seite mit nach vorne gekommen ist. Cabrini flankt sofort aus dem Halbfeld, Richtung langer Pfosten.

Waldir Peres, Brasiliens Torwart, muss den Ball durch Herauslaufen klären, fangend oder faustend; aber er klebt auf der Linie. Nach dem Spiel wird es unter anderem heißen, die Brasilianer hätten eben keine WM-taugliche Defensive und auch keinen Torwart von Rang gehabt, womit indirekt eine Schuld an einem Mannschaftsteil oder sogar an einzelnen Spielern festgemacht wird. Richtig ist sicher, dass Peres in dem Turnier nicht immer glücklich gespielt hat; im ersten Spiel gegen die Sowjetunion hat er einen Flachschuss aus 35 Metern, der direkt auf ihn platziert und nicht einmal besonders hart geschossen war, passieren lassen.

Dass dies dennoch keinen ganzheitlichen Blick aufs Spiel beinhaltet, wird erst nach dem Spiel gegen Italien deutlich. Wenn es heißt, Brasilien hatte damals keine Defensive, müsste man eher sagen: Sie hatten gar keinen Begriff davon, was Defensive bedeutet, zum Beispiel nämlich das, was im modernen Jargon als „Antizipation" bezeichnet wird, das Mitlesen des Spiels und das Vorausahnen von Bewegungen durch alle Spieler, oft genug schlicht das Mitgehen mit dem Gegner, auch wenn der nicht den Ball hat, oder das Stellen einer Struktur, in die der Gegner sich begeben muss, wenn man nicht immer mit ihm mitgehen will. Sie hatten keinen Begriff davon, dass auch Defensive eine spielerische Komponente hat, insofern sie Spielverständnis und, nicht zuletzt, auch Respekt vor dem Gegner impliziert. Sie hatten keinen Begriff davon, dass zu einem vollkommenen Spiel, selbst wenn man auf Angriff spielt, die Defensive gehört. Es ging um wesentlich mehr als um unglückliches Abwehrverhalten Einzelner in bestimmten Situationen – es war ein unvollständiges Konzept.

Banaler ausgedrückt verloren die Brasilianer dieses Spiel, weil sie die Anwesenheit der Italiener auf dem Platz zu lange ignorierten. So wie in dieser Situation kurz vor Vollendung der fünften Minute. Es ist nicht nur so, dass Waldir Peres nicht herauskommt. Rossi stürmt da ziemlich alleine herein und hat keine Probleme damit, Cabrinis Flanke an Peres vorbei ins Tor zu köpfeln – auf der Linie ist der Torwart machtlos.

Es folgt eine vollkommen groteske Szene. Serginho bolzt den Ball nach Eders Anspiel einfach aus dem Mittelkreis nach vorne, nicht einmal als Bogenlampe, sondern flach. Ob er gehofft hat, damit Dino Zoff zu überlisten? Der ist aber längst in seinem Tor, unbeeindruckt und souverän genug, den Ball nicht ins Aus rollen zu lassen (denn der Schuss war nicht einmal so präzise, dass er ein leerstehendes Tor getroffen hätte); vielmehr nimmt er ihn auf und eröffnet das Spiel sofort neu. Dem hergebrachten Klischee zufolge müssten die Italiener doch versuchen, das Spiel endlos in die Länge zu ziehen; nichts davon ist zu spüren. Was ist mit diesen Italienern los, und wichtiger noch: Was reitet die Brasilianer, die, kaum in Rückstand, einfach mal den Ball herschenken?

Kurze Zeit später flippert der Ball durch den italienischen Sechzehner, einer der wenigen Momente, in denen Italiens Abwehr nicht im Bilde ist.

Serginho kann aus acht, neun Metern Torentfernung ausgleichen, es ist eine vermeintlich „hundertprozentige" Torchance; er vergibt auf eine Weise, die Higuains Aktion im WM-Finale 2014 ähnelt. Es war keine wirklich erspielte Chance, aber gerade das mag die Mahnung gewesen sein, nicht nur auf eine imaginäre Logik der Abläufe zu vertrauen. Mimik und Gestik der italienischen Spieler sind deutlich. Sie wissen, sie haben gerade Glück gehabt.

Endlich spielen die Brasilianer sich einmal in gewohnter Manier in den Strafraum. Sócrates macht den Ball schnell, spurtet nach dem Abspiel sofort weiter, Zico passt ebenfalls vertikal, und Sócrates ist wieder da. Der Winkel zum Tor ist spitz; dennoch zieht er ab, Richtung kurzes Eck. Dann steht er vor dem Zaun, der die Zuschauer vom Spielfeld trennt, und reckt die Arme in die Höhe, während seine Mitspieler sich auf ihn stürzen. „Na bitte", mögen sie gedacht haben. Wenn wir wollen, können wir. Währenddessen ärgert sich Zoff, seit anderthalb Jahrzehnten Italiens Nummer 1 (außer bei der WM 1970, als ihm Albertosi vorgezogen wurde), mit 40 Jahren der älteste Spieler des Turniers. Es war sein Fehler. Ins kurze Eck darf der Ball nicht gehen.

In der Folge hat Italien Probleme, in der Ordnung zu bleiben. Gentile wird verwarnt, was ihm eine Sperre für ein mögliches nächstes Spiel einträgt. Einige Male nehmen sie jetzt doch Zuflucht zu Rückpässen zum Torwart; ein Spielaufbau gelingt über die Mittellinie hinaus nicht. Obwohl nun wacher, wirken aber auch die Brasilianer ganz vorne nicht zwingend. Die letzten Zuspiele am und im Strafraum sind unsauber oder unkontrolliert. Es sind die schwächsten zehn Minuten dieses Spiels.

Erst nach über zwanzig Minuten spielen sich die Italiener über mehrere Stationen wieder in die gegnerische Hälfte, dann wird Tardelli zentral dreißig Meter vor dem Tor gefoult. Die Ausführung lässt auf sich warten. Schließlich wird der Ball kurz angetippt, sofort stürzen brasilianische Spieler nach vorne, einer von ihnen fälscht den Schuss ab, der zur Bogenlampe mutiert. 1990 wird Deutschland auf eine ähnliche Weise gegen England ein Tor erzielen; hier und jetzt aber würde der Ball das Tor verfehlen. Waldir Peres geht natürlich hin, um den Eckball zu vermeiden und auch, um Graziani, der nicht wirklich eine Chance gehabt hätte, noch heranzukommen, zu sagen: Nichts da. „Ruhig, ruhig!", eine gewisse Erleichterung ist dem Kommentator anzumerken. Peres strahlt hier wirklich Ruhe aus, sondiert die Räume und wirft nach rechts heraus ab auf Leandro, der sofort zurück in die Mitte spielt, auf Cerezo.

Cerezo steht in diesem Moment dort, wo man Jahrzehnte später die „Sechserposition" verorten wird. Vor ihm sind Zico und Sócrates, beide im Deckungsschatten. Auf der Suche nach einer sicheren Anspielstation dreht er sich nach links. Er bildet in diesem Moment ein Dreieck mit einem Doppelpack brasilianischer Spieler – einer von ihnen ist Falcão – sowie Luizinho, der etwa zehn Meter vor der Strafraumlinie steht. Dieser dürfte etwa 15 Meter von Cerezo entfernt stehen; der Weg zu Falcão wäre der kürzere gewesen, aber Antognoni steht sehr nahe bei Cerezo, der wohl nicht riskieren will, Antognoni versehentlich den Ball in die Füße zu spielen. Daher ist Cerezos Zuspiel vermutlich für Luizinho gedacht. Allerdings hat er in diesem Fall gleich mit einberechnet, dass sich Luizinho zwei, drei Schritte nach vorne geht. Dieser verharrt jedoch kurz; dafür deutet Falcão einen Schritt an, stoppt aber sofort ab, denn dieser Pass kann nicht an ihn gerichtet sein.

Falcão und Luizinho haben kaum mehr als eine Hundertstelsekunde gezögert. Erst in diesem Sekundenbruchteil wird offenbar, dass sich hinter Falcão und dem weiterem, nicht zu erkennenden Brasilianer auch Rossi befand, der sofort spurtet. Cerezo dürfte ihn aus seiner Position nicht einmal gesehen haben. Rossi muss das Zaudern Falcãos und Luizinhos gespürt haben, noch ehe es den beiden selbst bewusst wurde. Er hat den längeren Weg zum Ball als die beiden Brasilianer, aber er hat die Situation früher erfasst, und er ist schneller. Luizinho versucht noch, in den Ball hineinzurutschen; zugleich nimmt Falcão Tempo auf, um Rossi zu stellen. Zu spät; Rossi lässt Peres aus 16 Metern keine Chance.

Vielleicht lässt sich an diesem Tor zeigen, womit Italien Brasilien schlug, gerade weil es auf den ersten Blick aussah wie eine fürchterliche Panne, ein hergeschenkter Ball, ein Zufallsprodukt, das Rossi mit einer gewissen Bauernschläue verwertete. Aber das ist genau der Knick in der Optik, der unzählige Nachbetrachter und Legendenstricker auch heute noch glauben lässt, Brasilien hätte 1982 den schönsten und besten Fußball aller Zeiten gespielt, und der Sieg Italiens sei im Grunde Diebstahl gewesen. Man muss hier aber ein wenig ausholen.

Anfang der Achtziger war die Perspektive auf das Spiel – und die Realität auf dem Platz – meist diese: Wer den Ball hat, hat den Ball und baut auf. Solange der Gegner die Mittellinie nicht überschreitet, geht uns das nichts an. Die sind dran, sollen sie mal machen. Ab der Mittellinie gucken wir dann mal ein bisschen genauer hin, und dreißig Meter vor dem eigenen Tor – wenn der Gegner die Zone betritt, die heute „letztes Drittel" heißt – stören wir dann aber mal so richtig. Heinz, kuck mal, da kommt dein Mann, geh dem doch mal guten Tag sagen. Im eigenen Strafraum sollten wir den Ball dann auch irgendwann mal kriegen, sonst schießt der Gegner ja womöglich ein Tor. Dieser Ansatz, der oft genug so gemächlich war, wie es sich hier lesen mag, wurde nur von wenigen Vereinsmannschaften (in Deutschland vor allem vom Hamburger SV unter Ernst Happel) infrage gestellt; diese Teams spielten mit Pressing, Verschieben des ganzen Verbundes nach vorne (heute „hoch stehen" genannt), Zonendeckung, Abwehrkette und Abseitsfalle und galten als modern, aber nicht einfach kopierbar.

Nationalmannschaften traten in diesem Sinne kaum „modern" auf. Im Gegenteil, auch dieses Spiel lässt immer wieder genau das beschriebene Muster erkennen, sogar näher als 30 Meter vor dem eigenen Tor lassen die Italiener den Brasilianern noch Raum – sie schauen sehr genau hin, was die Brasilianer machen, mehr aber auch nicht. Erst der Adressat des Passes aus dieser Zone wird effektiv gestört.

Pressing spielt Italien also nicht. Aber trotzdem spürt man in vielen Situationen einen anderen Blick auf den Ball: Der Ball gehört uns. Immer. Egal, wer ihn gerade hat und woher er kommt. Jede seiner Bewegungen ist für uns interessant. Jeder Pass ist für einen von uns gedacht. Jeder

Raum, in den der Ball gehen wird, ist unser Raum. Dazu müssen wir ihn nicht immer haben, aber wir verfolgen ihn. In diesem Sinne sind auch die Gegner und ihre Aktionen Teil eines Musters, das unseres ist. Und wenn wir den Ball bekommen können und ihn wirklich wollen, schnappen wir ihn uns.

Rossi *weiß* im entscheidenden Moment, wohl schon, als Cerezo sich nach links wendet: Da kommt gleich ein Pass für mich. Man kann Cerezo nicht einmal einen großen Vorwurf machen: Der Blick auf Rossi war ihm wohl genommen; seine Aktion war Teil eines üblichen Ablaufs. Rossis Leistung war, den kritischen Punkt vorauszuahnen, was weit mehr als Bauernschläue benötigt und nebenbei auch weit mehr als das war, was man so gerne den „Torriecher" nennt; vielmehr schlicht: Spielverständnis. Und dieser andere Blick auf den Ball kennzeichnete alle Aktionen der Italiener, defensive wie offensive.

Dieses Tor befreit zunächst einmal das italienische Spiel; sie verblüffen mit zwei längeren, souverän vorgetragenen Ballstafetten. Erst dann kommt Brasilien wieder. Einen Freistoß von der Seite, den Eder gefahrbringend vors Tor ziehen könnte, will er direkt ins Torwarteck schießen, bleibt aber an der Mauer hängen. Zwei weitere Freistoßgelegenheiten lassen die Brasilianer auf ähnliche, ernüchternde Weise verstreichen; unmittelbar vor der Pause dann die strittige Situation: Zico wird im Strafraum angespielt, kommt auch mit Verzögerung zum Schuss, den Zoff ohne Mühe pariert. Aber was war da vorher? Zico reklamiert, in der Nahaufnahme ist zu sehen, wie er dem Schiedsrichter sein zerrissenes Jersey zeigt. Die Zeitlupe löst es auf: Zico wurde im Strafraum gehalten. Viel klarer kann ein Elfmeter nicht sein. Das ist nun tatsächlich Pech für Brasilien. Italien nimmt das 2:1 in die Pause.

Nach Wiederanpfiff ist deutlich zu sehen, dass die Brasilianer jetzt ein anderes Spiel wollen. Sie laufen schneller, versuchen mit und ohne Ball, die italienische Mannschaft unter Druck zu setzen, vor allem: die Pässe schneller zu spielen. Bald kommt Falcão aussichtsreich in Position, verfehlt aber das lange Eck; auf der Gegenseite bietet sich Conti eher zufällig eine vergleichbare Schusschance, aber sein Ball geht ebenfalls lang vorbei. Der Kommentator ist ungehalten über die nervöse Vorstellung Luizinhos und Leandros, die die Situation nicht vor dem Abschluss bereinigt haben. Dann versucht Rossi im Strafraum, mit einem schnellen Antritt an Luizinho vorbeizukommen und geht zu Boden. Schauspielerei? Der Schiedsrichter lässt sich auf nichts ein und bedeutet Rossi, er solle schnell wieder aufstehen. Das Spiel geht ohne Unterbrechung weiter. Die Zeitlupe kommt erst Minuten später. Luizinho schiebt Rossi deutlich sichtbar mit dem Arm weg – es ist ein Foulspiel.

Bei alldem ist zu fühlen, dass die italienische Mannschaft die Sache im Griff hat. Ganz gefährliche Abschlüsse lassen sie praktisch nicht zu. Und mehrfach gelingen ihnen weite, steile Anspiele über die Mittellinie. In diese Situation hinein kommt der erste ernstzunehmende Distanzschuss der Brasilianer, abgefeuert von Leandro. Doch Zoff steht schon da.

Neun Minuten im zweiten Durchgang sind gespielt, wie man durch eine hin und wieder eingeblendete digitale Anzeige erfährt. Italien hält den Ball beeindruckend lange in der brasilianischen Hälfte. Antognoni schließt aber die Aktion mit einem schwachen Pass zum rechten Flügel ab, im Grunde spielt er Eder den Ball in die Füße. Und jetzt geht es schnell. Sócrates bekommt den Ball, geht sofort tief und bedient den durchstartenden Falcão steil. An der Sechzehnmeterlinie taucht Zoff auf und klärt Zentimeter vor dem Brasilianer; daraufhin staucht er seine Mitspieler zusammen, die die Mitte nicht dichtgemacht haben. Kaum eine Minute später versucht es Zico mit einem Heber in den Strafraum; wieder ist Zoff da und holt den Ball sicher herunter.

Es wird nach und nach intensiver. Oriali sichert ganz rechts, übergibt an Conti, der – immer noch in der eigenen Hälfte – direkt auf Cabrini weiterleitet. Da ist Raum, und sie nutzen ihn. Graziani ist links vorne, sucht Rossi, der aber nicht zum Zuge kommt, weil Luizinho in höchster Not klärt. Das ist begeisternd gespielt; auf der anderen Seite wird Serginho in Szene gesetzt, der jedoch nicht glücklich steht. Wiederum im Gegenzug wird Rossi vor dem Tor freigespielt, kann aber die große Chance zur Vorentscheidung nicht verwerten.

Die letzte halbe Stunde bricht an. Spannung und Qualität sind deutlich gestiegen, es ist jetzt ein packendes Spiel. Nach wie vor ist seitens der Italiener so etwas wie Zeitspiel nicht zu sehen; die Brasilianer spielen inzwischen wesentlich zielgerichteter. Wieder ein Freistoß; Eder schießt erneut, und diesmal kommt er an der Mauer vorbei. Und wieder ist Zoff einfach schon da. Man beginnt zu ahnen: Oft wird der italienische Torwart heute nicht mehr hinter sich greifen.

Italien sieht bei alldem gut aus. Aber einen Freistoß verstolpern sie, Brasilien kommt wieder. Am Strafraum erscheint Zico mit dem nächsten Heber, und dieser ist sehr fein in den Lauf von Cerezo geschnitten, der den Außenpfosten trifft. Die Partie steuert fühlbar auf ihren kritischen Moment zu.

Die Italiener bemühen sich um mehr Ruhe, lassen den Ball im Dreieck laufen und spielen sich dabei selbst aus, der letzte Pass rollt, obwohl nicht aus Bedrängnis gespielt, über die Seitenlinie. Bearzot ist kurz zu sehen; diese Szene hat ihm nicht gefallen. Seine Lippen bewegen sich, als spräche er unablässig zu sich selbst, ohne es zu bemerken. Er ist nervös, weil er fühlt, wie nah seine Mannschaft dem Ziel ist; und natürlich ist ihm bewusst, dass ein Tor für Brasilien, das jederzeit fallen kann, alles wieder auf Anfang stellen würde.

Sócrates versucht, Serginho per Kopf in Szene zu setzen, doch der Mittelstürmer steht einfach falsch. Und so zeigt der Rückblick auf das Spiel, außer dem gestörten Verhältnis der Brasilianer zum Thema Defensive, noch ein anderes Problem auf: Brasilien hat keinen Stürmer von internationalem Format auf dem Platz. In der Vorrunde wurde dies durchaus bemerkt, auch vom deutschen Kommentator Rudi Michel, der das mit der Bemerkung abtat, Brasiliens Spiel zeige eben, dass es auf die Goalgetter in vorderster Reihe gar nicht mehr ankomme: die zweite Reihe müsse gut besetzt sein. Im Kontext der vorangegangenen Spiele schien das aufzugehen (Serginho traf einmal, doch meistens teilten sich Falcão, Eder und Zico den Kuchen). Hier und heute sieht man: ein Strafraumstürmer, den man wenigstens anspielen könnte, wäre schon hilfreich; aber Serginho bekommt, wie man so sagt, kein Bein auf den Boden. Natürlich hat Tele Santana das beobachtet. Am Spielfeldrand wird Paolo Isidoro gedehnt, er wird für Serginho ins Spiel kommen.

Aber es passiert noch vorher. Ein Abschlag von Zoff fliegt zu Falcão, der kurz hinter der Mittellinie steht und den Ball fast lässig von seinem linken Knöchel zu Luizinho prallen lässt. Junior übernimmt jenseits der Mittellinie und geht mit Tempo zunächst steil, dann biegt er Richtung Zentrum ab und findet auf halbrechts wieder den mitgelaufenen Falcão. Der ist in diesem Moment völlig frei. Graziani geht auf ihn zu; zugleich wird Falcão von Cerezo umlaufen, sodass eine weitere Anspielstation auf der rechten Seite entsteht. Um das mögliche Abspiel zu stören, entscheidet sich Graziani um und versucht, Cerezo aufzunehmen; zwei weitere Abwehrspieler lassen sich förmlich mitziehen. Falcão aber legt sich den Ball in die Mitte. Niemand stört ihn, als er aus 16 Metern mit links abzieht.

Die Erleichterung des brasilianischen Reporters entlädt sich explosionsartig. Falcão rast zur Bank, wo der gesamte Tross Tänze aufführt. Kurz ist Zoff zu sehen, wie er seine Abwehr ins Achtung stellt. Auch nach damaligen Maßstäben hatte Falcão zu viel Platz und zu viel Zeit.

Exakt die Hälfte der zweiten Halbzeit ist vorüber. Italien wankt. Die Brasilianer wollen den Trend – das „Momentum", wie es heute heißt – nutzen und greifen erneut an. Am Ende kommt Zico, 18 Meter zentral vor dem Tor, ziemlich frei zum Abschluss. Im ersten Spiel gegen die Sowjets fiel der Ausgleich noch später als eben, der Siegtreffer drei Minuten vor Schluss, als Eder aus etwa dieser Entfernung traf. Zico hat heute kein Glück, sein Ball fliegt übers Tor.

Aber sie setzen nach, einem Boxer gleich, der spürt, dass der Kontrahent nach einem Wirkungstreffer die Deckung noch nicht wieder oben hat.

Man wird der Mannschaft vorwerfen, dass sie hier nicht auf Halten umschaltete; auch aus den Reihen der Spieler selbst kommen später Äußerungen, die in diese Richtung gehen. Tele Santanas Philosophie ließ dergleichen nicht zu; aber die entscheidenden Dinge geschehen auch in diesem Spiel nicht außerhalb des Platzes, nicht im Kopf des großen Ästheten Tele Santana, sondern auf dem Spielfeld. Die Italiener sind sichtlich so angeknockt, dass es absolut gerechtfertigt erscheint, nachlegen zu wollen. Bergomi, der schon in der ersten Halbzeit für Collovati kam, hält dem Druck nicht stand und verliert den Ball an Eder. Brasilien hat eine Zwei-gegen-eins-Situation, Eder müsste nur noch Sócrates, der dann frei vor Zoff wäre, in den Lauf spielen, aber er zögert und bleibt hängen; womöglich war er sich nicht sicher, ob Sócrates abseits stand. Kurz darauf wird Junior auf dem linken Flügel mit einem wunderbaren Diagonalpass angespielt. Bei der anschließenden Flanke kommt Zoff heraus und klärt mit Mühe. Brasilien hat im Moment definitiv die Chance, den K.O.-Schlag zu landen. Warum sollten sie sich zurückziehen?

Die Italiener ringen nach Luft und suchen Entlastung. Antognoni fintiert und gewinnt Zeit, in den Strafraum zu flanken. Aber um Graziani zu finden, ist das viel zu ungenau. Cerezo könnte bequem sichern, entscheidet sich aber, zu Waldir Peres zurück zu köpfen. Dabei geht er zu lässig zu Werke; Peres versucht vergeblich noch, den Eckball für Italien zu verhindern. Es ist ein sehr unnötiger Ballverlust, viel weniger nachvollziehbar als Cerezos Pass in Rossis Füße in der ersten Halbzeit. Conti führt von rechts aus. Die Kopfballabwehr gerät zu kurz, an der Sechzehnmeterlinie nimmt Tardelli den Ball volley, es ist wohl ein Schussversuch, der ein wenig kraftlos herausrutscht. Am Fünfmeterraum warten Graziani und Rossi: mutterseelenallein. Rossi steht besser zum Ball und schießt sein drittes Tor. Die Brasilianer reklamieren, doch Junior, der den Torpfosten sicherte, ist einfach viel zu spät herausgekommen und hebt so das Abseits auf. Das Tor ist regulär; vor allem aber fällt es bestürzend unerwartet.

Das kann es noch nicht gewesen sein. Brasilien beschleunigt, Sócrates ist freigespielt und schiebt an Zoff vorbei ins Tor. Aber das Spiel ist bereits wegen Abseits unterbrochen. Ob zurecht, löst auch die Zeitlupe nicht auf; die Fahne war jedenfalls früh oben.

Die letzten Minuten sind Drama pur, mit phantastisch schnell wechselnden Bildern. Zoff leistet sich an der Sechzehnmeterlinie einen Querschläger; Paolo Isidoro dribbelt und dribbelt, bis er endlich den Raum für die Flanke auf Sócrates hat, der aber geblockt wird; Cabrini läuft mit dem Ball auf und davon, wie ein Baseballspieler beim home run, bis weit in die brasilianische Hälfte. Brasilien versucht, geordnet über die Mittellinie zu kommen, aber die Italiener werfen sich in jeden Pass und ziehen sogar einen Freistoß. Irgendwie prallt der Ball zwischen Gelb und Blau hin und her, bis die Brasilianer endlich wieder nach vorne stürmen, aber der Pass, der die Abwehr durchschneiden sollte, rollt ins Toraus. Antognoni schließt einen wunderbaren Konter perfekt ab, es wäre die Entscheidung – doch es soll Abseits gewesen sein (was durch das langsame Scrollen durch die Einzelbilder eher nicht bestätigt wird, auch wenn man bedenkt, dass gleiche Höhe seinerzeit noch als Abseits galt).

Während Antognoni noch einen Wortwechsel mit dem Schiedsrichter hat, kommt Eder. Foul, kurz vor dem Strafraumeck. Wieder einmal führt Eder den Freistoß aus. Zum ersten Mal verzichtet er auf den Versuch, das Tor direkt zu treffen; es ist der beste Freistoß im ganzen Spiel, mit einem hochklassigen Abschluss. Oscar drückt die Flanke aus sechs Metern Entfernung mit dem Kopf tief Richtung Tor: Zoff taucht und hat ihn sicher, genau auf der Linie, das Reklamieren der brasilianischen Spieler ist ihrer Verzweiflung geschuldet. Leandro schlägt aus dem Halbfeld einen hohen Ball in den Strafraum. Sie haben keine Mittel mehr, Zoff holt sich auch diese Flanke in aller Ruhe aus der Luft. Brasilien vergibt eine Ecke von links fast stümperhaft; Falcão kann den Ball mit letzter Kraft daran hindern, auf der gegenüberliegenden Seite hinauszurollen.

Sie bäumen sich auf, lancieren einen letzten feinen Angriff, die letzte sehenswerte Kombination des Spiels. Falcão passt zu Leandro und startet noch einmal durch, Leandro hebt den Ball direkt hinein, genau wiederum auf Falcão. Natürlich will der, etwa sieben Meter seitlich vor dem Tor, direkt abschließen, doch sie sind da, der Schuss prallt ins Toraus zur letzten Ecke. Eder eilt hinaus, schiebt die Werbebande zur Seite, um Platz für einen Anlauf zu gewinnen. 45 Minuten sind vorüber, eine Minute wird wohl nachgespielt, genau weiß man das nie. Eder dreht den Ball scharf vors Tor, Zoff faustet zur anderen Seite hin weg, Cerezo versucht einen Fallrückzieher, trifft dabei aber Cabrini mit dem Fuß im Gesicht. Freistoß für Italien. Zoff wedelt alle Spieler weg von sich, passt kurz zu Bergomi, bekommt den Ball von ihm zurück, nimmt ihn mit der Hand auf, prellt zwei-, dreimal und schlägt ab.

Und dann, 46 Minuten und 13 Sekunden nach Beginn der zweiten Halbzeit, bleibt die Uhr stehen.

Das Spiel hatte ich bei meinem Cellolehrer, der sich zu jener Zeit darum bemühte, mir zum Bestehen der Aufnahmeprüfung an einer Musikhochschule zu verhelfen, am Fernseher verfolgt. Obwohl ich eigentlich andere Sorgen hatte als Fußball, war ich, auf dem Nachhauseweg aus dem Fenster der Straßenbahn starrend, die mich in den Stuttgarter Talkessel hinunterbeförderte, enttäuscht und desillusioniert. Ich hätte, wie so viele, Brasilien den Titel gewünscht. Die WM hatte – erst recht, nachdem die Auftritte der deutschen Mannschaft in der Vorrunde uns alle so beschämt hatten – ihren Inhalt verloren, so empfand ich es.

Am Charlottenplatz musste ich umsteigen. Was war hier los? Hunderte Menschen in der Unterführung, „Italia! Italia!", immer wieder Jubelschreie, Klatschen, ein deutsch-italienischer Sprachmix, ein von freudestrahlenden Gesichtern erleuchtetes Chaos. Hier (und am nahegelegenen Schlossplatz) schien sich die komplette italienische Community Stuttgarts versammelt zu haben. Ich musste lachen und bekam prompt eine rote Rose geschenkt, begleitet von „Musica, musica!"-Rufen und dem Zeigen auf mein Cello. Ein bisschen versöhnte mich das.

Wenige Tage zuvor hatte ich meinen Zivildienst am heute nicht mehr existierenden Kinderkrankenhaus, dem Olgahospital, begonnen. Obwohl auf Station eingesetzt, lernte ich schnell die Belegschaft der Küche kennen, praktisch alles Italiener, und bald kickte ich regelmäßig mit ihnen an einem Nachmittag in der Woche, auf einem Hartplatz im Stuttgarter Westen, auf Handballtore wie früher in der Schule. Wir spielten meistens zweieinhalb bis drei Stunden, bis wir buchstäblich keinen Fuß mehr vor den anderen setzen konnten. Meine anfänglichen Versuche, die großen deutschen Spielmacher zu imitieren und lange Pässe aus dem Fußgelenk zu schlagen, wurden milde und nachsichtig belächelt. Hier wurde viel gedribbelt (das war gar nicht meins und wurde es auch nicht), vor allem aber kurz und schnell gepasst, überwiegend am Boden. Das lag mir zu meiner eigenen Überraschung; erstens konnte ich dadurch, dass ich mich schnell vom Ball trennte (das damit verbundene Risiko hinsichtlich der Präzision wurde nicht nur toleriert, sondern regelrecht gefordert), mein Schnelligkeitsdefizit kaschieren; zudem blieb der Ball auf dem Hartplatz immer schnell. Irgendwann dachte ich auch mal, was haben wir eigentlich früher auf dem Schulhof gemacht, und vielleicht fielen mir sogar kurz die Achtklässler ein, die so ganz anders gespielt hatten als alle anderen. Und über anderthalb Jahre bekam ich zu hören, dass Italien (sie schlugen im Finale ja auch die chancenlosen Deutschen) dieses Mal nicht so gespielt habe wie sonst. Die Jungs aus der Küche waren ganz schön stolz.

Der Tag, an dem der Fußball starb? Auch ich habe dieser Legende noch über Jahrzehnte geglaubt; man konnte auch nicht unbeeindruckt bleiben, wenn tags darauf zu lesen war, dass am Ende der Pressekonferenz alle Journalisten sich von ihren Plätzen erhoben und Tele Santana mit einer Ovation verabschiedeten.

Schaut man genauer hin, offenbart sich etwas anderes. Italiens Sieg war logisch und nachvollziehbar, um die weiter oben gestellte Frage zu beantworten. Brasilien hatte wunderschön gespielt – das sehe ich auch heute noch so –, aber sie spielten innerlich ohne Gegner, und damit kamen sie bei den Italienern an die Falschen. Richtig großer Sport schließt immer die Auseinandersetzung mit dem Gegner ein. Sicherlich überwanden die Italiener sich zunächst einmal selbst und ließen das Turnier, das sie bisher gespielt hatten, hinter sich. Sie waren nicht etwa die Turniermannschaft, die ansonsten so oft von der deutschen Mannschaft abgegeben worden war, indem sie, sich langsam steigernd, in den Wettbewerb fanden. Sie waren drei Spiele lang schlecht und zogen noch dazu mit dem vierten den Zorn Vieler auf sich. Ihr Verweis aus dem Turnier durch Brasilien war beschlossene Sache.

Aber dann waren sie da, aus dem Nichts, mit Mut, Klugheit und Größe. Sie gewannen verdient, weil sie mit den Wechselfällen, wie jedes große Spiel sie bereithält, besser zurechtkamen. Sie wussten um den Gegner und bezogen ihn auf eine ganz eigene Art in ihr Spiel ein. Sie töteten den Fußball nicht; sie verliehen ihm neues Leben, im Windschatten des brasilianischen Zaubers, dem wir alle verfallen waren. Italiens Spiel bereicherte den Fußball um einen ganzheitlichen Ansatz, der bis dahin fast unbekannt war und den man noch lange nicht verstand. In den Neunzigern rückte er mehr und mehr ins Bewusstsein und wurde schließlich „Ballorientierung" genannt.

Jonathan Wilson hebt in *Inverting the Pyramid* darauf ab, dass zum Zeitpunkt des WM-Siegs Italiens Spielweise eigentlich in den letzten Zügen gelegen habe. Er bezieht sich damit auf die Entwicklung der Grundformation hin zu einem 3-5-2 mit einer nahezu flachen Dreierkette, die die Italiener nach der WM einzuschlagen begannen. Bis dahin (also noch bei der WM) hatten sie noch mit Libero und drei oder sogar vier Verteidigern davor gespielt; das assoziiert Wilson mit einer Art Todgeweihtsein. Wilson schlägt damit jedoch einen Ton an, der den Kern verfehlt: Zweifellos hatten die Italiener bereits eine fortschrittlichere Spielauffassung als die meisten anderen Teams im Turnier; dass sie recht bald danach auch begannen, die Grundformation zu verändern, die ihr Spiel so lange geprägt hatte, spricht eigentlich eher für die Annahme, dass den Entscheidern die Notwendigkeit stetiger Weiterentwicklung deutlich vor Augen stand. Ihr Spiel war nicht „am Sterben", wie Wilson wörtlich meint. Vielmehr erhob es sich gerade.

Unvermittelt stand Italien an der Spitze des Weltfußballs. Das WM-Buch der F.A.Z. nennt dieses Spiel eines der schönsten, dramatischsten und besten aller Zeiten. Mich überraschte das seinerzeit; heute kann ich es nur unterstreichen. *Bravi!*

Zeit gegen Raum: England – Kamerun (1990)

Der weiß nicht, dass man das nicht darf.

Das sagte mein Fachleiter, mein Ausbilder im Fach Englisch für das Lehramt, der seinen Kurs zum Abendessen eingeladen hatte. Im Fernsehen lief die Zeitlupe der Szene, die das Spiel zugunsten der Engländer entscheiden würde. Kameruns Torhüter N'Kono hatte Gary Lineker, der dabei war, ihn zu umrunden, mit einer auffallend plumpen Tauchbewegung von den Beinen geholt. Dabei war er so früh zu Boden gegangen, dass sowieso klar war, was er vorhatte; Lineker musste nur noch den Kontakt abwarten. Den Elfmeter – es war der zweite für England – verwandelte er sicher zum 3:2.

Acht Minuten vor dem Abpfiff der regulären 90 Minuten hatte ein ähnlich unfassbar plumpes Foul eines Feldspielers, ebenfalls an Lineker, zum ersten Strafstoß geführt, womit England sich überhaupt erst in die Verlängerung hinüberrettete.

Das wäre eine Möglichkeit, die Geschichte dieses Spiels zu erzählen; oder vielmehr: es wäre eine der Geschichten, die man erzählen könnte, um das Spiel zu erklären: dass Kamerun, mit einem sensationellen Auftritt nur Minuten vom Einzug ins WM-Halbfinale entfernt, sich mit einem Verhalten, aus dem man schließen könnte, sie kennten die Regeln nicht, selbst aus dem Rennen geschossen habe.

Das ist Unsinn, gibt aber in etwa wieder, was wir an jenem Abend empfanden. Bis zur 82. Minute erschien es unmöglich, dass England noch den Hauch einer Chance hätte, das Spiel zu gewinnen. Natürlich wusste mein Ausbilder und wussten wir, dass die Kameruner sehr wohl die

Regeln beherrschten. Sie hatten ein Spiel hingelegt, das wir mit offenen Mündern und kopfschüttelnd verfolgt hatten. „Der weiß nicht, dass man das nicht darf" waren lediglich hilflose Worte, um irgendwie zum Ausdruck zu bringen, dass wir nichts verstanden hatten.

Zu viele von uns, nicht zuletzt unser Ausbilder selber (der sich schon in den ersten Wochen als Fußballfan und intimer Kenner der Fußballszene im Rhein-Neckar-Kreis entpuppt hatte) hatten den Verlauf der WM intensiv verfolgt, als dass das Auslassen dieser Paarung eine ernsthafte Option gewesen wäre, Kurstreffen hin oder her. Da Englisch das Fach war, das uns verband, war es auch logisch, dass wir den Weg der Engländer durchs Turnier ebenso aufmerksam verfolgten wie den der deutschen Mannschaft. Englands Kader war sehr gut besetzt, wovon hier vor allem die Namen Gary Lineker, Paul Gascoigne und Chris Waddle zeugen sollen. Wir sahen überrascht, wie sie sich durch die Vorrunde würgten, als sie nur Ägypten schlagen konnten – ob sie doch an die verkorkste EM 1988 anschließen würden? Dort waren sie in der Gruppe kläglich gescheitert. Nun, im Achtelfinale der laufenden WM hatten sie dagegen in der vorletzten Minute der Verlängerung gegen Belgien ein Elfmeterschießen abgewendet; Biss hatten sie. Sie waren nicht die Mannschaft, die ein Spiel mit vier oder fünf Toren Unterschied gewinnen würde. Aber für ein 1:0 oder 2:1 waren sie immer gut.

Ein Kollege aus dem Kurs hatte schon vor Turnierbeginn immer wieder Kamerun ins Gespräch gebracht. Wir hatten das ein wenig belächelt, peinlicherweise aus dem Grund, aus dem die meisten damals die Teilnahme afrikanischer Mannschaften belächelten: war ihre Teilnahme denn nicht ein der Quote geschuldetes Zugeständnis? Hätte man zum Beispiel nicht eher die nicht qualifizierten Franzosen noch mitspielen lassen können, die noch 1986 gegen Brasilien eines der eingangs erwähnten Jahrhundertspiele gezeigt hatten? Dann wiederum hatte es doch etwas Schönes, dass die Außenseiter gleich im ersten Gruppenspiel Weltmeister Argentinien besiegten; mit dem Sieg gegen Rumänien waren sie bereits weiter und konnten es gegen die Sowjetunion schleifen lassen. Höhepunkt des allgemeinen Schmunzelns und Schenkelklopfens war dann das Achtelfinale, in welchem Turnieropa Roger Milla dem kolumbianischen Torhüter dreißig Meter vor dessen Kasten den Ball abluchste, um anschließend in den Strafraum zu traben, endlich einzuschieben und dann mit der Eckfahne Samba zu tanzen – jedes denkbare Klischee war erfüllt, und selbstverständlich hatten wir das alles bereits durchschaut. Die Engländer waren nicht für die großen Fußballfeste bekannt, aber natürlich würden sie dem Spuk ein Ende bereiten – ich gebe zu, auch ich dachte so. Keiner von uns hatte ein ganzes Spiel der Kameruner gesehen, außer eben J., dem besagten Kollegen. Der sagte auch an jenem Abend nur, jetzt wartet mal ab.

Mit diesem Spiel würde der Halbfinalgegner der Deutschen ermittelt – die vierte Auflage von Deutschland gegen England bei einer WM stand also an. Deutschland hatte sich am Nachmittag gegen die Tschechoslowakei durchgesetzt, auf dem Papier wie erwartet, doch wurde die Mannschaft, obwohl sie 1:0 in Führung lag, nach dem Platzverweis gegen Moravcik zwanzig Minuten vor dem Ende von unerklärlichen Lähmungserscheinungen heimgesucht und war kurz davor, gegen zehn Mann in die Verlängerung zu müssen. Während dieser besagten zwanzig Minuten tobte Beckenbauer an der Seitenlinie, wie man es noch nie gesehen hatte. In der Kabine bekam vor allem Jürgen Klinsmann sein Fett weg, der zuvor gegen die Niederlande noch Spieler des Spiels gewesen war – ob er sich einbilde, ein Brasilianer zu sein?

Was im Deutschlandspiel passiert war, hatten wir immerhin nachvollziehen können. Die Mannschaft hatte halt ein bisschen die Linie verloren, kann auch mal vorkommen und hatte ja keine Konsequenzen. So etwa konnte man sich das hindrehen. Mit unseren damaligen Sehgewohnheiten und Messgeräten waren wir aber mit dem Spiel Kameruns gegen die Engländer überfordert. Vom Anpfiff weg stand stets ein Kameruner dort, wo kein Engländer stand, und bekam den Ball. Genauer gesagt: es war ständig mindestens ein Spieler von ihnen unterwegs dorthin, wo kein Engländer sein würde. Sie konnten auch europäisch, Dribbling außen, Flanke, gefährlicher Kopfball, auch mit solchen Sachen bekam Shilton es zu tun. Aber das Erstaunliche war, wie oft sie am und im Strafraum frei zum Abschluss kamen. Ob die Engländer besoffen seien, mutmaßte einer, die müssten doch mal enger decken. Aber da war das Problem: Kamerun spielte immer wieder dort, wo man nicht zwingend einen Zweikampf führen musste, wo sich vielmehr Räume auftaten. Die Engländer standen auch deswegen immer wieder zu weit weg, weil sich ein Kameruner davongestohlen hatte. Sie verstanden das Spiel auf dem Platz genauso wenig wie wir am Bildschirm.

Mit heutigen Augen betrachtet lässt es sich ein bisschen erklären. In seinen besten Zeiten war Thomas Müller, nach seiner eigenen Definition, ein Raumdeuter (von seiner einstigen Spritzigkeit, dies darf man wohl sagen, ohne der Respektlosigkeit geziehen zu werden, hat er etwas eingebüßt; und doch ist er heute, mittlerweile im Jahr 2021, als ebensolcher Raumdeuter der beste Thomas Müller, den wir bis jetzt gesehen haben). Kamerun hatte quasi lauter Thomas Müllers auf dem Platz, Spieler, die Räume sahen, bevor die sich überhaupt darboten, nicht etwa nur auf den Flügeln, sondern oft genug mitten im Feld. Sie öffneten diese Räume pausenlos, nur teilweise durch Dribblings, viel häufiger durch Sprints ohne Ball, und wenn ihnen der Ball dann dorthin folgte, wurde es sofort gefährlich. Dazu beherrschten sie das Spielgerät; technisch waren sie den Engländern klar überlegen, und auch mithilfe von zahlreichen plötzlichen Drehungen und eingestreuten Kabinettstückchen schienen sie mühelos durch die Wände zu gleiten, mit denen die Engländer versuchten, das Spielfeld aufzuteilen.

Auch im Rückblick, beim Betrachten der damaligen BBC-Übertragung, spürt man noch die Überraschung, als England plötzlich in Führung geht. Pass, Flanke, Kopfball. *Classic English goal*, freuen sich die Kommentatoren. Trotzdem wissen sie, dass das Tor im Grunde aus dem Nichts gefallen ist. Kurz vor Wiederbeginn sieht man Roger Milla, der sich für seine Einwechselung bereit macht. Jetzt, so meinen sie, muss England sich langsam wirklich Sorgen machen. Sie behalten recht. Nach torlosen fünfzehn Minuten braucht Kamerun kaum vier, um den Rückstand zu drehen. Vor dem Führungstreffer bewegt sich Milla auf den Strafraum zu, verlangsamt kurz und erinnert einen Augenblick lang an Pelé, der im

Finale 1970 auf Carlos Alberto wartete. In Millas Rücken ist Ekeke gestartet; Milla weiß schon Bescheid und spielt den Pass, als es Zeit ist. *Makes it look so easy,* ruft der Kommentator noch aus. Nicht nur, dass Ekeke, der gerade erst auf den Platz kam, völlig frei vor Shilton auftaucht – es gibt noch das Sahnehäubchen: Shilton taucht, aber Ekeke chippt den Ball über ihn hinweg ins Tor.

Jetzt nehmen sie sie auseinander, sagte einer von uns. Omam Biyik bringt aus kaum mehr als sechs Metern Torentfernung einen Hackentrick an, Menschenskind, die haben doch gerade erst das zweite geschossen, wann hört das auf? Es ist in diesem Abschnitt die größte Überraschung, dass dieser Ball nicht ins Tor geht und England nicht völlig kollabiert.

Wie kommen die Engländer ins Spiel zurück? Gar nicht, dachte Peter Shilton, wie er viele Jahre später preisgab. Es sieht auch erst einmal nicht danach aus. Auf der Bank und auf dem Platz sieht man in ratlose Gesichter. Irgendwie versuchen sie, ihre Aktionen nach vorne wieder auf die Reihe zu bekommen. Platt verfehlt knapp, immerhin ein Lebenszeichen. Lineker nimmt ein gutes Zuspiel an der Sechzehnmeterlinie auf, dreht nach innen und wird auf bestenfalls naiv zu nennende Weise von den Beinen geholt. Schiedsrichter Mendes aus Mexiko, der auch das Finale pfeifen wird, stürmt herbei und gibt den Elfmeter mit hochdramatischer, ans Lächerliche grenzender Gestik.

Nüchtern gesehen ist der Strafstoß berechtigt. *Never a more vital penalty for England;* Lineker hat es gehört und lässt N'Kono keine Chance. *And suddenly the expressions change.* Es ist mehr als das. Die kamerunische Mannschaft scheint diese Wendung nicht sofort zu akzeptieren; sie lassen noch eine weitere Chance zu, bevor es in die Verlängerung geht. In der haben sie eine Kopfballchance; dann kommt es zur eingangs beschriebenen Szene, die England in Führung bringt. Irgendwie ist, obwohl der Seitenwechsel noch aussteht, schon zu spüren, dass die Luft aus dem Spiel Kameruns entwichen ist. Eine ganz große Chance kommt nicht mehr, und man merkt ihren Aktionen die fehlende Überzeugung an. Nach dem Abpfiff lassen sie sich dennoch auf einer Ehrenrunde feiern.

Die Engländer müssen sich selber feiern. Den Raum haben sie bis zum Ende nicht kontrollieren können; die Zeit war auf ihrer Seite.

Die *taz* lieferte einen oder zwei Tage später einen Kommentar, der mit *Ach Kamerun* überschrieben war. Etwas plakativ wurde das deutsche, technisch eher simple Fußballspiel dem, wie der Kommentator richtig erkannt hatte, nur scheinbar zweckfreien Ferseln, Chippen und Tricksen der Mannschaft Kameruns gegenübergestellt, das in Wirklichkeit zu ihrem Handwerkszeug gehörte und von dem man sich mit Wehmut verabschiedete. Der letzte Satz ließ anklingen, dass wir in diesem Spiel der Kameruner bereits ein Stück des Fußballs des Jahres 2000 gesehen hätten.

So plakativ, so hellsichtig. Plakativ, weil man mit dem Verweis auf das deutsche Holpern vor allem ein in gewissen intellektuellen Kreisen populäres Klischee bediente (das ist unabhängig von der noch anzusprechenden taktischen Rückständigkeit des deutschen Spiels zu sehen). Hellsichtig, weil die Kameruner das Spiel natürlich gewinnen wollten und nichts anderes. Sie waren keine Gaukler, auf billige Effekte aus. Sie verzierten das Spiel nicht ohne ein Ziel. Der Chip, mit dem Peter Shilton überwunden wurde, sollte ins Tor fliegen, nur das war die Absicht; ebensolches gilt für Omam Biyiks Hackentrick, der, da war sich der *taz*-Kommentator sicher, zu „des Kaisers Herztod" geführt hätte, hätte Beckenbauer eine derartige Aktion von einem seiner Spieler zu sehen bekommen – eine glaubhafte Vermutung angesichts der weiter oben angedeuteten Kabinenausraster von Beckenbauer. Die Tricks dienten dem Spiel und der Absicht, schneller und unerwarteter vors gegnerische Tor zu kommen und den Ball dort hinein zu schießen. Und diese Art zu spielen, diese Dinge ebenso zu beherrschen wie die Räume, das machte die Kameruner, auch darin lag der *taz*-Kommentator richtig, zu einer Spitzenmannschaft.

Hellsichtig war dieser Kommentar auch, weil es in der Tat 10 Jahre später, im nämlichen Jahr 2000, genau so war (und sich bei der Europameisterschaft in Belgien und den Niederlanden genau so zeigte):

Die kleinen, schnellen Bewegungen und die überraschenden Aktionen auf engem Raum, die man so lange als „Spiel für die Galerie" abgetan hatte, waren Teil des Spiels aller ernsthaft um Titel konkurrierenden Mannschaften geworden. Man musste auf engem Raum gut sein, um von dort in die weiten Räume zu kommen, um sie überhaupt erst aufzuschließen. Das Kämpfen, das rein körperliche Durchhalten, war demgegenüber schon lange keine rein deutsche Tugend mehr – es war die Grundvoraussetzung, wie Joachim Löw einige Jahre später betonte, nur um dafür kollektives Stirnrunzeln an den Stammtischen zu ernten. Physis brachten inzwischen alle auf den Platz; technische und spielerische Besonderheiten waren die Dinge, in denen man sich bemühte, anderen voraus zu sein.

In Deutschland hatte man diese Entwicklung selig schlummernd ignoriert oder auch behauptet, so wie „der Brasilianer" könne „der Deutsche" eben nicht spielen und wolle das auch gar nicht. Das Ausscheiden in der Gruppenphase bei der EM 2000 war die logische Folge. Das Halbfinale Frankreich – Portugal und das Finale Frankreich – Italien zeigten aber, was aus dem Fußball inzwischen geworden war, nämlich ein Spiel voller Finesse und Eleganz. Man erinnere sich an Nuño Gomes' Treffer zum 1:0 gegen Frankreich oder an Thierry Henrys Ausgleich; ein mit feinstem Auge gesetzter Bodenroller das zweite Tor, pure Artistik das erste. Im Finale leitete Totti mit einem Hackentrick das 1:0 für Italien ein. Bei allem Widerstand-Leisten, Nachsetzen und Nicht-Aufgeben, bei allem „Kampf" waren es spielerische Mittel, mit denen die französische Mannschaft sich gegen die Niederlage wehrte, Kurzpasskombinationen, Heber, plötzliche Änderungen der Spielrichtung, Suchen nach der Lücke. Dass es Sekunden vor dem Ende der Nachspielzeit ein verlängerter Torwartabschlag war, der zum Ausgleich verwertet wurde, tut dem keinen Abbruch.

Natürlich haben die Auftritte der Nationalmannschaft Kameruns bei der WM 1990 diese Entwicklung weder angestoßen noch überhaupt entdecken lassen. Sie fielen damit auf, weil sie als Außenseiter ins Turnier gegangen waren und man ihnen, den Vertretern Afrikas, eine solch fortgeschrittene Spielkultur gar nicht zutraute – es lag durchaus etwas latent Rassistisches in manchen Kommentaren; das farbenfroh-Exotische ließ sich trefflich gegen das schnöde und plumpe Normale ausspielen. In den Laboren der großen Vereinsmannschaften wurde an diesem neuen Fußball aber schon länger gefeilt; der AC Mailand (mit den Niederländern Gullit, Rijkaard und van Basten in seinen Reihen) galt Ende der Achtzigerjahre unter Arrigo Sacchi taktisch und technisch als beste Mannschaft der Welt. Viele Nationaltrainer dürften das nur am Rande registriert haben. Auch für 1990 gilt noch, dass man stillschweigend annahm, mit einer Auswahl nicht auf dem Niveau spielen zu können wie die besten Vereinsmannschaften. Und damals fanden nur die ganz großen Turniere vor den Augen der gesamten Weltöffentlichkeit statt. Was im Europapokal der Landesmeister in einem Achtel- oder Viertelfinale auf taktischer Ebene passierte, konnte man nicht jederzeit abrufen und interessierte nur eine Handvoll Freaks. Über den seinerzeitigen Trainer Kameruns, Valeri Njepomnjaschtschi, konnte ich trotz intensiver Recherche nicht viel herausfinden. Generell weiß man, dass Trainer aus der Sowjetunion viel im Hintergrund arbeiteten und es sicher nicht an den Mitteln mangelte, um an Material zu kommen, mit dem man das taktische Verhalten von Fußballmannschaften studieren konnte. Njepomnjaschtschi zählt in der allgemeinen Erinnerung nicht zu den ganz großen Hausnummern, aber es ist zumindest nicht auszuschließen, dass er einer dieser Freaks war.

Und die andere Seite der Geschichte dürfte und müsste davon erzählen, dass der englische Vereinsfußball nach den katastrophalen Ereignissen 1985 im Heysel-Stadion für einige Jahre von den europäischen Wettbewerben ausgeschlossen war. Es ist sicher nicht zu weit hergeholt, aus dieser Tatsache auf Auswirkungen auf die Entwicklung der englischen Nationalelf zu schließen. Sie waren längere Zeit von den Entwicklungen abgekoppelt.

Ein bisschen muss man gerade vor diesem Hintergrund auch die Ehre der Engländer retten. In der Tat wirkten sie neben ihren tänzelnden Gegenspielern oft steif und uninspiriert; aber beiden Elfmetern für England gingen (durch Paul Gascoigne initiierte) gute Aktionen voraus, die ohne Fouls ebenfalls zu Toren hätten führen können. Auch ist ihnen hoch anzurechnen, dass sie den Schlägen der nach dem 2:1 nachsetzenden Kameruner irgendwie entkamen, sich sammelten und in das fast verlorene Spiel zurückfanden. Nach dem Weiterkommen war das Liebäugeln mit dem Titel nicht unrealistisch; auch die anderen Halbfinalisten Deutschland, Argentinien und Italien hatten samt und sonders in ihren Viertelfinalspielen nicht geglänzt, und Brasilien war schon lange aus dem Rennen. Gegen Deutschland war England fußballerisch das bessere Team, das auch ein wenig Pech hatte, die Partie – für die Engländer war es die dritte Verlängerung in Serie – nicht vor dem Elfmeterschießen zu entscheiden.

So gewann Deutschland 1990 die WM, ohne in den letzten drei Spielen irgendwie zu beeindrucken, mit einem Fußball, der ein Jahrzehnt zuvor stehengeblieben war, wie im kommenden Kapitel noch darzulegen ist. Taktisch war das deutsche Spiel altbacken; dass das überhaupt funktionierte, ist einerseits der unbestrittenen individuellen Klasse vieler Spieler und einem guten Teamgeist (den, glaubt man den Berichten aus dem Kreis der Beteiligten, nicht zuletzt Beckenbauer selbst hervorragend moderierte) zu verdanken. Aber auch die Tatsache, dass es im Ganzen eher eine Retro-WM war, spielte eine Rolle. Laut dem Magazin *Hattrick* spielten 15 von 24 Teams mit Libero, die Brasilianer, die seit 1958 mit einer Viererkette gespielt hatten, die Engländer, die seit den Sechzigern mit einer Abwehrkette unterwegs gewesen waren; und sogar die Holländer, amtierender Europameister, beschäftigten Ronald Koeman als letzten Mann, der freilich häufig nach vorne ging. Aus welchen Gründen auch immer hatte man sich den Deutschen angepasst. Chris Waddle wurde (von Pete Davies) sinngemäß zitiert, dass das 3-5-2 mit Libero, zu dem Bobby Robson sich letztlich durchrang, in der Aufgabenverteilung innerhalb der Mannschaft klarer sei als das 4-4-2 mit Abwehrkette: die Verteidiger seien eben Verteidiger, die Angreifer Angreifer, und niemand würde von einem Angreifer erwarten, nach hinten zu arbeiten (wie im 4-4-2). Wenn das der Hintergrund für die erwähnte „Retro"-Bewegung war, wird auch klar, dass das Turnier einen letzten Schritt gegen die

Entwicklung darstellte, die, wie oben erwähnt, in den Vereinsmannschaften schon eingesetzt hatte: hin zu einem Spiel, das einerseits den bespielbaren Raum verengt (durch die Kettenbildung und Kompaktheit), andererseits aber von allen Mannschaftsteilen und allen Spielern das Bespielen aller Räume und die Teilnahme an allen Aktionen verlangt.

Vor diesem Hintergrund glänzte Kameruns Spiel noch ein bisschen mehr. Sie hatten dieses Spiel, wie gesagt, nicht erfunden, aber den Ritterschlag durch die *taz*, sie hätten uns damals bereits einen Blick in die Zukunft erhaschen lassen, den hatten sie wirklich verdient.

Und wer noch die geringsten Zweifel daran hegt, dass Thomas Müller etwas mit diesem Spiel zu tun gehabt haben muss, mag sich gerne vergewissern. Am 1. Juli 1990 war er schon fast ein Dreivierteljahr auf der Welt. Nur vielleicht doch noch ein bisschen zu jung, um die Engländer zu besiegen. Das holte er dann 2010 nach.

Magie gegen Mut: Brasilien – Dänemark (1998)

Die WM 1998 in Frankreich stand einerseits im Zeichen der Heimmannschaft, die, generalstabsmäßig über Jahre vorbereitet, am Ende gewann; andererseits hielt der Turnierbaum von vornherein das Versprechen auf ein großes Duell im Halbfinale parat, das zumindest von der Paarung her sogar eingelöst wurde, nämlich das Aufeinandertreffen der Brasilianer und der Niederlande. Allerdings war die schon vorher erzählte Geschichte so präsent, dass sie mühelos in die des tatsächlichen Geschehens integriert wurde. Brasilien siegte im Elfmeterschießen; zum 1:1, was das offizielle Ergebnis des Spiels war, ist zu sagen, dass zwar hohe Spannung, aber auch, teilweise lähmend, viel Taktieren das Geschehen prägte. Die Mannschaften belauerten einander, und auch als Zuschauer belauerte man das Spiel, indem man es beständig mit dem Skript verglich. Welche Seite würde womöglich mit welcher Art von Klasseaktion den entscheidenden Hieb setzen? Das jederzeit Mögliche, nicht das Tatsächliche dominierte. In dem Hype, der auch die anschließende Berichterstattung durchdrang, ging etwas unter, dass das Spiel in Wirklichkeit ein bisschen enttäuschend war.

Wenige Tage zuvor hatten die Dänen den Brasilianern im Viertelfinale ein wahrhaft begeisterndes Match geboten. Es hatte sich in den ersten Sekunden nach dem Anpfiff gezeigt, dass sie etwas anderes vorhatten als die Schweden vier Jahre zuvor. Denen war es 1994 gelungen, die erwartete technische und spielerische Überlegenheit der Brasilianer nahezu auszuschalten, indem sie dafür sorgten, dass über weite Strecken gar nicht Fußball gespielt wurde. Erst kurz vor Schluss drang ein brasilianischer Angriff durch.

Die Erwartungen waren gespalten. Dänemarks Nationalmannschaft war schwer einzuschätzen. Über Jahrzehnte zu den „Kleinen" gezählt, waren die Dänen bei der Europameisterschaft 1984 sensationell in den Fokus internationaler Aufmerksamkeit gerückt und hatten bei der WM 1986 in den Gruppenspielen (mit einem 6:1 über Uruguay und einem 2:0 gegen Deutschland) unterstrichen, dass es sich nicht um eine Momentaufnahme handelte. Der schockierende K.O. im Achtelfinale gegen die Spanier aber markierte einen Knick; bei der EM 1988 verlor Dänemark alle Spiele, und für die WM 1990 sowie die EM 1992 qualifizierte man sich gar nicht erst. Letzterer Fehlschlag verwandelte sich allerdings in den größten Erfolg des dänischen Fußballs überhaupt, denn nach dem Ausschluss des zerfallenden Jugoslawiens rückten die Dänen nur zehn Tage vor Turnierbeginn nach und wurden Europameister. Zu einem längeren Höhenflug reichte es aber diesmal nicht; die WM 1994 fand wiederum ohne Dänemark statt, und bei der EM 1996 kamen sie über die Gruppenspiele nicht hinaus.

Sicher hatte die dänische Mannschaft von 1998 nichts mehr mit den Himmelsstürmern von 1984 zu tun, obwohl Michael Laudrup, 1984 als 20-Jähriger in den Vordergrund gerückt, immer noch dabei war. Flankiert wurde er von seinem um fünf Jahre jüngeren Bruder Brian und auch von Leuten, die noch Geschichte schreiben würden; Torhüter Schmeichel beispielsweise nur ein Jahr später, als Manchester United das Champions-

League-Finale gegen die Bayern in den berühmten drei Minuten der Nachspielzeit noch drehte und Schmeichel den Siegtreffer mit einem Flic-flac feierte. Auch Ebbe Sands große Zeit bei Schalke 04, inklusive der unglücklich verpassten Meisterschaft von 2001, stand noch bevor. Michael Schjoenberg wiederum hatte bereits Erfahrung mit großen Überraschungen; er war soeben mit dem 1. FC Kaiserslautern direkt nach dem Wiederaufstieg Deutscher Meister geworden.

In der Gruppenphase hatten die Dänen ein inkonsistentes Bild abgegeben. Uninspirierten Auftritten gegen Saudi-Arabien und Südafrika stand ein trotz der 1:2-Niederlage durchaus ansprechender gegen Frankreich gegenüber. Im Achtelfinale warteten die Nigerianer, die vor dem Turnier und auch noch währenddessen infolge der Turniersiege bei der Afrikameisterschaft 1994 und bei Olympia 1996 als Geheimfavoriten gehandelt wurden. Allgemein hielt man Nigeria für diejenige Fußballnation, die als erste afrikanische den WM-Titel gewinnen könnte. Im olympischen Finale von 1996 hatten sie die Argentinier bezwungen, die immerhin mit Spielern wie Roberto Ayala, Hernán Crespo und Diego Simeone aufwarten konnten.

Die Weltklasseleistung, mit der die Dänen dann Nigeria ausschalteten und dabei den Olympiasieger komplett beherrschten, kam vor diesem Hintergrund vollkommen unerwartet. Die Frage war, welches Gesicht sie gegen die Brasilianer würden zeigen können: das etwas ausdruckslose der Vorrunde oder das eines Titelanwärters, wie im Achtelfinale?

Die Frage war nach eineinhalb Minuten beantwortet. Sie führten einen Freistoß schnell aus, während die Brasilianer irrtümlich noch auf die Freigabe des Spiels durch den Schiedsrichter warteten; Dunga war der erste, der die Gefahr realisierte, als die Dänen den Ball direkt in den Strafraum spielten, aber es war bereits zu spät. So gingen sie in Führung und setzten somit den Preis fest: die Brasilianer würden alles in die Waagschale werfen müssen, was ihren Fußball damals ausmachte.

In der Spiegelung von Namen wie Rivaldo, Roberto Carlos, Bebeto, Ronaldo, Cafu und Carlos Dunga wird deutlich, wie hoch dieser Preis war. Jener brasilianischen Mannschaft würde die dänische sich als absolut ebenbürtig erweisen, und dieser Bericht soll auch dazu dienen, die Champions, als die die Dänen sich in jenen 90 Minuten präsentierten, der Vergessenheit zu entreißen.

Auf die Führung der Dänen reagieren die Brasilianer zunächst ungestüm. Eine Ecke holen sie, das stimmt; man sieht und hört Schmeichel lautstark seine Vorderleute organisieren. Die befördern den hohen Ball ohne Probleme nach draußen, wo Roberto Carlos wartet; doch Schmeichel kommt nicht in Verlegenheit. Die Dänen decken Mann und Raum aggressiv und drehen bei Ballgewinn sofort die Spielrichtung. So kommt es über Brian Laudrup in der siebten Minute zum nächsten schnellen Vorstoß, den Junior Baiano nur mit einem Foul unterbinden kann. Beim Freistoß schwimmt die Hintermannschaft; die Dänen hängen zwei Eckbälle dran. Am Ende des nächsten brasilianischen Spielzugs steigt wiederum Schmeichel hoch – keine Gefahr für ihn. Die zehnte Minute läuft, und die dänische Mannschaft hat alles unter Kontrolle. Nichts lässt ahnen, dass es eine Minute später 1:1 stehen wird.

Wie die Brasilianer das bewerkstelligen, grenzt an Hexerei. Es sind ja nicht nur die Namen; es ist das, wofür sie stehen. Vor dem Ausgleich zaubern sie, nach der ersten längeren Phase ungestörten Ballbesitzes, aus dem Nichts ein Loch in die dänische Abwehr, durch das Bebeto hindurchschlüpft. Erst danach findet Brasilien überhaupt ins Spiel, und das förmlich Zentimeter für Zentimeter. Allmählich werden die Zuspiele sicherer; die Dänen pressen wie zu Beginn, bekommen aber die eroberten Bälle nicht mehr mit Tempo nach vorne, weil die Brasilianer inzwischen bereitstehen, die Konter früh zu stoppen. Es ist eine dieser Szenen, die zum 2:1 führt; die Dänen haben den Angriff scheinbar aufgehalten, können aber die zweite Reihe der Brasilianer nicht überwinden. Ronaldo, der bereits den Assist zu Bebetos Treffer geliefert hat, serviert dem ihn umlaufenden Rivaldo einen Musterpass, den Rivaldo veredelt, indem er –

schon in spitzem Winkel zum Tor – Schmeichel ausguckt, auf dessen Abtauchen wartet und den Ball dann über ihn hebt.

Brasilien ist also in der Lage, eine glatte Fehlzündung mit zwei Florettstößen zu beantworten. Kurz stellt man sich die Frage, ob den Dänen vielleicht die Luft ausgehen und der Frühstart sich als Strohfeuer entpuppen könnte. Den schnellen Pässen und den Dribblings aus der eigenen Hälfte heraus folgen einige Male nacheinander unpräzise Abspiele und somit Ballverluste weiter vorne; Spieler, die sich mit Tempo für Doppelpässe anbieten könnten, agieren nicht entschlossen genug. Aber etwa ab der 35. Minute sind die Spielanteile wieder gleichmäßig verteilt. Beide Teams schalten extrem schnell um, wobei die Brasilianer stets einen Tick gefährlicher wirken.

Die Kommentatoren sind angetan und stellen zu Recht auch fest, dass nur der Schiedsrichter – der Ägypter Ghandour – dem Niveau nicht ganz gewachsen ist. In der Tat werden sowohl Helveg als auch Aldair für Schwalben ihrer Gegenspieler verwarnt, wobei im Falle Aldairs ausgerechnet Helveg die Flugeinlage liefert. Die größte Fehlleistung Ghandours besteht aber darin, Roberto Carlos nach einer rüden Beinschere gegen Brian Laudrup nicht vom Platz zu stellen; schon die damaligen Anweisungen an die Schiedsrichter sahen für diesen Fall glatt Rot vor. Zu vermuten ist, dass Ghandour angesichts des frühen Zeitpunkts – es lief gerade einmal die zwölfte Minute – davor zurückschreckte, allzu sehr ins Spiel einzugreifen. Verständlich; und doch gehören solch „matchpolitische" Überlegungen nicht zu den Aufgaben des Schiedsrichters. Brasilien hat großes Glück, zu elft weiterspielen zu dürfen.

Mit Wiederanpfiff pressen die Dänen vorne zu dritt; nach der ersten gelungenen Balleroberung kommt der eingewechselte Tøfting zu einer guten Gelegenheit von außerhalb. Beim folgenden dänischen Angriff wird ein Schussversuch in den brasilianischen Strafraum hinein abgefälscht. Roberto Carlos will mit einem Fallrückzieher klären, aber er verfehlt den Ball komplett. Durch seine verunglückte Aktion kommt der

Ball zu Brian Laudrup, der acht Meter vor dem Tor auf die kurze Ecke zielt und das Glück hat, dass Taffarel genau andersherum spekuliert. Laudrups Torjubel ist legendär; ich möchte ihn hier nicht schildern, sondern auf die üblichen Quellen verweisen.

Alles ist im Gleichgewicht, und doch erscheint es ein bisschen wie höhere Gewalt, als Rivaldo Mitte der zweiten Halbzeit zentral auf den Sechzehnmeterraum zustrebt und zu spät angegriffen wird. Sein 20-Meter-Schuss ist für Schmeichel nicht zu erreichen. Wird das Spiel nun nicht doch endlich zugunsten der Brasilianer kippen?

Das geschieht nicht. Die Dänen bleiben im Spiel, sie bestimmen mit schnellen Abspielen und Dribblings das Tempo; in den letzten zehn Minuten ziehen sie das Momentum noch einmal auf ihre Seite. Helveg wird fünf Meter vor dem Tor im allerletzten Moment gestört. Rieper gewinnt nach einer hohen Hereingabe das Luftduell und trifft mit seinem Kopfball die Querlatte. Ein Pass von rechts an die Fünfmeterlinie wird von den Brasilianern mit Mühe geklärt. Als die drei Minuten Nachspielzeit angezeigt werden, spürt jeder, dass immer noch alles passieren kann. Aber in den letzten 45 Sekunden halten die Brasilianer den Ball in der dänischen Hälfte und retten sich über die Zeit. Schmeichel wischt sich mit seinem Handtuch durchs Gesicht; Roberto Carlos pumpt, halb kniend, halb hockend, bevor er zu seinen Mitspielern geht. Einer der beiden Kommentatoren von ESPN fasst zusammen: *„This was ninety minutes of pulsating, absolutely captivating stuff, with great goalkeeping, great team play and a wonderful finish.“*

Genauso war es; und bis heute ist mir schleierhaft, wie es sein konnte, dass der Sieger dieses Spiels nicht den Titel gewann. Man sagt immer, am Ende zählen nur die Ergebnisse, Fußball ist nicht Konjunktiv, aber doch: Das Gedankenspiel, wie das Turnier hätte enden können, hätte Dänemark das Viertelfinale gewonnen – und es war in Reichweite! –, ist zu verführerisch. Hätten sie die Niederlande bezwingen und ins Endspiel einziehen können? Und wenn ja, hätten sie das Finale womöglich nicht in einem derart paralysierten Zustand bestritten, wie es die Brasilianer

82

taten? Zumindest Letzteres ist durchaus denkbar. Es war nur eines von vier Viertelfinals, aber es war das beste Spiel des Turniers, und die Dänen hatten eine Hand am größten Pokal.

Intuition gegen Genie: Tschechische Republik – Niederlande (2004)

Bei der WM 2006 schied Tschechien in der Gruppenphase aus, obwohl (neben Italien) mit Ghana und den USA zwei Teams in ihrer Gruppe waren, die man vom Spielerischen her deutlich dahinter sah. Die Reaktionen der Experten waren so wohlfeil wie ausrechenbar: Trainer Karel Brückner wurde für sein angeblich überkommenes Coaching und veraltetes Spielsystem (die Süddeutsche Zeitung schrieb von einem „starren" 4-3-3) kritisiert. Wer freilich Spieler wie Pavel Nedvěd, Tomas Rosicky, Karel Poborsky und Milan Baros auf dem Platz hatte, dazu einen Petr Čech im Tor, musste bei ausbleibendem Erfolg mit überschießender Kritik rechnen. Dann wiederum war Baros verletzungsbedingt nur begrenzt einsatzfähig, Jan Koller nach dem ersten Spiel ausgefallen und Vladimir Šmicer aufgrund einer Verletzung gar nicht zum Turnier gefahren.

Šmicer hatte zehn Jahre zuvor im EM-Finale gegen Deutschland unmittelbar nach seiner Einwechselung kurz vor dem Ende der 90 Minuten die Entscheidung auf dem Fuß gehabt. Sein Schuss aus der Drehung aus etwa 20, 22 Metern hätte genau ins lange Eck gepasst; eine überragende Parade von Andy Köpke verhinderte das. (2005, im Champions-League Finale, drehte Šmicer diese Szene noch einmal und traf.) Beim Turnier 1996 in England machte die tschechische Mannschaft die ersten Schritte auf einem Weg, der 2004 durchaus zum EM-Titel hätte führen können. Einige Wochen vor der EM besuchte ich eine Lesung mit Marcel Reif, der sein autobiografisch geprägtes Buch *Aus spitzem Winkel* vorstellte. Seine Sicht, dass die Tschechen jetzt nach dem Titel greifen würden, hatte er keinesfalls exklusiv. Ebenso wenig wie seine leicht herablassende Haltung zu Otto Rehhagel, der damals Trainer Griechenlands war; immerhin mit Größen wie Beckenbauer wusste Reif sich einig, dass Rehhagels Erfolge als Trainer im Grunde nicht wirklich erklärbar seien, und er prophezeite mehr oder weniger unverblümt, dass die griechische

Elf früh ausscheiden und Rehhagel von seinem Podest heruntergeholt würde. Dann war es aber ausgerechnet Rehhagels Team, an dem die Tschechen im Halbfinale scheiterten; der Weg einer vielversprechenden Mannschaft war damit zu Ende, während eine andere, von der man weniger als nichts erwartet hatte, schließlich sogar Europameister wurde.

In die Gruppe der Tschechen waren 2004 auch Deutschland, die Niederlande und Lettland gelost worden. Was von den Deutschen zu erwarten war, war völlig ungewiss: Man ahnte, dass es zu einer weiteren Enttäuschung wie schon im Jahre 2000 kommen könnte, aber 2002 war die Mannschaft überraschend Vizeweltmeister geworden. Spielerisch war weder davor noch danach viel los. Das entscheidende Gruppenspiel verlor man, wie schon vier Jahre zuvor, gegen eine B-Elf (2000 gegen Portugal, 2004 gegen die Tschechen). Obwohl die Deutschen in diesem letzten Spiel unter Rudi Völler ihre beste Partie im Turnier zeigten und sogar mehrere Chancen erspielten, deren Verwertung zum Weiterkommen hätte reichen können, war man sich einig, dass das Ausscheiden keine allzu große Überraschung darstellte.

Das Privileg, fürs Viertelfinale bereits qualifiziert zu sein, hatten die Tschechen sich mit einem Sturmlauf gegen die Niederlande verdient. Davon wird hier berichtet, zugleich auch von großartigen Leistungen beider Mannschaften in einem wilden Spiel, das sowohl viel körperlichen Einsatz als auch technisch und spielerisch phantastische Momente bot. In gewisser Weise steht es zwischen den großen Epochen des Fußballs, oder besser: es vereinigt vieles, was das „Alte" und was das „Neue" auszeichnete: konnte man doch blitzartige Aktionen, die das Spiel schnell hinter die Abwehrketten brachten, sowie ein begeisterndes Sich-Freispielen aus engen Räumen ebenso bewundern wie lange Bälle in den Lauf der Stürmer, überhaupt raumgreifende Aktionen und Distanzschüsse aus vollem Lauf wie in den 70er Jahren.

Aus historischem Blickwinkel betrachtet hatte die Euro 2000 bereits Spiele gezeigt, die wesentlich „weiter", vulgo insgesamt technischer, kurzpassorientierter waren und auch taktisch subtiler wirkten als jenes zwischen den Tschechen und den Niederländern 2004. Man konnte, im besten Sinne wohlgemerkt, vielleicht ein letztes Mal ein packendes Wildwest-Drama verfolgen, auf ganz großer Leinwand. Wobei es wichtig ist zu verstehen, dass es – anders als zum Beispiel in *Die 100 besten Spiele aller Zeiten* suggeriert – eben kein zwingend logisches Skript gab, keinen Faden, dem die Ereignisse folgten. Unter anderem war das der physischen Komponente geschuldet: es gab viele harte Zweikämpfe, die vielversprechende Spielzüge immer wieder einmal früh unterbrachen. Das nahm dem Spiel kaum etwas von seinem Tempo, aber doch manches von seinem Fluss, nicht zuletzt, weil Schiedsrichter Gonzales nicht ganz konsequent pfiff, bisweilen schiere Härte unterband und andererseits sanktionswürdige Aktionen auch mal laufen ließ.

Selbstverständlich zählten die Niederlande zu den Mitfavoriten auf den EM-Titel. Seit anderthalb Jahrzehnten spielten sie im Grunde konstant in der erweiterten Weltspitze; 1998 warfen sie in einem packenden Spiel mit Dennis Bergkamps großartigem Siegtreffer Argentinien aus der WM, um dann wie oben bereits erwähnt im Halbfinale nach Elfmeterschießen an Brasilien zu scheitern, und ebenso vom Punkt scheiterten sie 2000 gegen die Italiener. Selbst als man sich überraschend nicht für die WM 2002 qualifizierte, wurde das eher als eine Panne denn als ein grundsätzlicher Abstieg eingeordnet, was insgesamt auch im Rückblick noch gerechtfertigt erscheint.

Das Hauptproblem des holländischen Fußballs dürfte für einige Zeit die Wahrnehmung einer grundsätzlichen Überlegenheit der eigenen Spielauffassung gewesen sein – mit dieser These beziehe ich mich nicht etwa auf die 70er Jahre, sondern auf eine Periode von etwa 10 Jahren seit Mitte der Neunziger. Im September 1998 verlor der VfB Stuttgart sein Erstrundenhinspiel im UEFA-Cup gegen Feyenoord Rotterdam zuhause mit 1:3. Die Mannschaft von Winnie Schäfer (der gegen den Willen der Spieler Joachim Löw abgelöst hatte) hatte dabei hilflos gewirkt. Als der Coach von Feyenoord und ehemalige Bondscoach, Leo Beenhakker, anschließend gefragt wurde, worin er die grundsätzlichen Probleme des deutschen Fußballs vor allem im Vergleich zu den Niederlanden sehe, fragte er süffisant zurück: Ob der Fragesteller eine Stunde Zeit habe? Der ansonsten glücklose VfB-Trainer dürfte als größten Moment seiner Zeit in Stuttgart in Erinnerung behalten haben, dass er das Rückspiel in Rotterdam 3:0 gewann.

Im hier zu schildernden Spiel nahm Dick Advocaat in einer Weise Einfluss, die schon während des Spiels von den Fans heftig kritisiert wurde. Seine Mannschaft führte noch mit 2:1, als er sich entschied, Arjen Robben vom Platz zu holen. Robben, seinerzeit 20 Jahre jung, hatte beide Tore direkt vorbereitet und die Abwehr der Tschechen immer wieder vor Probleme gestellt. Er hatte auch den Assist zu zwei weiteren Toren geliefert, einmal, indem er den ebenfalls überragend spielenden Edgar Davids in Szene setzte, und wieder, nachdem er sich zum wiederholten Mal auf links durchgesetzt hatte und Ruud van Nistelrooy den Ball perfekt zum Kopfball auflegte. Nur dass diese Tore dann nicht fielen, weil der Pfosten im Weg war und weil Čech sensationell parierte. Dass die holländische Mannschaft trotz dieser Szenen mehr und mehr unter Druck geriet, ist sicher richtig und Advocaats Maßnahme von daher eine, die man oft sieht – zahlreich sind allerdings die Beispiele, dass man nicht gut beraten ist, wenn man aufhört, die gegnerische Abwehr zu beschäftigen. Man sollte aber diesen Punkt alleine nicht überbewerten: Auf dem Platz gestaltete Advocaats Mannschaft noch einige Zeit ein anderes Spiel als das, das man normalerweise nach der Auswechslung eines Offensivspielers erwartet.

Mit der Schilderung beginne ich hinten, in der 88. Minute. Heinz und Rosicky haben in der eigenen Hälfte den Ball erobert, Poborsky hat auf Baros weitergeleitet, der nach innen zieht. Von der Halbposition kommend kreuzt Poborsky nach außen. Baros mag für einen Sekundenbruchteil vorgehabt haben, abzuschließen, aber gleich drei holländische Abwehrspieler versperren die Schussbahn, also tippt er den Ball weiter zu Heinz, der zentral postiert aus etwa 20 Metern schießt. Van der Sar macht sich lang und wehrt glänzend ab, aber festzuhalten war dieser Ball nicht. Er prallt zur Seite weg, Poborsky stürmt heran, er könnte selbst schießen und würde vermutlich auch treffen – aber das tut er nicht. Er muss schon vorher gewusst haben, dass er etwas anderes tun würde: in der Mitte ist Šmicer mitgegangen. Poborsky täuscht den Schuss an, van der Sar versucht zu blocken, doch Poborsky verwandelt seine Schussbewegung mit bezwingender Eleganz in einen Querpass. Leicht bedrängt rutscht Šmicer hinein und vollendet das phantastischste Tor dieses Spiels, die Szene, die dem Spiel endgültig epochalen Rang verleiht. Poborskys Intuition atmet Weltklasse, aber es ist zugleich das Tor einer ganzen Mannschaft und auch das Karel Brückners, eines Trainers, der seinen Spielern ihre Stärken und ihr Abenteurertum lässt und sie dazu ermutigt, nach dem großen Schatz zu suchen. Und jetzt haben sie ihn.

Noch nicht den Schatz, aber den Ball haben sie mit Spielbeginn. Die Formationen sind interessant: die Niederlande erwarten den ersten Vorstoß des Gegners in einem 3-4-3. Im Spiel gegen die Deutschen zuvor stand hinten eine Viererkette; die Dreierkette ist jedoch für holländische Verhältnisse nicht so ungewöhnlich, wie Kommentator Reinhold Beckmann es darstellt. Beckmanns Überraschung illustriert, wie stark man in Deutschland noch 2004 mit taktischen Themen fremdelte. Weil sich in den Köpfen festgesetzt hatte, dass die Niederlande 1974 den Libero in eine Linie mit den anderen drei Verteidigern gestellt und somit eine Viererkette kreiert hatten, nahm man an, dass das nun auf alle Zeit so sein müsse. In Wirklichkeit wurden die Konzepte beständig weiterentwickelt. Ajax Amsterdam gewann 1995 unter Louis van Gaal die Champions League mit exakt dem 3-4-3, mit dem Advocaat heute aufwartet (freilich zog Van Gaal, wie Jonathan Wilson erwähnt, Rijkaard in der zweiten Halbzeit zurück, sodass praktisch eine Viererkette entstand). Im Grunde ist es wiederum keine reine Dreierkette; greift der Gegner über einen Flügel an, bewegt sich die Kette dort hin, während auf der ballentfernten Seite ein Mittelfeldspieler einrückt, sodass in diesen Momenten dann doch eine Viererkette auf dem Platz steht – diese pendelnde Viererkette ist wiederum Teil eines größeren Automatismus', der heute allgemein unter dem Begriff „Verschieben" bekannt ist. (Volker Finkes Freiburger profitierten in ihren ersten Bundesligajahren davon, dass man in Deutschland buchstäblich keinen Schimmer davon hatte, was das bedeutet.)

Bezeichnend war in diesem Zusammenhang auch ein Interview des *kicker* oder von *SportBild* mit van Gaal (nach meiner Erinnerung aus dem Jahr 1997), in dem die erste Frage die nach den Mechanismen der Viererkette bei Ajax war. Van Gaals erster Satz lautete: „Es ist eine Dreierkette." Diese Information konnte der Interviewer im weiteren Verlauf nie wirklich integrieren. Immerhin, Beckmann hat richtig gezählt, er *sieht*, dass in der Grundformation nur drei Holländer verteidigen. Wahrhaft bestürzend ist, dass selbst 11FREUNDE in dem Kurzabriss dieses Spiels gleich zweimal vom „klassischen holländischen 4-3-3" spricht. Da fragt man sich schon, wo habt ihr eigentlich hingeguckt? (Dem *kicker*, der das Kunststück fertigbringt, in der Analyse von der Viererkette zu sprechen, in der Rubrik „Aufstellung" aber korrekt das 3-4-3 abzubilden, sehe ich das irgendwie nach, oder wenigstens überrascht es mich nicht.)

Die Tschechen dagegen scheinen ein 4-4-2 aufzubieten: Koller und Baros stoßen an, während Nedvěd, Galasek, Rosicky und Poborsky um den Mittelkreis herum eine Art Badewanne bilden. Die Außen sind nicht besetzt. Schon das ist ein Hinweis darauf, dass die Tschechen in sich ständig ändernder Besetzung angreifen werden, denn natürlich sind weder Nedvěd noch Poborsky klassische Flügelspieler. De facto wird es meist ein Dreiersturm sein, der auf das holländische Tor zurollt, oft mit starker Verschiebung zu dem Flügel hin, über den der Angriff kommt, mit Koller als Stoßstürmer und Baros ein wenig dahinter, der aber sowohl zentral nachstoßen als auch über die Flügel das Tempo anziehen wird. Je nachdem, wo er ist, werden Poborsky oder Nedvěd die Balance zur anderen Seite hin bilden. Rosicky spielt zunächst eine Mischung aus Zehner und aus den Halbpositionen nachsetzendem weiterem Stürmer. Galasek wird vor der Abwehr wachen, also die Sechserposition einnehmen.

Rosicky setzt den ersten genialisch anmutenden Moment mit einem Billardstoß in den Lauf von Koller, der volley verzieht; Rosicky war in der Mitte mitgegangen und beschwert sich bei Koller: er war völlig frei und hätte einen quer gelegten Ball gut verwerten können. Jankulowski, Linksverteidiger, ist der nächste, der in ein riesiges Loch hineinstößt, doch ist er zu überrascht und kann mit der Gelegenheit nichts anfangen.

Noch während Beckmann darüber sinniert, wie die Holländer wohl auf ihre ersten Unsicherheiten reagieren werden, gehen sie in Führung. Robbens Freistoß segelt in unbewachtes Land am langen Pfosten, wo Bouma einköpft. Große Spielkontrolle bringt das noch nicht; die Tschechen reagieren aggressiv und wollen schnell antworten. Seedorf senst Nedvěd um und sieht früh Gelb. In der Zentrale bahnt sich bereits ein ganz altertümliches Mann-gegen-Mann an; Jaap Stam weicht Jan Koller nicht von der Seite.

Es ist bissig, viel eins gegen eins oder zwei gegen zwei auf engsten Räumen, und viele Schiedsrichterpfiffe. Rosicky sieht schließlich Poborsky starten und versucht den öffnenden Pass, doch van Bronckhorst hat den Adressaten bereits verhaftet. In etwa so verläuft es etliche Minuten, bis die Holländer endlich eine Kombination zeigen, die von Davids eingeleitet und von Seedorf, der knapp verfehlt, abgeschlossen wird. Kurz darauf hat Robben seine erste Schusschance. Mit seinem starken linken Fuß spielt er, im Rückblick auf seine Karriere gesprochen, auf der falschen Seite: den klassischen Linksaußen zu geben, der nach dem Flügellauf mit links vors Tor flankt, ist gar nicht seins. Man sieht an dieser Szene, dass es ihn nach innen zieht, wo er den Abschluss sucht; jedoch ist hinter seinem rechten Fuß einfach nicht der Druck, den es braucht, um wirklich Gefahr zu erzeugen. Uli Hoeneß ist bekanntlich für manche seiner Transfers kritisiert worden; auch bei Robbens Verpflichtung 2009 wurde er gefragt, was er denn mit einem Linksaußen wolle, man habe doch schon Ribéry?! Der eben als Rechtsfuß kein klassischer Linksaußen war – Hoeneß wollte sich zunächst nicht in die Karten schauen lassen, gab dann aber durch zusammengebissene Zähne hindurch preis, dass man gedenke, Robben über rechts kommen zu lassen. Was sich als ziemlich gute Idee entpuppte.

Robben spielt eine zentrale Rolle in der nächsten Szene, ebenso wie eine neu gefasste Regel. Zunächst rennt Jankulowski van Nistelrooy über den Haufen; wesentlich klarere Elfmeter sieht man selten, aber Gonzales lässt es laufen. Van Nistelrooy erhebt sich mit einiger Verzögerung und trottet sehr langsam zurück, während die Holländer sich den Ball an der

Mittellinie zurückholen und Davids schließlich den Schnittstellenball in Robbens Lauf spielt. Robben legt quer auf den völlig ungedeckten van Nistelrooy, der mühelos vollendet.

Van Nistelrooy profitiert von der Neuregelung des sogenannten „passiven Abseits". Nach alter Auslegung wäre er zurückgepfiffen worden; er stand abseits, als Robben angespielt wurde. Nach der neuen Regel eröffnet Robbens Querpass eine neue Spielsituation, in der van Nistelrooy regulär postiert ist. Beckmann bemerkt das und findet es „sehr kritisch", vor allem weil der holländische Mittelstürmer sich so aufreizend langsam zurückbewegt habe – obwohl das mit der Regel gar nichts zu tun hat. Beckmann wird allerdings in der Halbzeitpause aus dem Studio Unterstützung durch Günter Netzer erhalten; der echauffiert sich regelrecht und findet, die neue Regel gehöre gleich wieder abgeschafft. (Es ist gut, dass er damit kein Gehör gefunden hat.)

Die Unaufmerksamkeit, mit der die Tschechen van Nistelrooy ignoriert haben, ist für die ersten 20 Minuten bezeichnend. Ihr Abwehrverhalten ist bis jetzt sowohl statisch als auch leicht konfus, und man kann vorwegnehmen, dass sie das bis zum Schluss nicht völlig in den Griff bekommen werden. Es ist ein Glück für die Tschechen und für das Spiel, dass auch die Holländer hinten nicht sattelfest sind. Und das hat gar nichts mit der Frage, ob Dreier- oder Viererkette, zu tun. Cocu spielt direkt Baros in die Füße. Der zieht sofort zum Tor, verfolgt von Stam und dann auch von Cocu, der seinen Fehler wiedergutmachen will. Im Strafraum wird Baros immerhin so gestört, dass er den Ball nicht mehr kontrolliert. Er hat ein bisschen Glück, den Querpass zum mitgelaufenen Koller noch spielen zu können, der nun keine Mühe hat, zum Anschlusstreffer zu kommen. Umgehend wechselt Brückner seinen Rechtsverteidiger aus und bringt Šmicer. Eine Verletzung ist bei Grygera nicht zu erkennen: Brückner will schlicht noch einen Offensiven mehr auf dem Platz haben. Nun sind es deren sechs. Defensiv operieren die Tschechen von diesem Zeitpunkt an mit einer Dreierkette, vorerst noch mit Galasek davor.

Das Spiel wird zwischen den Strafräumen offener; in ihnen sind nach wie vor die Holländer gefährlicher. Ujfalusi zieht van Nistelrooy zu Boden; wenn überhaupt möglich, ist das ein noch klarerer Elfmeter als der, der den Holländern zuvor schon verweigert wurde. Wieder kein Pfiff. Wie schon vorhin könnten die Holländer fast direkt im Anschluss das Tor aus dem Spiel heraus machen, doch diesmal wehrt Čech einen Distanzschuss ab. Die Tschechen suchen ihre eigenen Situationen, sie vermitteln und investieren viel Energie, doch vollkommen zwingend wird es nicht. Dagegen wartet Davids kurz vor der Pause mit dem schon erwähnten Pfostenschuss auf. Wenn Holland bei Halbzeit 4:1 führen würde, ginge das vollkommen in Ordnung. Dennoch ist es ebenso richtig zu sagen, dass keine Mannschaft dominiert.

Die zweite Halbzeit ist kaum eine Minute alt, und die Holländer müssen das dritte Tor machen. Van der Sar schlägt aus dem Strafraum einen langen Pass durch die Mitte, Davids kommt entgegen und legt mit dem Außenrist direkt ab. Es ist ein Genieblitz des nach meinem Dafürhalten besten Feldspielers dieser Partie. Van der Meyde und van Nistelrooy sind rechts durch, links spurtet Robben mit, van Nistelrooy orientiert sich zur Mitte. Im Sechzehner zieht van der Meyde direkt ab; beide Abspieloptionen waren besser. Čech hält den Schuss fest. Robben ist sichtlich stocksauer. Aus dem Abwurf entsteht der direkte Gegenzug, den Poborsky abschließt, ohne wirklich Gefahr zu erzeugen. Nedvěds Drehschuss einige Minuten später sieht gefährlicher aus, aber van der Sar ist dabei. Es folgt die erwähnte weitere Großchance für die Holländer, der Kopfball von van Nistelrooy aus kurzer Distanz nach Robbens Flanke. Zwischenzeitlich hätte Robben allerdings zumindest verwarnt werden müssen, nachdem er den enteilenden Rosicky zuerst am Arm festgehalten und schließlich mit einer Grätsche von hinten gefällt hat – genau genommen nahezu rotwürdig, aber Gonzales gibt gar nichts. Gelb sieht dann Galasek für eine ähnliche Aktion gegen Davids.

Zu diesem Zeitpunkt ist es ein kleines Wunder, dass die Tschechen noch im Spiel sind. Ob Advocaat es von dieser Seite her betrachtet hat: irgendwann hast du deine Chancen gehabt? Dass er deswegen die Defensive stärken wollte, weil er versuchte, rational zu agieren, sich nicht vom vermeintlichen Trend blenden zu lassen? Die Möglichkeit darf man immerhin erwähnen; die Kritik an Robbens Auswechselung bot sich im Nachhinein allzu billig an.

Aber es geht eben auch um Signale nach außen. Als Antwort auf Robbens Abgang löst Brückner seine Sechserposition auf und bringt mit Marek Heinz für Galasek einen weiteren Angreifer. Damit stehen sieben offensiv ausgerichtete Tschechen auf dem Platz, auch wenn Rosicky nun etwas zurückgezogen agiert, halb die Sechs und halb eine Acht spielend. Die vergangene halbe Stunde mag gezeigt haben, dass es die schiere Masse allein nicht ausmacht; es mangelte an Präzision, an wirklich zwingenden Abschlüssen. Das hat nun ein Ende: Heinz setzt sich links nahe der Grundlinie durch und passt zu Šmicer, dessen Schuss van der Sar gerade noch aus der Ecke fischt.

Beim Gegenzug wird van Nistelrooy von Rosicky umgehauen. Gonzales deutet es fälschlich als „Ball gespielt". Abgesehen von der nicht gegebenen Karte gegen Robben hat die holländische Mannschaft bis jetzt kein Glück mit seinen Entscheidungen. Das ändert sich bei einem Ausflug von Jiranek in den gegnerischen Strafraum. Gonzales' Pfeife bleibt stumm, als van Bronckhorst ihm auf den Fuß steigt. Auch in der Kategorie „nicht zugesprochene Elfmeter" steht es also nur noch 1:2.

Die Tschechen investieren noch mehr, immer wieder auch mit ihren weiten Schlägen. Es ist nicht immer die hohe Kunst des Passspiels; sie wollen den Ball schnell vorne haben und nehmen dort auch den zweiten, wenn sie den ersten nicht kontrollieren können. Ihre Körpersprache ist eindeutig: wir wollen das hier noch gewinnen. Anders als Beckmann konstatiert, ziehen die Holländer sich nicht zurück, zumindest nicht freiwillig. Es gibt jetzt mehr Situationen, in denen sie zurückgedrängt werden, aber sie gehen nach wie vor jeden Laufweg aggressiv mit, versuchen immer wieder, das Spiel nach vorne zu schieben.

Im 11FREUNDE-Kurzbericht zu diesem Spiel wird erwähnt, dass Jan Koller „technischer Fertigkeiten nicht verdächtig" sei. Das ist, pardon, liebe 11FREUNDE, leider ein Satz, in dem sich jede Menge stereotyper Wahrnehmungen finden. Es ist ähnlich wie bei Horst Hrubesch: groß und kopfballstark ist gleich „kann nicht kicken". Man muss aber schon vor der 71. Minute nicht extrem genau hingeschaut haben, um zu sehen, dass Koller sich enorm viel bewegt, sich beteiligt und in der Angriffsentwicklung schon im Mittelfeld anbietet. Ja, ein Zweck seiner Anwesenheit ist auch das Ablegen von Zuspielen auf nachrückende Mitspieler: ein „Wandstürmer", aber eben auch weit mehr als das.

Dann kommt seine Situation. Nedvěd flankt von links in den Strafraum, Koller lässt mit der Brust prallen, Baros steht an der Sechzehnmeterlinie bereit. Der Dropkick ist technisch anspruchsvoll, weil er den Ball nicht unmittelbar über der Grasnarbe erwischt, sondern fast in Hüfthöhe. Dennoch trifft Baros die Kugel voll. Van der Sars Reaktion ist unglaublich, er kommt an den Bombenschuss noch heran, hat aber gegen dessen schiere Wucht keine Chance.

In *Die 100 besten Spiele aller Zeiten* wird behauptet, der Ausgleich habe bereits das Spiel entschieden, aber die Holländer denken nicht daran, ihr lange Zeit so glanzvolles Spiel in den Ausguss zu kippen. Eine Minute später können sie wieder in Führung gehen; Čech steht bei van der Meydes Schuss aus kaum zehn Metern gut, aber es ist auch Glück, dass der Ball von seinem Bein abprallt. Und sie versuchen es weiter, die Tschechen bekommen die Situationen hinten nicht sauber geklärt. Insgesamt dreimal sind die Holländer nach dem 2:2 im tschechischen Strafraum aufgetaucht, als Koller ausgewechselt wird. Es kommt tatsächlich ein Verteidiger, David Rozenahl: Brückner spielt weiterhin auf Angriff, aber er ist kein Hasardeur. Er hat gesehen, dass seine Mannschaft hinten Unterstützung benötigt. Kurze Zeit später wird Heitinga mit Gelb-Rot vom Platz gestellt. Zu Unrecht; mit jeder Wiederholung der Szene wird deutlicher, wie sehr Nedvěd dabei nachgeholfen hat, und das ist der einzige Schatten über diesem Spiel.

In der letzten Viertelstunde ist es offensichtlich und auch erklärlich, dass die Holländer in Unterzahl taumeln. Die Tschechen wiederum haben nicht die Mentalität, den Gegner in Ruhe und mit chirurgischer Präzision auszuspielen. Sie machen weiterhin Tempo, suchen die Abschlüsse. Aber sie übernehmen nicht die volle Kontrolle; selbst in dieser Phase setzt sich Davids vorne noch einmal durch und erzwingt eine Ecke.

Gegen Ende, und hier haben die geschätzten 11FREUNDE recht, schwebt die Aura des Unvermeidlichen über dem Ganzen. Fünf Minuten vor Schluss zieht Nedvěd aus 35 Metern ab, für van der Sar unhaltbar, doch der Ball prallt von der Querlatte ins Feld zurück, wo Poborsky die Kopfballchance nicht verwerten kann. Und man darf mal eine Phrase riskieren und sagen, dass es in der 88. Minute kommt, wie es kommen muss. Van Bronckhorst wagt einen Ausflug in die tschechische Hälfte, doch kann er sich gegen Rosicki und Heinz nicht behaupten. Jetzt fehlt er hinten, vor allem, als Poborsky über van Bronckhorsts Position einläuft.

Karel Brückners Team zeigte ein Spiel, wie es ihm entsprach, weil er als Trainer einer war, der sah, was seinen Spielern entsprach. Man hatte ihm die Goldene Generation des tschechischen Fußballs in die Hände gelegt, und seine Größe bestand darin, sich den Charakteren, die die Mannschaft prägten, nicht in den Weg zu stellen; vielmehr wählte er Aufstellungen und Formationen, die den individuellen Qualitäten entgegenkamen. Diesen Trainertyp erwähnt Tobias Escher, ohne explizit Brückner zu nennen, in *Die Zeit der Strategen* und ordnet ihn der Kategorie zu, die tendenziell weniger an der Entwicklung von Konzepten interessiert sei. Das mag sein, aber durch seine eher pädagogische Herangehensweise formte Brückner eine große Mannschaft. Er wird 2006 Ähnliches geplant haben, aber Verletzungspech und die Tatsache, dass im Hintergrund keine unbegrenzte Zahl an gleichwertigen Nachrückern zu Verfügung stand, stellten sich ihm in den Weg. Joachim Löw wurde oft zugutegehalten, dass er 2010, nach Ballacks Verletzung, nicht jammerte: aber er hatte eben gute Leute in der Hinterhand und dazu eine Logistik im Verband, die schon mit dem Amtsantritt von Jürgen Klinsmann installiert worden war und die ihn mit einem Team von Assistenten umgab, mit deren Unterstützung sich vieles auffangen ließ. Brückner und dem so viel kleineren tschechischen Verband war solches nicht gegeben.

Freilich war es eher 2004 als 2006, dass die Tschechen die große Chance auf einen Titel hatten. Gegen die Griechen hatten sie es in der Hand, zumindest ins Endspiel einzuziehen, Gelegenheiten zu treffen hatten sie reichlich, und Koller wurde ein klarer Elfmeter verweigert. Vielleicht kann man es nur so verstehen, dass sie in jenem Spiel von dem Schicksal ereilt wurden, das zuvor die Holländer gegen sie erlitten: ihre klaren Chancen nicht verwertet zu haben.

Sagte ich Schicksal? Und zugleich, sie hatten es in der Hand? Aber ja. Wer das als Widerspruch empfindet, hat nie Fußball gesehen oder gar gespielt.

Reinhold Beckmann hat mit seiner Kommentierung des Spiels nicht immer den Nagel auf den Kopf getroffen. Aber er hat früh und durchgehend das Spiel als ein großes erkannt; über die eine oder andere Kleinigkeit soll man sich meinetwegen auch gerne streiten können, denn er setzt den perfekten Schlusspunkt. „Wir knien nieder und sagen: fabelhaft!"

Als der Leitwolf die Künstler fraß, aber nicht den Libero: 1980/81

Erst in den Jahren 2019 und 2020 fielen mir zwei für die Thematik elementare Bücher von Tobias Escher in die Hände. Es handelt sich um *Vom Libero zur Doppelsechs* und *Die Zeit der Strategen*. Ersteres führt den Untertitel „Eine Taktikgeschichte des deutschen Fußballs", stellt aber im Grunde eine Geschichte der Fußballtaktik dar, die für mich absolut auf einer Stufe mit Jonathan Wilsons *Inverting the Pyramid* steht, vielleicht sogar stringenter und fasslicher gehalten ist; das zweite und nicht minder großartige Buch befasst sich mit Trainern, ihren Spielansätzen und ihren möglichen Einfluss auf die Entwicklung des Spiels.

Es ist geboten, dass ich mich zu diesen Quellen gesondert verhalte. In ihnen entdeckte ich für mich sachlich Neues – viel Neues, was die Betrachtungsweise angeht; ein Detail ist zum Beispiel, dass Günter Netzer im Jahr vor seinem Wechsel von Mönchengladbach nach Madrid meist Libero spielte, das wusste ich schlicht nicht. Und die Erkenntnis, dass Mönchengladbachs von uns seinerzeit so verehrter Angriffsfußball zunächst einmal auf einer reinen Kontertaktik beruhte, gefällt mir zwar nicht, so wie ich immer noch Probleme habe, Dortmunds Vollgasfußball unter Klopp ebendort einzuordnen (Christoph Biermann hat diesbezüglich schon vor vielen Jahren Vergleichbares geschrieben) – all das Spektakel basiere auf einer im Grunde defensiven Grundeinstellung, dem Ausnutzen von gegnerischen Ballverlusten anstatt dem aktiven Kreieren von Torchancen? Dann wiederum habe ich ja selbst schon erfahren, dass die reine Optik zunächst einmal zu Oberflächlichkeit verleitet, siehe meine Annäherung an das Spiel der Italiener gegen Brasilien, das im letzten Kapitel besprochen wurde.

Tobias Escher spricht vom Niedergang des deutschen Fußballs in den Neunzigerjahren. Mit „Niedergang" trifft er es auf den Punkt, aber er liegt meiner Meinung nach falsch, was den Beginn und den Zeitraum angeht. Denn der Niedergang begann glatt ein Jahrzehnt früher, und er dauerte im engeren Sinne bis zum Ausscheiden der Deutschen bei der

EM 2004 an; im weiteren Sinne wurde das, was zu Beginn der Achtziger-jahre seinen Anfang nahm, erst 2010 vollends überwunden, also rund sechs Jahre, nachdem Jürgen Klinsmann und Jogi Löw die Wende einge-leitet hatten.

Und davon handelt dieses Kapitel. Auf den ersten Blick mag schon die Bezeichnung des enger eingegrenzten Zeitraums von Anfang 1981 bis 2004 als eine Periode des Niedergangs verwundern. In dieser Zeit nahm die deutsche Nationalmannschaft nicht nur an allen Welt- und Europa-meisterschaften teil; in den 12 Turnieren kam die Mannschaft siebenmal mindestens bis zum Halbfinale, rückte in sechs dieser sieben Fälle ins Finale vor, das sie zweimal gewann; nur dreimal (stets bei EMs) kam sie nicht aus der Gruppenphase heraus. Kaum weniger stark erscheint die Leistung der Vereinsmannschaften in den europäischen Wettbewerben: derer gab es im fraglichen Zeitraum insgesamt 67; 31-mal erreichten deutsche Klubs mindestens das Halbfinale. 15-mal ging es weiter ins Fi-nale, das siebenmal gewonnen wurde. Von der Ergebnisseite her betrachtet sieht das nicht nach einer Krisenzeit aus. Wenn man sich noch den Luxus erlaubt, das Jahr 1980 miteinzubeziehen, wird noch deutlicher, wieso der beginnende Niedergang zunächst nicht als solcher erkannt wurde: vom EM-Gewinn wird noch die Rede sein; zudem machten vier Bundesligisten ab dem Halbfinale den UEFA-Cup unter sich aus. Viel mehr noch als 1990 schien 1980 der deutsche Fußball „auf Jahre hinaus nicht schlagbar".

Im vorigen Kapitel habe ich behauptet, der Fußball der deutschen Nati-onalmannschaft sei ein Jahrzehnt vor der Erringung des Weltmeistertitels 1990, also just seit dem eben erwähnten Jahr 1980 stehengeblieben. Fak-tisch gibt jene Zeit (vor allem der Beginn des Jahres 1981) vieles her, um meine These zu untermauern. Zunächst gilt es jedoch, eine im Nach-hinein gar nicht so leicht zu entwirrende Gemengelage von Faktoren zu berücksichtigen, die Einfluss auf das nahmen, was die Nationalmann-schaft 1980 bot und wie 1981 fortgesetzt wurde.

Die für die Betrachtung der Entwicklungen nach 1980 entscheidenden Themenbereiche im Taktischen lassen sich in Gegensatzpaaren (sicherlich wiederum verkürzend) darstellen; sie sind allerdings inhaltlich stark miteinander verwoben. Es handelt sich um folgende Fragen:

Libero oder Abwehrkette?

Manndeckung oder Raumdeckung?

Tief stehen oder Abseitsfalle?

Abwarten und den Gegner kommen lassen oder Forechecking spielen („Forechecking" wurde damals viel häufiger benutzt als „Pressing")?

Diese taktischen Fragestellungen wurden jedoch mit dem Beginn des Jahres 1981 von einem anderen Gegensatzpaar dominiert und letztlich so in den Hintergrund gedrängt, dass sie für längere Zeit aus den Diskussionen verschwanden; und wenn sie wieder an die Oberfläche kamen, dauerte es nicht lange, bis irgendjemand sagte, man solle doch bitte das Taktische nicht allzu hoch hängen, am Ende müsse der Ball ins Tor, nur das zähle. Das anti-taktische Gegensatzpaar hieß:

Leitwolf oder flache Hierarchie?

Wobei ich mir nicht sicher bin, ob damals tatsächlich schon das Wort „Leitwolf" in der Intensität verwendet wurde, wie das um 2012 herum der Fall war; gängiger war der Begriff „Führungsspieler", oder es wurde umschrieben mit Sätzen wie, es brauche Spieler, die das Heft in die Hand nehmen, die sagen, wo es langgeht, die auch mal dazwischenhauen; es brauche einen auf dem Platz, der unumstritten der Chef sei, oder Ähnliches. Wie auch immer: die Leitwolf-Thematik würde die taktischen Themen verdrängen; die von mir bevorzugte Wahl des Begriffes „Leitwolf" ist sicher willkürlich, verfälscht aber nichts.

Meine These ist, dass die Rückholung Paul Breitners in die Nationalmannschaft ihren Niedergang einleitete. Mit dieser Aussage ist es in der Welt: unvermeidlicherweise wird es verkürzt werden auf „ahnungsloser und fußballferner Klugscheißer beschuldigt Paul Breitner…" Ich werde das nicht verhindern können, differenziere aber trotzdem:

Es geht mir ausdrücklich nicht darum, Paul Breitner als Fußballer oder als Mensch zu desavouieren. Fußballerisch gehört er zu den Besten, die wir jemals hatten. Menschlich ist das einzig „Schwierige" an ihm seine gnadenlose Offenheit, nichts also, was im Ernst Vorwürfe an ihn begründen würde.

Es geht auch gar nicht um ihn selbst. Es geht um die, die Anfang 1981 seine Rückkehr forderten, und um das, was sie damit erreichen wollten. Die Europameisterelf hätte er sehr wohl erheblich verstärkt, ohne dass man die Geschichte, die sie zu schreiben begonnen hatte, einfach durchstreichen musste; aber man wollte nicht einen weiteren Spitzenfußballer in der Mannschaft, sondern einen anderen Fußball, den man mit ihm assoziierte. Ein Vorwurf an ihn könnte höchstens sein, dass er diese Projektion zuließ, in einen ihm hingehaltenen Mantel schlüpfte und nicht sagte, Moment, Leute, ich mach mit, aber das geht auch anders.

Was genau war passiert? Die Ausführlichkeit des Folgenden erscheint mir geboten.

Ende 1980 (und noch für lange Zeit) war im deutschen Fußball die Regel, dass mit Libero, mit Manndeckung (selbstverständlich, wie Escher erläutert, nicht in der Extremform des Verfolgens des Gegners über den ganzen Platz, jedoch vor allem im eigenen Abwehrdrittel mit eindeutiger Mann- und eigentlich keiner Raumorientierung) und ohne Abseitsfalle gespielt wurde.

Etymologisch ist der „Libero" der „freie Mann", der, der keinen Gegenspieler zu decken hat. Schon diese Definition macht deutlich: der Libero ist in der Zeit der Manndeckung geboren; einen zu haben, der niemanden decken muss, ergibt nur Sinn, wenn alle anderen einen zugeordneten Gegenspieler haben. Der Libero wurde, mit durchaus negativer Konnotation (die anfänglich abfälligen Kommentare über Rudi Gutendorfs Meidericher hängten sich daran auf), im deutschen Sprachraum zunächst „Doppelstopper" genannt: seine Aufgabe war eine defensive; er hatte in Ballnähe hinter den manndeckenden Verteidigern aufzupassen und einzugreifen, wenn einer von ihnen seinen Zweikampf verlor. Der Libero war zugleich der Abwehrchef, auf dessen Kommando die Hintermannschaft zu hören hatte. Logischerweise bedeutete dies auch, dass man weiter vorne für Aufbau und Angriff einen Spieler weniger zur Verfügung hatte.

Libero, das war also ein „Freier" neben neun „Unfreien". Und dann kam Beckenbauer. „Frei" zu sein, das bedeutete für ihn etwas anderes als den Mist wegzufegen, mit dem die anderen nicht fertigwurden. Von Haus aus war er eigentlich Mittelfeldspieler, in der Nationalelf noch bei der WM 1970. Obwohl technisch offensichtlich ein Hochbegabter, sowohl dribbelstark als auch mit einer großartigen Übersicht gesegnet, musste er in den Duellen mit England 1966 und 1970 Bobby Charlton in Manndeckung nehmen, was ihm viele Möglichkeiten nahm – den Anschlusstreffer im Viertelfinale von León konnte er erzielen, weil Charlton ihm in dem Moment aus einer Entfernung von bestimmt zehn Metern zuschaute, und auch weil die Engländer in diesen Sekunden in Unterzahl waren. Francis Lee hatte soeben einen Ball von Klaus Fichtel ins Gemächt bekommen und japste noch nach Luft.

Beckenbauer wollte nicht mehr Mann gegen Mann spielen. Er interpretierte in den folgenden Jahren, als er – wie bereits bei den Bayern – als nomineller Abwehrspieler aufgestellt wurde, den „freien Mann" auf für deutsche Sehgewohnheiten revolutionäre Weise neu: als Freigeist mit Übersicht und eleganter, aufrechter Körperhaltung, von hinten, gleichsam vom Feldherrenhügel aus, das Geschehen befehligend, sodann aber dorthin gehend, wohin er wollte, nämlich oft genug in Räume weit vor den Abwehrspielern und dicht hinter den Spitzen, immer einen feinen Außenristpass in petto.

Damit machte Beckenbauer sich im Grunde zu einer Art zweitem, ja, zum eigentlichen Spielmacher. So wurde der einst kritisch, fast verächtlich angesehene Doppelstopper, der defensive Absicherer, auf einmal zu einer Belebung des kreativen Elements und des Offensivspiels. Beckenbauer verlieh seiner Position einen hohen Prestigefaktor. Zum Libero der

Nationalmannschaft wurde man nach Beckenbauer regelrecht befördert, oder man durfte die Position aufgrund langjähriger Verdienste beanspruchen, wie zum Beispiel der späte Lothar Matthäus. Es war nun die höchste Auszeichnung, der höchste Rang in der deutschen Fußball-Hierarchie. Im Aktuellen Sportstudio sagte sogar Hansi Müller einmal, er könne sich vorstellen, „irgendwann einmal Libero zu spielen". (Es war gut, dass das nie eintrat – trotz all dem Bohei, das um die kaiserliche Position gemacht wurde, sollte sie doch stets von einem Spieler ausgefüllt werden, der auch ein sauberes Tackling beherrschte. Wann immer unser Hansi beim VfB so etwas versuchte, schauten wir lieber woanders hin. Er hatte Stärken, aber dort lagen sie nicht.)

Als Beckenbauer 1977 zu Cosmos New York wechselte, griff ein idiotisches Verdikt des DFB, das damals im Ausland Spielenden das Auflaufen für die Nationalelf verwehrte. Als Nachfolger für die Liberoposition in der Nationalmannschaft fand sich Manni Kaltz, der beim HSV rechter Verteidiger spielte. Noch 1977 tourte die DFB-Elf, damals amtierender Champion, in dieser neuen Formation durch Südamerika und lieferte dort vor allem gegen Brasilien und Argentinien ganz starke Vorstellungen ab. Gegen Argentinien bereitete Kaltz ein Kopfballtor durch Hölzenbein nach einem Marsch über die rechte Seite vor, und die allgemeine Lesart war, dass dieses Tor mit Beckenbauer so nicht gefallen wäre, weil er sich eben selten an den Rand und in die Ecken begab, womit Kaltz wiederum gar kein Problem hatte.

Man muss also, um das Spiel der deutschen Mannschaft 1980 und danach fair aus seiner Zeit heraus zu beurteilen, zunächst einmal die Tatsache akzeptieren, dass ein Libero dazu gehörte. Andererseits darf man absolut die Frage aufwerfen, ob nicht gerade die Tatsache, dass ein Spieler vom Format Beckenbauers diese Schlüsselposition auf seine außergewöhnliche Art und Weise ausgefüllt hatte, einen Orientierungspunkt setzte, der die taktische Weiterentwicklung des Spiels vor allem in Deutschland blockierte, eben weil es unvorstellbar geworden war, ein Spiel anders zu erklären als mit Libero.

Noch 2002, als Jens Nowotny sich kurz vor der WM verletzte, war die erste bange Frage: Wer kann denn jetzt Libero spielen? (Gefunden wurde Carsten Ramelow.) Dies, obwohl die Diskussionen zumindest bei den ersten Taktik-Nerds allmählich an Intensität gewannen. Schon 1999 erschien die Zeitschrift „Hattrick" (die leider wenig später einging) mit einem Cover, auf dem ein irgendwo achtlos hingeworfenes Trikot mit der „5" abgebildet war – der zugehörige Text lautete „Der Libero ist tot". Die Aufarbeitung im Heft beerdigte die Position und bestätigte zugleich das Prinzip: die ursprüngliche Idee des Liberos, eine Absicherung zu bieten, übertrug man nun auf die Situationen in beliebigen Regionen des Feldes, in denen der beim Eins-gegen-eins oder Zwei-gegen-zwei hinzugezogene Mitspieler, der „Überzahlspieler", situativ die Rolle einnahm, die klassischerweise der Libero im Defensivbereich eingenommen hatte. Dies war eine logische Konsequenz des Ende der Neunziger nunmehr von fast allen Bundesligamannschaften praktizierten Verschiebens zum Ball hin, das man, in einem kleineren Zeitfenster betrachtet, nach ein, zwei Jahren des Staunens den Freiburgern abgeschaut hatte. (Nicht, dass diese Idee des Herstellens von Überzahl in Ballnähe etwas völlig Neues gewesen wäre – schon Herberger forderte von seinen Mittelfeldspielern, sich zum Ball hin zu orientieren, um eben diese Überzahl herzustellen.)

Der SC Freiburg spielte schon beim Aufstieg 1993 nicht mit dem herkömmlichen Libero, sondern mit einem zentralen Dreierblock; oft stand der zentrale Spieler (in der Regel Maximilian Heidenreich) sogar einige Schritte vor den beiden anderen. Der damalige Freiburger „Libero" hatte schon etwas von einem Sechser (auch hier ein kleiner Punkt, in dem ich Tobias Escher widerspreche: er schreibt, Finke habe den Libero in Freiburg anfänglich noch nicht abgeschafft – doch das ist genau das, was Finke tat, egal, ob er das so ausgedrückt hat).

Zum Libero gehörte nach dem Verständnis um 1980, hier schließt sich nun wieder der Kreis, zwingend der Vorstopper; derjenige, der den gegnerischen Mittelstürmer unter engste Bewachung zu stellen hatte. Historisch war er aus dem Mittelläufer entstanden, der im WM-System auf die letzte Linie zwischen die beiden Außenverteidiger zurückgezogen worden war. Anfänglich hieß er einfach „Stopper", dem dann der „Doppelstopper", der Libero als Absicherung an die Seite oder vielmehr hintendran gestellt wurde. Gewissermaßen erschwerend war, dass es just Ende der 70er, Anfang der 80er-Jahre, nach dem Abschied von Manndeckern alter Schule wie Berti Vogts, Rolf Rüßmann und Horst Höttges, in diesem Sektor wieder Nachwuchs gab, der zu den größten Hoffnungen berechtigte, allen voran Karlheinz Förster, der (ganz im Gegensatz zu seinem bis heute bestehenden Ruf als Rauhbein) eng am Mann sehr selten foulte und viele Bälle in einwandfrei geführten Zweikämpfen gewann. Warum sollte man über eine Abkehr von der Manndeckung auch nur nachdenken, wenn man doch Manndecker hatte, die in ganz Europa gefürchtet waren? Warum quasi eine Währung außer Kurs setzen, die doch so stark notiert war und mit der man schlicht Spiele gewann? Man muss der damaligen Zeit einfach zugestehen, dass es sehr schwer war, nicht so zu denken.

Dabei stand die vermeintlich heilige Kuh in Fußball-Deutschland, die Manndeckung, gerade um 1980 herum einige Jahre durchaus auf dem Prüfstand, wenngleich die Diskussion letztlich an der Oberfläche blieb und der Stammtisch obsiegte.

Die Frage war zwar durch das Festhalten am Libero eigentlich logisch beantwortet; andererseits war da die Frankfurter Eintracht, 1976/77 unter Gyula Lorant seinerzeit die einzige deutsche Vereinsmannschaft, die im Raum verteidigte, allerdings mit den falschen Komponenten und auch dem falschen Personal. So weit, dass zur Raumdeckung, wie noch zu zeigen ist, die Abwehrkette und die Abseitsfalle, mithin auch das Spiel ohne Libero gehörte, ging Lorant nämlich nicht, oder er konnte es seinen Spielern nicht vermitteln. (Escher schreibt, Lorant sei keiner gewesen, der den Spielern lange Vorträge hielt – vielleicht lag es daran.) So stellte er Gert Trinklein, der traditionell Libero gespielt hatte, in die Innenverteidigung, nominell sogar als Libero, nur um ihn dann seiner angeborenen Langsamkeit zu zeihen und ihn öffentlich als „langsamsten Spieler der Bundesliga" zu beschimpfen – zu oft ließen die Kollegen vor und neben Trinklein Lücken, die er, im Sprintduell chancenlos, nicht mehr schließen konnte. Es war kein schlüssiges Modell, und da hatten dann die Stammtische den Beweis, dass Raumdeckung sowieso nicht funktionierte. Noch in den Neunzigern und den frühen Nullerjahren ließen Werner Lorant bei 1860 und Lorenz-Günther Köstner in Unterhaching sogar über den ganzen Platz Manndeckung spielen; der Trainer der Sechziger äußerte, er könne es sich nicht erlauben, die Gegenspieler frei „rumturnen" zu lassen. Manndeckung galt als die sichere Variante, an der Raumdeckung haftete noch lange der Ruf des Hallodrihaften.

An Gyula Lorant anknüpfend kann man im Rückblick nur vermuten, dass die logische Folge eines Deckens im Raum, nämlich ein Spiel mit Abwehrkette und demzufolge ohne klassischen Libero, den meisten einfach nicht klar war. Wer „Raumdeckung" sagt, muss den Raum definieren, und der darf in der Vertikalen nicht zu groß sein: Eine Abwehrkette leistet das, sie definiert durch ihre Position unter anderem den Raum, der dem angreifenden Gegner zur Annahme des Passes nach vorne zur Verfügung steht. Noch simpler ausgedrückt: Raumdeckung bedeutet Abwehrkette, Abwehrkette bedeutet Raumdeckung. Zumindest prinzipiell.

Immerhin schon 1989 gab Volker Finke, damals Trainer des TSV Havelse (noch vor dem Aufstieg in die Zweite Liga) Dietrich zur Nedden ein Interview, in dem er das sture 1-2-5-2 der Nationalmannschaft als überholt kritisierte (worin indirekt ein weiterer Hinweis verborgen ist, dass Finke dem Prinzip „Libero plus zwei Manndecker" schon früh abgeschworen hatte); zudem meinte er, dass in der Bundesliga „nur" fünf, sechs Mannschaften mit Raumdeckung operieren würden. Als ich das las, musste ich mich zwicken, und ich dachte: so viele? Leider nannte Finke keinen Verein konkret. Mir würden nur die Bayern unter Jupp Heynckes einfallen. So oder so ist interessant, dass das Interview im Jahr *vor* der schon erwähnten Retro-WM 1990 geführt wurde.

Es war Patrik Andersson, der wunderbar klar darlegte, worin die Vorzüge der Raumdeckung gegenüber der Manndeckung bestehen: „Als

Manndecker renne ich das ganze Spiel über meinem Gegenspieler hinterher. Wenn wir Raumdeckung spielen, kommt er zu mir."

Anderssons damalige Mannschaft, Borussia Mönchengladbach, erlebte Mitte der Neunzigerjahre unter Bernd Krauss eine Renaissance. Sie boten teilweise begeisternden Offensivfußball, und hinten stand eine Viererkette, davor agierte eine Raute, mithin ein einzelner Sechser. Auch Rolf Fringer implementierte die Kette in seinem einen Jahr in Stuttgart, mit einer flachen Vier, also einer Doppelsechs, im Mittelfeld. Obwohl Gladbach gute Platzierungen erzielte und der VfB immerhin das eine oder andere spektakuläre Spiel bot (im Olympiastadion sah ich das 3:5 bei den Bayern), noch vor Löws erstem Jahr, in dem das magische Dreieck zaubern würde, blieb der Rest der Liga auf Distanz.

Das hatte, außer dem unklaren Bauchgefühl, mit der Raumdeckung erlaube man dem Gegenspieler zu viel, noch einen anderen Grund.

Der Libero und die Manndeckung konnten sich Deutschland auch deshalb so lange halten, weil die Alternative, mit einer Abwehrkette zu spielen, nahezu zwingend mit dem Stellen einer Abseitsfalle verbunden ist – und die galt hierzulande lange als unfein. Fallen zu stellen, das verband man mit Hinterlist und Unlauterkeit. Damit sollte der deutsche Fußball nicht in Verbindung gebracht werden. Als die Deutschen 1978 gegen den Gruppengegner Tunesien, der mit Abseitsfalle spielte, keine Mittel fanden und sich torlos trennen mussten, kommentierte Dieter Kürten das im Interview mit dem tunesischen Trainer pikiert: er finde, die Abseitsfalle mache den Fußball kaputt. Er dürfte damit den Nerv vieler getroffen haben.

Wie schon im letzten Kapitel erwähnt, war der HSV unter dem Österreicher Ernst Happel in Deutschland die erste Mannschaft, die dieses Denkverbot im Licht der Öffentlichkeit abschüttelte – ich erinnere ein Spiel des VfB Stuttgart im Oktober 1982, in dem die Stuttgarter (eigentlich gut in die Saison gestartet) gegenüber diesem mit einem gnadenlosen Pressing kombinierten taktischen Mittel hilflos erschienen. Schon Mitte der Siebziger hatte Heinz Höher in Bochum ganz Ähnliches getan, wie Ronald Reng in *Spieltage* ausführt. Seinerzeit blieb das, zumindest meiner Erinnerung nach, unter dem Radar; die Journalisten und die Bochumer selbst pflegten eher die Erzählung von der eingeschworenen Kämpfertruppe, die mangelndes Talent mit großem Einsatz wettmachte.

Escher schreibt in *Die Zeit der Strategen*, die Abseitsfalle würde, weil riskant, heute nur von wenigen Mannschaften angewandt; für mich ist das eine Frage der Perspektive. Im Grunde spielen fast alle „mit Abseitsfalle", ohne dass darin noch ein besonderer Fokus oder die explizite Absicht, eine Falle zu stellen, liegt; sie ist längst integraler Bestandteil einer Formation mit Abwehrkette, die im Sinne der Verbindung zwischen den Mannschaftsteilen tendenziell hoch steht und somit den Raum in der vertikalen Achse verkürzt. Es fällt nicht mehr weiter auf, einfach weil es alle so spielen und es in jedem Spiel fünf bis zehn Abseitsentscheidungen gibt, die man schnell wieder vergisst.

Trotz des oben zitierten geradezu flutlichtartig hellen Satzes aus dem Munde von Patrik Andersson blieb es in Fußballtaktik-Deutschland noch lange dunkel. Als Jürgen Klinsmann 2004 Bundestrainer wurde, waren er und sein Team im Grunde bis nach dem ersten Gruppenspiel 2006 gegen Costa Rica damit beschäftigt, den vier nunmehr in der Kette operierenden Verteidigern die richtigen Bewegungsabläufe einzubläuen, die es braucht, um vernünftig auf Abseits zu spielen; die beiden Gegentore hatte man sich durch ein fast schülerhaftes Abwehrverhalten eingefangen. Es schien in der Tat nicht klar zu sein, dass man trotz prinzipieller Formation auf einer Linie auch eine Orientierung am Gegenspieler aufrechterhalten muss. Und dass man den Schritt nach vorne, also das Stellen der Abseitsfalle nur dann unternimmt, wenn die offensiveren Mitspieler Druck auf den ballführenden Gegenspieler haben, sodass ein zielgerichteter langer Pass nicht möglich ist, war noch nicht wirklich Teil der Automatismen.

Jürgen Klopp erklärte anschließend im Studio, dass man die Fehler innerhalb der fünf Tage bis zum nächsten Spiel im Training durchaus noch abstellen könne, was einem angesichts der Tatsache, dass daran fast zwei Jahre gearbeitet worden war, schon ein schiefes Grinsen entlocken konnte (allerdings behielt er recht). In der Bundesliga sozialisierte Spieler waren nicht gewohnt, so zu agieren, obwohl das Spiel mit Kette seit 1998 im Jugendbereich mehr und mehr trainiert wurde, und obwohl Ralf Rangnick schon vor der Jahrtausendwende in der zweiten Liga in Ulm und bei einem legendär gewordenen Fernsehauftritt gezeigt hatte, wie das funktionierte. Und da es in den ganzen zwei Jahren unter Klinsmann, bei aller Euphorie, die er früh entfachte, in den Testspielen immer wieder vorkam, dass die Kette allzu leicht überspielt wurde, wurde sein Ansatz ebenso immer wieder infrage gestellt. Wiederholt wurden die orientierungslos auf einer Linie stehenden Abwehrleute von Gegenspielern, die von weiter hinten und damit nicht aus dem Abseits kamen, überrannt. War es nicht doch einfach klüger, mit einer Absicherung, mit einem Libero zu spielen?

War es natürlich nicht, wie Günter Netzer im WM-Jahr 2006 nicht müde wurde, seinem Siez-Freund Gerhard Delling zu erklären. Mit einer Kette zu spielen war inzwischen, da Technik und Tempo eine weitaus größere Rolle spielten als noch zu Beginn der 90er-Jahre, überlebensnotwendig, um dem Gegner Räume zu nehmen, die er, hätte man mit Libero gespielt, noch hätte betreten dürfen; da ging es schon mal um fünf bis zehn Meter, die man sonst in der Tiefe hergegeben hätte. Und man konnte es sich auch im Sinne des Aufbauspiels und der Angriffsentwicklung schlicht nicht mehr leisten, einen allerletzten Mann zu haben, der immer von sehr weit hinten kommen musste. Man brauchte die Leute schnell weiter vorne, um Wege zu verkürzen, Anspielstationen und Überzahlsituationen zu schaffen.

Aus dem Vorangestellten geht hervor, dass zum Spiel mit einer Abwehrkette, das quasi automatisch auch ein Spiel auf Abseits ist, logisch zu Ende gedacht eben immer auch das Pressing gehört, genaugenommen besonders das Gegenpressing, das bei eigenem Ballverlust einsetzt. Der ballführende Gegenspieler muss direkt unter Druck gesetzt werden, damit er nicht den Steilpass spielen kann – sonst wäre die Kette tatsächlich

„lebensgefährlich", wie Beckenbauer einmal sagte. Im letzten Kapitel schrieb ich, dass auch das Pressing noch in den Achtzigerjahren nicht zu den Dingen gehörte, die man überhaupt von Fußballern erwartete – sah man vorne einen Stürmer dem Ball hinterherrennen, den sich die gegnerischen Verteidiger in aller Seelenruhe zuschoben, gab es auf den Rängen meist Kopfschütteln und Kommentare wie „sinnlose Kraftvergeudung". Das traf damals mehr zu als heute, da die Rückpassregel noch nicht existierte; notfalls nahm eben der Torwart den Ball in die Hand, und dann war das Spiel noch mehr verzögert, als wenn man gar nicht nachgesetzt hätte. Vielleicht auch deswegen ließ selbst Happel nie ein neunzigminütiges Pressing spielen; vielmehr rhythmisierte der HSV die Spiele in der Regel durch gezielt eingeschobene Phasen organisierten Pressings, denen Phasen folgten, in denen man tiefer stand und später störte.

In Fußball-Deutschland gab es also um 1980 und noch lange danach im Allgemeinen feste Vorstellungen darüber, wie Fußball zu spielen sei und wie nicht; und es gab auch die, die es anders sahen, aber (noch) nicht Schule machten. Ein gewisse Festgefahrensein reicht aber nicht aus, um den im Frühjahr 1981 beginnenden Niedergang zu erklären.

Am Anfang der Geschichte steht noch etwas Positives: Jupp Derwall hatte nach der enttäuschend verlaufenen WM 1978 und Helmut Schöns Abtreten die Nationalmannschaft übernommen und zum Titelgewinn bei der Europameisterschaft 1980 in Italien geführt. Er mag kein Gestalter und Architekt ausgefuchster Taktik gewesen sein; und doch, so finde ich, hat man seinen Anteil an diesem Titelgewinn unterschätzt. Sein erstes Spiel nach der WM 1978 gewann die Mannschaft mit 4:3 in Prag, nach zwischenzeitlicher 4:1-Führung. Der Auftritt war bemerkenswert. Es war dann zwar so, dass Derwall sich durch die EM-Qualifikation zunächst mit defensiv ausgerichteten Aufstellungen kämpfte. Da die Mannschaft aber ungeschlagen blieb, erwarb sie eine Sicherheit, die ihr nach und nach ein etwas risikofreudigeres Auftreten erlaubte. Genau in diese Zeit hinein fiel der Aufstieg des noch sehr jungen Bernd Schuster, Jahrgang 1959, der mithin mit gerade einmal 20 Jahren zu einer Schlüsselfigur des neuen Europameisters wurde. Dazu kam, dass der anfänglich nicht unumstrittene Hansi Müller (Jahrgang 1957) seine Leistungen stabilisierte. Derwall hatte den Mut, beide zu bringen, und verschob so die Akzentuierung des Spiels ins Offensive.

Und einen Sommer lang, im Vorfeld und während der Fußball-Europameisterschaft 1980 in Italien, durfte man davon träumen, dass die Nationalmannschaft ein neues Kapitel kreativ-leichtfüßiger Spielkultur aufschlagen und an 1972 anknüpfen würde.

Im international als hochklassig bezeichneten Finale von Rom, in dem Belgien knapp bezwungen wurde, standen außer Hansi Müller und Bernd Schuster drei Angreifer auf dem Platz (Rummenigge, Klaus Allofs und der Doppeltorschütze Hrubesch), von denen zumindest die beiden Erstgenannten den Ruf hatten, „spielende", bewegliche Stürmer zu sein. Genau genommen trifft das auch auf Horst Hrubesch zu. Im Rückblick wird Hrubesch heute oft auf sein Kopfballspiel reduziert. In Wirklichkeit war er auch mit den Füßen gut und vor allem sein Stellungsspiel und seine Bewegungen in die gefährlichen Räume hinein hervorragend. Anders als heute verschiedentlich kolportiert (auch Ronald Reng unterläuft erstaunlicherweise dieser Irrtum), erzielte Hrubesch im EM-Finale nicht zwei Kopfballtore: beim 1:0 stoppte er ein Zuspiel von Schuster mit der Brust und schloss per Dropkick aus sechzehn Metern ab.

Die Mannschaft pflegte ein flottes und kultiviertes Passspiel, das auch davon lebte, dass man nie wusste, wer nun eigentlich den nächsten Pass in die Tiefe spielen würde. Es war ein Moment des Intuitiven, Unvorhersehbaren und in manchen Phasen fast Zauberhaften, das über dem Ganzen lag. (Nur nebenbei sei bemerkt, dass der Faden in der zweiten Hälfte zwar riss, als Belgien ausglich, die deutsche Mannschaft aber auch den Charaktertest des Sich-erneut-hineinbeißen-Müssens bestand und am Ende verdient ein zweites Mal traf.)

Zum Jahreswechsel stand dann die so genannte „Mini-WM" an, die aus Anlass der fünfzigsten Wiederkehr der ersten Fußballweltmeisterschaft 1930 mit sechs Teams in Uruguay ausgetragen wurde. Dort anzutreten, war wohl aus Gründen der Etikette für den DFB unumgänglich; man kann aber nicht deutlich genug herausheben, dass es sich um eine vom sportlichen Wert her vollkommen unbedeutende Veranstaltung handelte – aus der der deutsche Fußball leider völlig überdimensionierte Konsequenzen zog.

Gespielt wurde in zwei Dreiergruppen, deren Sieger das Finale austragen würden. Zweifellos war die Gruppe mit Brasilien, Argentinien und Deutschland die stärkere von beiden (mit Uruguay, den Niederlanden und Italien in der anderen Gruppe). Deutschland reiste mit einer Serie von 23 Spielen ohne Niederlage seit dem 2:3 gegen Österreich 1978 an; vergegenwärtigt man sich, dass die Motivation eher mittelprächtig war, musste einem auch klar sein, dass man durchaus mit der ersten Niederlage zu rechnen hatte.

Das erste Spiel war gegen Argentinien angesetzt, den amtierenden Weltmeister. Eine überraschende Personalie war die Nominierung Rainer Bonhofs als Libero, doch stand Ulli Stielike nicht zur Verfügung, weil Real Madrid ihn nicht freigab. Manfred Kaltz war zwar noch in der Mannschaft, aber nicht mehr als Libero: Im Nachgang zur missglückten WM 1978 war intern auch er kritisiert worden. Rolf Rüßmann zum Beispiel gab ihm eine Mitschuld am Siegtor der Österreicher; ein einziges Mal habe er während der WM den Libero gebraucht, und dann sei der nicht da gewesen. Als Konsequenz gab Kaltz bald darauf öffentlich bekannt, dass er nie mehr Libero spielen werde.

Mit Bonhof also als Gelegenheits-Libero legte die deutsche Mannschaft weit über 80 Minuten eine Klasseleistung hin. Das Passspiel in der Offensive lief vor allem auf der linken Seite mit Hansi Müller, Felix Magath und Klaus Allofs, die sich immer wieder spektakulär aus engen Räumen herausspielten, fast auf Weltklasseniveau, es war eine noch verbesserte Version des Europameisters. Zur Pause führte man 1:0, und erst fünf Minuten vor Schluss produzierten Torhüter Schumacher und Kaltz einen Slapstick, der in einem kuriosen Eigentor gipfelte. Dem Spiel hatte man die Möglichkeit eines solchen Vorkommnisses bis dahin nicht angemerkt, und während die Argentinier unvermittelt in einen Rausch gerieten und vom Publikum abermals nach vorne getrieben wurden, schien es, als wollten die Deutschen diese Wendung einfach nicht wahrhaben. Sie kassierten tatsächlich noch das zweite Tor.

Jupp Derwalls Serie war gerissen; vielleicht hätte dieses eine Spiel noch nicht ausgereicht, um alles bis dahin Erreichte infrage zu stellen. Dann allerdings ging auch das Spiel gegen Brasilien verloren, und das mit 1:4 noch erheblich deutlicher. Die Stimmung schlug um.

Es begann eine Diskussion, die den deutschen Fußball bis heute verfolgt, und sie hatte und hat ein gewaltiges destruktives Potential, auch, weil die oben angesprochenen fußballtaktischen Fragen in den Hintergrund rückten und somit gewissermaßen der Status quo eingefroren wurde. Im Kern handelt es sich um die leidige Hierarchiediskussion – will man die Verantwortung auf viele verteilen, was sicherlich einer klaren internen Kommunikation, auch einer komplexeren Feedbackkultur bedarf, andererseits eben auch Variabilität überhaupt erst ermöglicht; oder braucht man die Leitwölfe, noch besser: *einen* Leitwolf, notfalls auf Kosten des kreativen Reichtums? „Flache Hierarchie" oder „klare Hackordnung"?

Anfang 1981 war das Thema genau genommen neu; als Beckenbauer 1977 aus der Nationalmannschaft ausschied, hatte man allgemein kurz gestirnrunzelt, aber es stand nicht so sehr im Vordergrund, ob Beckenbauer als Führungsfigur fehlen würde; es ging vor allem seine Position, was durch Manfred Kaltz' erste Partien als Libero hinreichend geklärt war. Auch die reichlich legendenumwobenen Vorgänge während der WM 1974, als Beckenbauer (freilich eben nicht er alleine) nach dem 0:1 gegen die DDR im Spielerkreis ohne den Bundestrainer einige grundsätzliche Dinge ansprach, begründen für sich genommen keinen Mythos von Beckenbauer als „Leitwolf". Sicher hatte er allein aufgrund seiner Qualitäten und Verdienste eine natürliche Autorität, aber dass am Ende der Diskussionen alle gesagt hätten, okay, wir machen es jetzt so, wie der Franz sagt, ist eigentlich vollkommen unvorstellbar. Ein Haufen Duckmäuser, die klein beigeben, hätte im Anschluss an solch internes Theater kaum den Titel gewonnen; wenn es sich wirklich so abgespielt haben sollte, wie oftmals kolportiert, dass nämlich eine Nacht hindurch diskutiert wurde, dann kommt man nicht umhin anzunehmen, dass es einfach eine ganze Menge reifer und auch kritikfähiger Charaktere im Kader gegeben haben muss.

Möglicherweise war Sepp Herberger der Leitwolfidee verfallen, wofür sein Versuch sprechen könnte, für die WM 1962 den 42-jährigen Fritz Walter zu reaktivieren. Dass er ihn speziell bei der WM 1954 als seinen verlängerten Arm auf dem Spielfeld ansah, ist verbürgt. Spätestens aber mit Helmut Schöns Amtsübernahme hielt eine andere Kultur Einzug. Zumindest in den großen Turnieren stellte Schön so auf, dass viele herausragende Spieler auf dem Platz waren, denen er Verantwortung überließ und die sich sicherlich keiner steilen Befehlsstruktur auf dem Platz untergeordnet hätten. Ungeachtet tatsächlich gesprochener Worte war Schön wohl derjenige Trainer, der tendenziell eher die elf Besten aufstellte als die beste Elf, vielleicht, weil er daran glaubte, dass die elf Besten, die richtige Einstellung vorausgesetzt, letztlich auch die beste Elf sein würden – für die Leitwolfdiskussion ist das insofern von Bedeutung, als Schön offenbar darauf zählte, dass die Spieler, in Verantwortung für die Mannschaft als Ganzes, ihre individuellen Qualitäten einbringen würden. Als puren Träger einer bestimmten Funktion, somit als Befehlsempfänger und letztes Glied einer klaren Hierarchie sah Schön keinen Spieler an, der schiere Gedanke muss ihm ein Greuel gewesen sein, dies erlaube ich mir aus allem, was man über den Europa- und Weltmeistertrainer weiß und aus seinem Mund gehört hat, herauszudestillieren. Und eine Mannschaft, die so aufgestellt ist, wie Schön aufstellte, hat und braucht keine Hierarchie; gewiss eine Struktur, aber das ist nicht dasselbe.

Man kann rational nicht wirklich nachvollziehen, was sich Anfang 1981 abspielte. DFB-interne Vorgänge, öffentliche Stimmungsmache via *BILD* sowie Gerüchte über nächtliche Eskapaden einiger Spieler im fernen Montevideo wirkten auf denkbar ungünstige Weise zusammen, und das Ergebnis war: zwei verlorene Spiele bei einem Turnier, das sportlich keinerlei Relevanz besaß, reichten aus, einen hoffnungsvollen, gerade erst begonnenen Weg in eine neue Blüte radikal abzubrechen.

Paul Breitner wurde zum Heilsbringer ausgerufen. Er war nach der WM 1974 aus der Nationalmannschaft zurückgetreten, kam dennoch 1975 noch zweimal zum Einsatz, bevor er erklärte, nun wirklich nie mehr für Deutschland spielen zu wollen. Die Thematik wurde, aus heutiger Sicht vielleicht überraschend, nicht sehr prominent verhandelt, man nahm das eher achselzuckend hin. Nach drei Jahren in Madrid und einem in Braunschweig kehrte Breitner zu den Bayern zurück, wo er sofort Führungsspieler war, der sprichwörtliche Taktgeber. Das Spiel lief immer über ihn, er entschied, ob schnell oder abwartend, steil oder quer gespielt wurde. Zusammen mit Karl-Heinz Rummenigge bildete er ein gefürchtetes Duo; war es in Hamburg die Kombination Flanke Kaltz – Kopfball Hrubesch, so war es in München der Tempogegenstoß über Breitner auf Rummenigge, der zu vielen Toren führte. Das passte nebenbei ganz gut nach München, wo man nach Jahren der vermeintlichen Überbetonung taktischer Fragen unter Dettmar Cramer und Gyula Lorant vom „Trainieren der Hinterköpfe", wie Präsident Wilhelm Neudecker es einmal ausdrückte, genug hatte: Zwei, drei herausragende Spieler sollten auf dem Platz den Unterschied, die anderen einfach ihren Job machen. Zu jener Zeit erst entstand das heute so gängige „Mia san mia"; wozu Taktik, was ja immer auch Beschäftigung mit dem Gegner impliziert, wenn man doch diesem sein Spiel einfach durch individuelle Klasse und Durchsetzungsvermögen aufzwingen kann. Das zumindest war die nach außen vorgetragene Haltung. Pal Csernai war nun sicherlich auch ein Taktiker, der Matchpläne entwickelte, noch bevor man sie so nannte, und der auch das Pressing nach München brachte; jedoch war es Breitner, der auf dem Platz entschied, was davon wie umgesetzt wurde.

So einen wollte man nun, Anfang 1981. Die eben noch (vor allem international) hoch gelobte variantenreiche Spielkultur galt plötzlich als zu verspielt, ungeordnet, nicht zielgerichtet genug und überhaupt als schwer organisierbar. Derwall, sicherlich selbst enttäuscht von den zwei Niederlagen, war nicht Manns genug, sich gegen den Druck von außen zu wehren. So ließ er sich, anders kann man es nicht sagen, Paul Breitner in die Mannschaft hineinschreiben, und so kam es im Frühjahr 1981 zu Breitners Comeback im Nationaltrikot.

Nochmal: ein Fußballer von Breitners Format machte potentiell jede Mannschaft besser. Aber darum ging es nicht. Man wollte auf einmal etwas grundlegend anderes als das, was zur Europameisterschaft geführt hatte. Man verkannte wohl prinzipiell, dass es genau das oben schon beschriebene Moment des Spielerischen, Überraschenden, Kreativen gewesen war, das die Mannschaft so weit gebracht hatte. Man wollte stattdessen Ordnung und eine klare Hierarchie. Breitner sollte der Mann dafür sein, und er übernahm die Rolle so, wie sie ihm in der Ausschreibung präsentiert worden war. Er tat also, was von ihm erwartet wurde.

Es war der falsche Weg. Das mag man als einen billigen Fall von „hinterher ist man immer schlauer" und überhaupt als wohlfeiles Nachtreten abtun, aber ich habe das damals schon genau so empfunden, schon vor Breitners erstem Spiel. Mir waren diese Vorgänge unbegreiflich. Scholl, Netzer, Kahn, Sammer, nachvollziehbarerweise Breitner selbst und viele andere haben später die Erzählung von der Mannschaft, die einer klaren Hackordnung bedürfe, gepflegt, und alles, was dazu zu sagen ist, ist: es ist falsch.

Libero, Manndeckung, zu großes Sicherheitsdenken und dazu das Leitwolfdogma: das war zu viel. Der deutsche Fußball entwickelte sich nicht weiter; da aber die meisten anderen Länder beständig Fortschritte verzeichneten, bedeutete dieser Stillstand Rückschritt – den Niedergang. Man hatte sich entschlossen, das Ergebnis über die Spielweise zu stellen. Das führte unter anderem zu Bernd Schusters Rücktritt aus der Nationalelf („ich bin nicht Breitners Rasenmäher"), zum Skandalspiel von Gijon (es ist zu dürftig, es nur auf den Spielplan zu schieben) und zu spielerisch so eindimensionalen Darbietungen, dass Rolf Kramer bei der Kommentierung des Halbfinales Deutschland – Frankreich 1982 teilweise völlig verzweifelte.

Kämpferisch beeindruckte die Mannschaft oft, und das überdeckte vieles. Bekanntlich wurde das Spiel gegen Frankreich nach einem Zwei-Tore-Rückstand noch umgebogen. Die eingangs erwähnten guten Resultate schienen einen kritischen Blick aufs Ganze nicht zu erlauben – man wollte nicht sehen, dass es ein Problem gab. Der WM-Sieg im Jahr der Wiedervereinigung tat ein Übriges, und der dritte EM-Titel 1996 kam wiederum zur falschen Zeit, unterbrach den langfristigen Trend, ohne ihn zu stoppen.

Ich möchte gerade den Titelgewinnen und denen, die daran beteiligt waren, nicht am Zeug flicken. Wie im letzten Kapitel kurz erwähnt, spielte die deutsche Mannschaft 1990 in den entscheidenden drei Spielen alles andere als überzeugend, gewann das Turnier aber verdient. 1996, während der EM in England, leistete die Mannschaft Überragendes im kämpferischen Bereich; man muss sich vor Augen halten, dass der deutsche Kader zeitweise einem Lazarett glich. Als man im dritten Vorrundenspiel gegen Italien in Unterzahl war, musste der gelernte Stürmer Fredi Bobic in der Abwehr rennen und grätschen. Dass er das tat; dass Jürgen Klinsmann im Finale acht Tage nach einer schweren Muskelverletzung wieder auf dem Platz stand; dass man im nämlichen Finale nach einem durch einen unberechtigten Strafstoß zustande gekommenen Rückstand noch zurückkam: das konnte und kann man kaum hoch genug schätzen, aber die rein fußballerischen Leistungen waren inzwischen limitiert, und davon lenkten die Erfolge ab. Denn 1994 und 1998 schied Deutschland bei den WMs jeweils im Viertelfinale aus. Klinsmann sagte zu 1994 später, man habe den Titel versoffen, aber ich glaube, er hat keinen ganz realistischen Blick darauf, wie weit die Niederlande, Brasilien, Argentinien und auch die Italiener inzwischen voraus waren. (Die DFB-Elf hatte zwar in einem Testspiel vor der WM Italien durch zwei Klinsmann-Tore bezwungen, doch wurde während des Turniers offenbar, dass die Italiener nicht alle Karten auf den Tisch gelegt hatten.)

Auch die fachliche Begleitung und Kommentierung in Deutschland hielt mit dem internationalen Niveau nicht Schritt. Im Umfeld der 1994er-WM wurde durchaus oft über die Viererkette gesprochen (mit der

Deutschland ja nicht spielte); am Tag nach dem WM-Finale Brasilien - Italien wurde im Süddeutschen Rundfunk Peter Ziehe interviewt, der wirklich sagte, er verstehe die ganze Diskussion nicht, der Italiener Baresi habe doch einen lupenreinen Libero gespielt: Man hatte, auch 1994 noch, den Blick nicht.

Schon im Laufe der Achtziger entstand das Bild, sicher auch ein Zerrbild, des Rumpelfußballs (vorher gab es keinen Anlass für eine solche Titulierung), und es entstand die Mär vom deutschen Fußballspieler, der zwar nicht kicken, aber kämpfen kann, die Mär von den deutschen Tugenden. Das war kein Schicksal, man wollte es so. Gute Techniker hatten wir die ganze Zeit über, aber sie wurden klein gehalten, sie waren nicht gefragt. Es stimmt demgegenüber, dass in der 1990er-Auswahl viele außergewöhnlich gute Fußballer im deutschen Kader standen, aber für das Achtelfinale gegen die Holländer ließ Beckenbauer Uwe Bein, Olaf Thon und Thomas Häßler dann doch lieber draußen. Es gab einfach keine Bereitschaft, überhaupt eine Idee davon zu entwickeln, wie die Mannschaft grundsätzlich spielen sollte.

Den Leitwolf sind wir auch heute noch nicht ganz los. Nachdem Klinsmann als Bundestrainer angetreten war, war er auf einen wie Michael Ballack auf dem Platz angewiesen; so einfach ließ sich die Story nicht umschreiben, und mit der Umstellung auf die Viererkette hatte man genug zu tun. Im Grunde war es, man muss es leider so sagen, das Foulspiel an Ballack vor der WM 2010, das überhaupt einmal den Blick dafür öffnete, dass es anderer Konzepte und Denkansätze bedurfte als zu fragen, wer ist denn der Chef auf dem Platz. Die Leistung der Mannschaft in Südafrika war denn auch eine Befreiung aus einer drei Jahrzehnte währenden Lähmung des Denkens. Auch hier, wie in anderen Zusammenhängen auch, darf man sich durch gesprochene Worte nicht täuschen lassen: natürlich präsentierte Löw unmittelbar vor dem Turnier Bastian Schweinsteiger als den, der Ballacks Rolle – „auf seine Weise" – übernehmen sollte. Löw bediente die gängige Diktion, um seine Ruhe zu haben. Für sein Spiel jedoch war und ist eine steile Hierarchie hinderlich bis tödlich.

Mit dem Ausscheiden im Halbfinale der EM 2012 kochte die ganze Diskussion wieder hoch; in der Zwischenzeit war auch das Wort „Typ" als Kampfbegriff eingeführt; es mangele an Typen, so hieß es, womit etwas Ähnliches gemeint war wie „Leitwölfe", womöglich nicht ganz dasselbe. In der berühmten Pressekonferenz, in der Joachim Löw das Turnier aufarbeitete, nahm er dazu eindeutig Stellung: Leitwölfe vermisste er nicht. Er tat dann – ich denke, bewusst, ganz im Stile seiner Äußerungen vor der WM zwei Jahre zuvor – etwas ganz Gerissenes, indem er dem Begriff gleich mal die halbe Mannschaft zuordnete. Zugleich betonte er, es gebe sehr wohl eine Hierarchie im Team (obwohl das, wenn es überhaupt so zutraf, mit dem, was mit Ballack und Frings in der Mannschaft für ein Ton geherrscht hatte, nicht das Geringste zu tun hatte). Er gab dem Affen also Zucker und ging hinter dieser Kulisse seinen Weg weiter, den Weg der Bildung einer Mannschaft, in der jeder seine Aufgabe kennt und sich in eigener Verantwortung ins Ganze einbringt. Er hatte Helmut Schöns Faden wieder aufgenommen.

Man darf in diesem Zusammenhang auch fragen, was eigentlich ein „Typ" sei. Jahrzehntelang verband man damit in Deutschland den Regelbrecher, der – gerne auch mal in sozial grenzwertiger Weise – schockierte. So wurden dann auch Tätlichkeiten auf dem Platz oder Ausraster direkt daneben damit entschuldigt und verharmlost, dass der Delinquent eben einer sei, der aufgrund seiner kompromisslos erfolgsorientierten Einstellung mal über die Stränge schlagen müsse. Das eine sei ohne das andere nicht zu haben. Auch Geschehnisse abseits des Platzes, oft nie wirklich auf ihren Wahrheitsgehalt überprüfbar, wurden in diesen Zusammenhängen hochgejubelt. Eher amüsant ist noch die von Olaf Thon erzählte Anekdote von der WM 1990: vom heimlichen Wasserskifahren auf dem Comer See hatte er noch dicke Beine und fand sich dann unvermittelt in der Startaufstellung gegen England wieder. Er hielt die 120 Minuten durch; in Nahaufnahmen sieht man ihn ab Mitte der zweiten Halbzeit ganz schön nach Luft schnappen. Am Ende schoss er auch einen der Elfmeter und fühlte sich nicht wirklich rund dabei. (Drin war die Kugel bekanntlich trotzdem.)

Meine Vorstellung von einem „Typ" ist vielleicht langweiliger, aber die Typen, die mir vorschweben, sind die, die durch professionelles Verhalten auf und neben dem Trainingsplatz dann im Spiel in der Lage sind, für außergewöhnliche Momente zu sorgen; ein Beispiel sei hier die Szene aus der 118. Minute des WM-Finales 2014, als Thomas Müller inmitten dreier Argentinier den Ball zu behaupten hatte (Tom Bartels wollte ihn zwecks Zeitgewinn zur Eckfahne schicken) und sich dann mit einer verblüffenden Drehung so herauswand, dass plötzlich eine Möglichkeit entstand – sein Zuspiel auf Özil war dann leider nicht ganz so gut. Dass alle im Prinzip so fit waren, dass sie eine Verlängerung nicht zu fürchten brauchten, war vermutlich förderlich, förderlicher jedenfalls als schwere Beine schon vor dem Spiel.

Sammer, Scholl und all die anderen, sie haben hier unrecht, und Berti Vogts hatte 1996 recht. Fußball ist ein Mannschaftssport, und eine Mannschaft muss als Mannschaft funktionieren, wobei jeder einzelne immer den eigenen schmalen Grat zwischen Einordnung und Eigenverantwortung zu finden hat. Das ist nichts Neues – ich habe angedeutet, dass die deutsche Mannschaft nicht zuletzt 1974 so funktionierte. Nur so funktionieren konnte. Der Star ist die Mannschaft, gerne eine mit vielen Typen, am besten elf.

Drei Jahrzehnte Blei in den Füßen. Weil man zwei unwichtige Spiele verloren hatte. Es ist kaum zu fassen, aber so war es.

Wohl und Wehe

Das hässliche Entlein: Deutschland – Algerien 2014

Kein Spiel der deutschen Mannschaft bei der WM 2014 hat so viel Kritik, die teilweise in Häme ausartete, ausgelöst wie das Algerienspiel. Der verunglückte Freistoßtrick kurz vor dem Ende der regulären Spielzeit, von dem wir inzwischen wissen, dass es tatsächlich ein Trick sein sollte, stand für viele symbolisch fürs ganze Spiel. Es herrscht Konsens darüber, dass das Algerienspiel ein Spiel „zum Vergessen" war; durch den späteren Titelgewinn haben sich die meisten immerhin dazu verleiten lassen, dieses Spiel tatsächlich mehr oder weniger zu „vergessen", mit einem Achselzucken: Solche Spiele gibt's halt, und heute redet doch keiner mehr drüber, wie das genau war.

In Wirklichkeit lohnt sich ein genauer Blick auf das Spiel: Es war neben dem Finale das schwierigste Spiel gegen eine sehr gute, taktisch klug agierende algerische Mannschaft. Nur wenige nahmen wahr, welche Probleme das algerische Team tatsächlich zu stellen imstande war – und wie gut die deutsche Mannschaft, alles in allem, diese Probleme als Herausforderungen annahm und meisterte. Sie gewann letztendlich, weil sie darauf optimal vorbereitet war, was paradox erscheinen mag, stellt man zugleich in Rechnung, dass die deutsche Mannschaft mehrfach mit der Notwendigkeit, das Spiel neu zu sehen und vor allem ihr eigenes Spiel neu zu finden, konfrontiert war. Die Leistung des deutschen Teams, das geht aus der von völliger Inkompetenz zeugenden Notenvergabe an die deutschen Spieler durch die *BILD*, aber auch aus der internationalen Presseschau hervor, wurde sträflich falsch eingeschätzt. Dabei war der Achtelfinalsieg gegen Algerien der eigentliche Schlüssel zum Gewinn der Weltmeisterschaft.

Vielen bot dieses Spiel einen weiteren Anlass, den Bundestrainer für Taktik und Aufstellung zu kritisieren. Sie fühlten sich bestätigt, als Lahm Mitte der zweiten Hälfte nach Mustafis Verletzung nach rechts hinten ging und – für dieses Spiel – Khedira von ihm die Sechserposition übernahm. Lahm rechts hinten und Schweinsteiger auf der Sechs waren dann die beiden Konstanten, mit denen die Mannschaft die verbleibenden drei

Spiele bestritt; und es war die Formation, die die breite Öffentlichkeit schon die ganze Zeit gefordert hatte. In der Tat war es durchaus legitim zu fragen, ob und warum man auf den potentiell besten Außenverteidiger der Welt verzichten sollte, wenn man ihn denn schon in den eigenen Reihen hatte. Ob aber das eigentliche Anliegen Löws, als er Lahm auf die Sechs stellte, nach dessen Positionswechsel zurück nach rechts hinten besser umgesetzt wurde, interessierte kaum jemanden. Löw hatte, wie Pep Guardiola bei den Bayern, die überragenden strategischen Qualitäten Lahms erkannt und wollte ihn zentral hinter zwei Achtern haben, sowohl als defensiven Organisator als auch als ersten Anker des Aufbauspiels. Nachdem Lahm diese Position geräumt hatte, musste sie ja von einem anderen übernommen werden. Es gab, wie noch ausführlicher dargelegt werden wird, gerade in der neuen Besetzung noch einmal etliche Probleme. Ganz kurz vor Abpfiff der 90 Minuten musste Neuer, wie schon unzählige Male zuvor, nochmals weit draußen klären, und es war sehr knapp, dass er den Ball noch vor dem Gegenspieler erwischte. Ein Gegentreffer wäre zu diesem Zeitpunkt tödlich gewesen. Und als Verteidiger hatte ausgerechnet Lahm einigen Anteil am späten Gegentor.

Warum waren die Reaktionen auf das Spiel so heftig? Es waren hauptsächlich zwei Gründe. Zum einen war es die „alte", tiefverwurzelte Ansicht, dass eine deutsche Mannschaft gegen eine afrikanische immer favorisiert und klare Überlegenheit und ein noch klarerer Sieg zu erwarten sei. So „alt" dieses Denken aber sein mag, so „alt" ist auch die exakt gegenteilige Erfahrung: Bei Weltmeisterschaften hatte speziell das Team der Bundesrepublik in jedem einzelnen Spiel große Probleme mit Mannschaften aus Afrika; ganz frisch war 2014 noch die Erinnerung an das zweite Gruppenspiel gegen Ghana.

Also: Man müsste es inzwischen besser wissen. Aber Tatsachen haben es in Fußball-Deutschland schwer. WIR haben keine Entschuldigung; WIR haben andere Erwartungen an uns selber; WIR sind quasi von Natur aus besser. Und so sollen WIR bitte auch aussehen. Ob da ein Rest kolonialistischer Einstellung mitschwingt?

Wie „wir" tatsächlich gegen Algerien aussahen – nämlich: trotz nicht weniger Fehler sachlich und mental stark –, dürfte darauf zurückzuführen sein, dass Löw und Flick in der Tat sehr genau wussten, wie gut die algerische Mannschaft war, und dass weder ein elegant erspielter noch ein wild erstürmter Sieg zu erwarten war. Und da liegt, denke ich, der zweite Hauptgrund für die überschießende Kritik am deutschen Spiel gegen Algerien. Löw hatte die deutsche Mannschaft seit seinem Amtsantritt auf die Entwicklung des Spielerischen getrimmt. Der Weg auf ein international wieder respektables Niveau verlief nicht ganz linear; nach der EM 2008 kritisierte Volker Finke, dass es seit 2006 keinen Fortschritt gegeben habe (wobei er hier den Quantensprung, den Löw mitten im Turnier mit der Umstellung vom 4-4-2 auf 4-2-3-1 für das Viertelfinale gewagt hatte, unterschlug). Dem stand eine förmliche Explosion des geballten spielerischen Potentials bei der WM 2010 gegenüber. In zwei Freundschaftsspielen gegen Brasilien und die Niederlande im Sommer und im Herbst 2011 war schließlich phasenweise ein Glanz zu verspüren, der international fast soviel Aufmerksamkeit erregte wie speziell die Achtel- und Viertelfinalpartien bei der WM 2010. Deutschland schoss allein in diesen beiden Spielen in Südafrika zusammen acht Tore; vor allem aber legte Löws Mannschaft mitreißende Spielzüge aufs Parkett. Dass sowohl die Engländer als auch Argentinien kooperierten, indem sie den Deutschen sehr fahrlässig die Räume anboten, wurde zwar von einigen bemerkt, doch so richtig drang es nicht durch. Jedenfalls nicht zu Boris Büchler, dem in dieser Situation glücklos agierenden ZDF-Reporter, der nach dem Algerien-Spiel Per Mertesacker nach dem „Wow-Effekt" und der ausbleibenden spielerischen Note fragte.

Büchler dürfte freilich vielen Fernsehzuschauern aus der Seele gesprochen haben: Wie kann es sein, dass eine Mannschaft, die vor vier Jahren England und Argentinien aus dem Stadion schoss und vor weniger als drei Jahren gegen Brasilien und die Niederlande brillierte, heute mit Hängen und Würgen gegen Algerien durchkommt? Das entsprach nicht den Sehgewohnheiten; man wollte nicht sehen, dass im Stil von 2010 nichts mehr zu gewinnen war, wenn der Gegner nicht mitmachte.

Inzwischen weiß man, dass Löw sich durchaus schwer tat mit der Erkenntnis, dass – unabhängig vom Gegner – die strategische Ausrichtung, die er bis 2012 verfolgte, zu verändern war. Urs Siegenthaler soll ihm 2013 eine SMS geschrieben haben, in der er mit sanftem Druck auf diese Notwendigkeit verwies. Hansi Flick bezeichnete einmal den 2010er-Fußball als „Außenseiter-Fußball": England und Argentinien wurden, nüchtern betrachtet, ausgekontert. Das war aber nicht der Stil, von dem letztendlich ein Titelgewinn zu erwarten war. Spanien hatte mit der Titelserie von 2008 bis 2012 den Weg gewiesen, und Löw schloss nach und nach dort an. Dabei ging es ihm nicht allein um Ballbesitz und Zirkulation, sondern, eben bis ins Jahr 2013 hinein, um das Tempo. Siegenthalers SMS sollte dem Bundestrainer ins Bewusstsein rufen, dass die Festlegung auf eine einzige Spielweise unter den in Brasilien zu erwartenden Bedingungen nicht klug wäre; gemäßigteres Tempo und Geduld waren angesagt.

Konkret gegen die Algerier, von denen zu erwarten war, dass bei deutschem Ballbesitz zehn Mann massiert hinter dem Ball stehen würden, konnte dies nur heißen: den kompletten Verbund sehr hoch aufstellen, damit – in der Nähe des gegnerischen Tores – immer mehrere Kurzpässe zum eigenen Mann möglich sind und möglichst keine Unterzahl in Ballnähe entsteht. Zwangsläufig heißt das, dass in der Regel hinter den Verteidigern fast die komplette eigene Spielfeldhälfte freiliegt. Das funktioniert nur mit einem mitspielenden und –denkenden Torwart, und technische Unsicherheiten sollten ausgeschlossen sein. Man sollte tunlichst sauber passen, stoppen und weiterleiten. Das klingt nicht spektakulär und sieht auch nicht so aus. Ballverluste bergen eine Gefahr, wie vor allem in der ersten Halbzeit öfters zu sehen war.

Wie hätte eine „sicherere" Taktik ausgesehen? Die Verteidiger tiefer stellen, den Verbund auseinanderziehen, die Zwischenräume anbieten, Kompaktheit opfern? Ich gebe zu, es sind Suggestivfragen, und im Nachhinein ist kaum zu sagen, was für ein Spiel sich daraus ergeben hätte. Ich lege mich trotzdem fest und sage, wir hätten – anders als im tatsächlichen Spiel – nur wenige sauber herausgespielte deutsche Torchancen gesehen, einfach, weil die Angreifer meist in Unterzahl agiert hätten. Zwangsläufig hätte man sich mehr auf lange Bälle und/oder Einzelaktionen verlassen müssen; sicherlich nichts, was in Löws Sinn gewesen wäre. Und ob, angesichts der Tagesform einiger deutscher Spieler, das Tieferstehen die Entstehung algerischer Torchancen verhindert hätte, sei mal dahingestellt.

Interessant ist, wie das Spiel, während es lief, quasi „von außen" (ohne nationale Gebundenheit) gesehen wurde, zum Beispiel von Clive Tyldesley und Andy Townsend, die für ITV übertrugen, garniert mit den Stimmen ehemaliger Granden wie Glen Hoddle, Gordon Strachan oder Lee Dixon aus dem Off, wenn gerade Pause ist. Sie alle lehren einen vor allem eines: auf dem Teppich zu bleiben, bei allem spürbaren Engagement für ein großartiges Spiel.

Schauen wir es an.

Es beginnt mit purer Dominanz. Höwedes und Mustafi stehen als Außenverteidiger extrem hoch; zwischen den Innenverteidigern Mertesacker und Boateng gibt Lahm, in neudeutscher, vor allem von der „Spielverlagerung" vorangetriebener Terminologie, die „abkippende Sechs". Er braucht zweieinhalb Minuten, um den ersten Klassepass zu spielen, Mustafi wird zu Unrecht wegen Abseits zurückgepfiffen. Die Deutschen kontrollieren Ball und Spiel. Es ist viel Bewegung drin, die Offensivspieler versuchen, durch hohe Laufarbeit ihre Gegenspieler mitzuziehen und Lücken zu reißen. Überraschendes wird probiert, doch ein sauberer letzter Ball gelingt vorerst nicht.

Eine verunglückte Aktion von Mustafi – der nach einem brillanten Hackentrick von Özil auf den zentral entgegen kommenden Müller von diesem rechts außen glänzend angespielt wird – nach gut acht Minuten stellt sich im Nachhinein als Auftakt zu einer zunächst schwer verständlichen Phase des Spiels dar. Mustafi passt schwach in den Strafraum, bekommt den Ball nach ebenso schwacher Klärung wieder zurück. Im Zweikampf ist er nicht präsent, und der algerische Ballgewinn wird umgehend in einen Steilpass auf Slimani in den Rücken der Abwehr umgemünzt. *„Neuer's got it wrong,"* ruft Tyldesley; Townsend korrigiert das sofort, nachdem Neuer weit außerhalb des Strafraums das Laufduell knapp gewonnen hat. Kaum zwei Minuten später verwandelt sich ein Fehlpass von Özil in einen weiteren Steilpass auf Slimani, der beide Innenverteidiger in Not bringt; Mertesacker bekommt irgendwie den Fuß rausgestellt und angelt den Ball weg.

Man ist versucht anzunehmen, dass diese beiden Szenen die deutschen Spieler sehr irritiert und verunsichert haben. Jedenfalls häufen sich Fehlpässe; Boateng bringt am eigenen Strafraum mit einem Kopfballquerleger Mertesacker in Verlegenheit; Höwedes und Boateng werden ausgetanzt, woraus die erste echte algerische Torchance entsteht. Feghouli schließt überhastet ab und versäumt den Querpass auf den einschussbereiten Soudani.

Die Engländer kommentieren: Im Moment seien die Algerier näher an einem Tor, weil sie die deutschen Abwehrspieler gezielt unter Druck setzten. Bisher habe das nur Ghana getan, und man sehe, dass das Wirkung zeige. *When you start running on these guys, they're not so clever.* Das passt nicht ganz zu dem, was, leicht beschönigend, von einigen nach dem Turnier über Löws Entscheidung, vier Innenverteidiger aufzubieten, gesagt wurde; Thomas Tuchel beispielsweise sah darin ein „super Signal" von Löw, das die Aussage transportiert habe: Wir wollen hier gewinnen. (Die Mehrzahl sah das bekanntlich anders – dazu, welche Seite letztlich Recht hatte, vermag ich mich nicht abschließend zu verhalten. Dieses Spiel gibt zumindest keine eindeutige Antwort, und die, die ich am Ende des Kapitels versuche, ist, ehrlich gesagt, ausweichend.)

Das algerische Abseitstor in der 17. Minute unterstreicht: Algerien will mit langen Bällen schnell vors Tor kommen und sieht dabei bis jetzt gut aus, nicht zuletzt, weil drei der vier nominellen Verteidiger (Mustafi, Boateng und Höwedes) schon mehrfach kräftig am Schwimmen waren.

Es ist interessant, dass ausgerechnet Mertesacker, der bis jetzt den Laden noch zusammenhält, im weiteren Verlauf des Turniers aus der Mannschaft genommen wurde. Das Hauptargument soll sein Mangel an Schnelligkeit gewesen sein. Das lag so auf der Hand, dass man es einfach schluckte. Nach dem gewonnenen Viertelfinale gegen Frankreich nannten die Kommentatoren der BBC die Entscheidung, Mertesacker herauszunehmen, „brillant". Liest man Passagen zu diesem Komplex in Mertesackers Autobiographie, wo er unter anderem darlegt, dass er vom B-Junioren-Alter an bei Tests regelmäßig unter den Schnellsten war, was ihm dazu verhalf (neben anderen Faktoren natürlich, z. B. einer herausragenden Koordination), den Mangel an schierem Talent – seine eigene Darstellung! – zu übertünchen und den Sprung zu den Profis zu schaffen, fragt man sich schon, ob nicht die Optik täuschte. Lange Gräten sehen nun einmal langsamer aus, auch wenn sie sich schnell bewegen.

Zumindest führt eine genaue Betrachtung des Spiels zu der Erkenntnis, dass gegen Algerien Mertesacker der bessere der beiden Innenverteidiger war – Boateng hatte definitiv nicht seinen besten Tag, trat auch einige Male sehr spät an, um dann dank seiner Schnelligkeit doch gerade noch zur rechten Zeit zu kommen. (Dass Boateng kurz vor dem Ende der Verlängerung eine Glanztat vollbrachte und mit dem gewonnenen Laufduell gegen Slimani eine große Torchance für Algerien verhinderte, bevor sie entstand, ist bei dieser Beurteilung nicht vergessen.) Mertesacker regelte – es ist trivial, das zu sagen, weil es allüberall als seine Hauptstärke genannt wird, aber das macht es ja nicht falscher – vieles über sein Stellungsspiel.

Löw und Flick haben daher wohl weniger nach der Leistung im Achtelfinale als vielmehr nach dem Potential entschieden. Mats Hummels war, gesund, unumstritten und würde spielen. Ein hochkonzentrierter Boateng in der Form von 2014 würde, auch mit seiner enormen Geschwindigkeit, der beste Innenverteidiger der Welt sein – im Finale kam es exakt so. In Verbindung mit der Rückbeorderung Lahms nach rechts hinten war für Mertesacker kein Platz mehr. So oder so ist Mertesackers Art und Weise, wie er die Umstellung und seine Herausnahme akzeptierte, vor dem Hintergrund seiner Leistung gegen Algerien umso bemerkenswerter. Sicherlich kann man spekulieren, wie die Aufstellung schon in diesem Spiel – und auch im weiteren Verlauf des Turniers! – ausgesehen hätte, wäre Hummels gesund gewesen. Womöglich hätten wir wie in der Gruppenphase Boateng auf rechts und Hummels mit Mertesacker in der Mitte gesehen. Dann hätte sich Mustafi nicht verletzt, weil er nicht gespielt hätte, und Lahm wäre zumindest in diesem Spiel nicht in die Abwehr gerückt – und vielleicht überhaupt nicht. Und Mertesacker wäre so womöglich in der Startelf geblieben.

In der 18. Minute spielen die Deutschen an der Grenze zum letzten Drittel erneut eine Passfolge nicht sauber zu Ende, Algerien zieht mit einem Diagonalpass auf Mustafis Seite die Abwehr auseinander und erspielt die nächste ernsthafte Torchance. Die deutsche Mannschaft ändert trotz allem nicht ein Jota an der Ausrichtung. Sie stehen weiter hoch, spielen kurze Pässe, sind sich nicht zu schade, auf Neuer zurückzuspielen, wenn es nicht anders geht. Nicht der Plan ist falsch, so scheinen sie sagen zu wollen; wir müssen ihn nur besser ausführen. Daran hapert es nach wie vor: Höwedes, unbedrängt, weiß einen Moment lang nicht, wo der Ball ist, legt dann auf Götze ab, der Doppelpass spielen möchte, das aber sehr schlampig tut. Einwurf Algerien, Mertesacker bolzt die Kugel erneut ins Aus. *Germany are fairly jittery.*

Nach 20 Minuten versucht die deutsche Mannschaft, das Spiel wieder besser zu kontrollieren und selbst vors Tor zu kommen – Müller-Kopfball in Bedrängnis; ein Heber von Özil, der beinahe ins Tor tropft. M'Bohli kommt gerade noch dran und klärt zur Ecke.

Man sieht Özil in diesem Spiel in vielen Zeitlupen. Jedes einzelne Mal verraten Körperspannung und Mienenspiel, dass er hochkonzentriert ist. Wie eigentlich die ganze Zeit in Brasilien. Özil wurde während der WM 2014 überwiegend kritisiert; vier Jahre später, im Vorfeld und während der WM in Russland, nahmen die Nachbetrachtungen von Özils Leistungen in Brasilien sogar ganz absurde Züge an. Warum? Man hatte ihn in der Schaltzentrale und als Ausführenden des „tödlichen Passes" erwartet.

Stattdessen sah man ihn oft auf den Seiten Sicherheitspässe spielen oder sich in Klein-klein-Situationen verzetteln – wohlgemerkt: SAH. Das Auge des Kritikers, möchte man sagen, sah richtig; allein, das Hirn zog nicht die richtigen Schlüsse. Denn Özil hatte in Brasilien eine andere Aufgabe als bei der WM in Südafrika. Löw und Flick hatten vor Brasilien im Zuge der eingangs erwähnten strategischen Neuausrichtung die Zehnerposition abgeschafft. Deutschland spielte ein 4-3-3 mit zwei Achtern, die sich in ihren Vorstößen und bei ihren Versuchen, vorletzte und letzte Pässe zu spielen, abwechselten: Kroos und Schweinsteiger oder Khedira. Dafür gab es einen Grund, der schon eingangs erwähnt wurde: Das deutsche Spiel von 2010 war „gelesen"; alle halbwegs bei Sinnen antretenden Mannschaften wussten, wie man gegen das 4-2-3-1 mit einer klaren 10 – auch, wenn sie für Deutschland spielt und Özil heißt – zu spielen hatte.

Obwohl Özils Lieblingsposition also abgebaut worden war, wollte das Trainerteam nicht auf ihn verzichten. In allen K.O.-Spielen zeigte sich, warum. Özil ist einer der wenigen, die sich auf engem Raum sehr wohl fühlen und im Gedränge Lösungen finden. Die damit verbundenen Aufgaben meisterte Özil, oft weit außen postiert, überwiegend in herausragender Manier, ohne dass es groß auffiel. Kurz, Özil spielte aus meiner Sicht ein sehr gutes Turnier und war auch in seiner das Auge (ent)täuschenden Rolle ein Schlüsselspieler.

Die Mannschaft sucht sich derweil immer noch; schließlich schießt auch Mertesacker seinen ersten Bock, Neuer kommt zum zweiten Mal außerhalb des Strafraums zu Hilfe. Kroos verstolpert ein einfaches Zuspiel. Das Ganze wirkt irritierend.

Sie versuchen, sich sprichwörtlich zusammenzureißen. Özil bemüht sich zunächst vergeblich, vor dem eigenen Strafraum den Algeriern den Ball abzulaufen, taucht aber Sekunden später rechts im Angriff auf und legt zurück in den Strafraum, wo Götze geblockt wird. Kurz darauf sind es die Algerier, die mit einer Stafette im Mittelfeld ihr Publikum begeistern, auch wenn der finale Pass ins Abseits geht. Kein Wirkungstreffer in dieser Situation, aber eine Ansage: Auch wir können den Ball laufen lassen!

Endlich hat Mustafi wieder eine gelungene Aktion, als er eine gute Flanke auf Müller bringt, die dieser aber in Bedrängnis nicht verarbeiten kann. Özil ist der nächste, dem ein Fehlpass unterläuft, nachdem Schweinsteiger zuvor den Ball erobert hat. Das alles sind Szenen, die abseits vom Plan zu beurteilen sind – es passieren einfach zu viele Stockfehler. Gelegentlich ahnt man, wie es aussehen könnte. Als Verteidiger wirkt Boateng heute sehr unruhig, aber wenn er einen Pass in einen von ihm erspähten Raum spielt, kann er jedem Zehner das Wasser reichen.

38:30 bis 40:00, anderthalb Minuten, in denen der Ball scheinbar zufällig hin und her springt: Boateng fälscht einen Schuss von Mostefa ab, Neuer ist in die falsche Ecke unterwegs. Glück für ihn, aber Eckball für Algerien. Abpraller zentral, hoher Ball in den Sechzehner, Neuer kommt recht früh heraus, um zu fausten, Özil in Bedrängnis, Boateng klärt schließlich weit und hoch auf Müller. Mostefa attackiert ihn, es sieht ein bisschen nach Foul aus, aber kein Pfiff, stattdessen ein weiterer langer Ball, Neuer steht erneut vor dem Strafraum und eröffnet im Stil eines Innenverteidigers mit einem sauberen Flachpass in den Mittelkreis. Schließlich kommt Kroos zum Schuss, M'Bohli lässt abprallen, und aus dem Nichts hat Götze die größte Chance des Spiels, bekommt den Ball aber nicht am Keeper vorbei. Jetzt wackeln die Algerier, lassen in der folgenden Szene den Ball ins Aus rollen. Sie kassieren auch die erste gelbe Karte.

Immer noch: Deutschland bleibt beim Plan. Passen, laufen, passen, Lücke suchen. Lahm lenkt das von ziemlich weit hinten ziemlich gut. Der Ansatz ist ein spielerischer, wenngleich, den Notwendigkeiten des Augenblicks gezollt, keiner, der Glanz und Gloria verbreitet.

Das Entscheidende dürfte sich in den Köpfen der Spieler abgespielt haben: Die deutsche Mannschaft bewies in dieser für sie so schwierigen Phase Reife, man möchte fast sagen: Haltung und Charakter. (Hätten *kicker* und Co. das bemerkt, wäre unweigerlich das Wort „Disziplin" gefallen.) Sie ließen sich nicht zu blinden, unbedachten Aktionen hinreißen. Sie wussten, wie sie spielen mussten, und blieben dabei, auch wenn die technische Ausführung immer wieder misslang. Und natürlich war

ihnen klar, dass sie auf die Dauer mehr tun mussten, als ihre Fehler ab-
zustellen, nämlich ihrerseits den Gegner auch rein physisch unter Druck
setzen. Dazu müsste man freilich den Ball etwas zuverlässiger kontrollieren, wenn man ihn denn hat.

Die letzten Minuten vor der Pause; jetzt fängt es an, so auszusehen, wie
es zu Beginn aussah. Özil wird links angespielt und sofort gedoppelt.
Trotzdem behauptet er an der Eckfahne den Ball, die Deutschen spielen
sich frei, am Ende tickt Lahm den Ball lässig in den Strafraum, Götze
kommt nicht richtig hin. Schludriger Pass oder falscher Laufweg? *That's
good football from Germany in the last seven or eight minutes.*

Mit dem Halbzeitpfiff schalten wir um zum amerikanischen Sender
ESPN. Jon Champion und Stewart Robson kommentieren. Im Studio ist
Michael Ballack, assistiert von Steve McManaman, der sich eine gute Woche später als Co-Kommentator bei Brasilien – Deutschland in den
Olymp aller jemals live kommentierenden Sportreporter katapultieren
wird (er sagt unmittelbar *vor* dem ersten deutschen Eckball, dass die Brasilianer kompakter stehen müssten, andernfalls würden sie von den
Deutschen geschreddert). Moderator ist Mike Tirico: *Advantage Algeria in
the first forty-five on the field, if not on the board.* Die Wahrnehmung ist ähnlich
wie bei den Engländern, wobei die sich schon vor der Pause andeutende
Trendwende hier noch nicht angekommen scheint. McManaman schaut
ungläubig, Ballack schockiert.

Bei Wiederanpfiff ist Götze nicht mehr dabei, Schürrle steht bereit. Algerien stößt an, doch noch zehn Sekunden haben die Deutschen den Ball
und geben ihn zweieinhalb Minuten nicht mehr her. Obwohl sie das
Tempo, gerade auch die Spieler ohne Ball, deutlich erhöhen, müssen sie
immer wieder abbrechen; die Algerier laufen alles mit, die Räume bleiben
vorerst verriegelt. Risikopässe wollen die deutschen Spieler nach dem
Verlauf der ersten Halbzeit wohl erst einmal nicht spielen. Schürrle, dessen Bewegungen bereits haben erkennen lassen, dass er mehr Vertikalität
ins Spiel bringen soll, schließt ab, ein wenig aus einer Verlegenheit heraus, weil die Kontrolle über den Ball verloren zu gehen drohte. Es reicht

für einen Eckball. Nach kurzer Ausführung kommt Kroos zum Flanken, Mustafi ist fünf, sechs Meter vor dem Tor auf einmal völlig blank und schraubt sich schulmäßig zum Kopfball hoch, setzt ihn jedoch zu zentral, sodass M'Bohli den Ball ohne Mühe unter sich begraben kann.

Das Zeichen ist gesetzt. *Much, much better from Germany.* Es wird, soviel kann man bereits hier vorwegnehmen, eine zweite Halbzeit (obwohl Ballack das in der Pause vor der Verlängerung herunterspielt), in deren Verlauf sich die deutsche Mannschaft das letztendliche Weiterkommen verdient – auch wenn das Tor nicht fallen will, und obwohl von weiteren Problemen zu berichten sein wird.

Es wird bei alledem eine zunehmend atemlose Folge von Szenen, die sich immer öfter zuspitzen, auch schockierend drehen. Algerien hat einen Eckball, der Neuer im Getümmel aus den Händen rutscht; dennoch kann er ihn am Ende kontrollieren und schlägt ihn sofort lang über die Mittellinie, wo Schürrle bereits unterwegs ist, zusammen mit Ghoulam, der ihn abläuft und zur Ecke klärt. Als die wiederum, von Kroos getreten, nach innen segelt, zieht Mostefa Müller zu Boden. Ein glasklares Foul, man hört Müller sekundenlang ungläubig schreien. Der Schiedsrichter übergeht es ebenso wie die Kommentatoren – die haben kaum Zeit, Luft zu holen, denn die Algerier kontern mit vier gegen drei. Lahm gelingt der Block, die Deutschen können klären, Schweinsteiger dreht sich, muss dann an der Seitenlinie das Bein lang machen, um den Ball nicht an Taider zu verlieren. Er erwischt den Algerier voll. Taider wälzt sich, aber Schweinsteiger kommt ohne Verwarnung davon, sicherlich etwas glücklich.

Lahm wird nach einer guten Sequenz freigespielt und schießt aus achtzehn Metern; M'Bohli pariert in Weltklassemanier, und es gibt den nächsten Eckball, den insgesamt vierten in kaum zehn Minuten, und den ersten, in dessen Folge es nicht direkt zu einer neuen aufregenden Situation kommt.

In der Folge wird Lahm, der seinen Part nun deutlich offensiver interpretiert, mehr und mehr zum Antreiber. Mit und ohne Ball sprintet er in die Tiefe, verteilt die Bälle und versucht Lücken zu reißen. Einmal taucht er sogar als Mittelstürmer auf. (Ein wenig erinnert das an das Spiel gegen die Griechen bei der EM 2012; damals war es Khedira, der nach der Pause in diese Rolle wuchs und das 2:1 aus Mittelstürmerposition erzielte.)

Überhaupt gehen die Deutschen sehr intensiv hinein und holen kurz nacheinander zwei weitere Ecken heraus. Ballverluste werden schlicht nicht akzeptiert, in dieser Phase holen sie sich den Ball, wenn er verloren gegangen ist, an Ort und Stelle wieder, oder sie erzwingen unkontrollierte Abspiele. Löw klatscht Beifall, zu Recht. Sein Eingreifen in der Halbzeitpause, worin auch immer es neben der Einwechslung Schürrles bestanden haben mag, zeigt Wirkung. Ein Tor für Deutschland liegt in der Luft. Es wird, so fühlt es sich an, bald fallen. Die Algerier spüren das auch; Halliche, der Spielführer, feuert seine Leute an, sich dagegen zu stemmen. Es ist ein faszinierender Moment, der spüren lässt, welche Kräfte hier aufeinanderprallen.

Tatsächlich halten die Algerier für einige Minuten das Spiel vom eigenen Tor weg. Dann, es ist exakt die Hälfte der zweiten 45 Minuten gespielt, liegt Shkodran Mustafi am Boden. Man wird diesen Moment zum für die Weiterentwicklung der Mannschaft entscheidenden erklären, verklären, aber zunächst ist es nur das: Mustafi kann nicht weiterspielen. Ein positionsgerechter Tausch ist – obwohl immerhin Matthias Ginter und Kevin Großkreutz, die beide rechts hinten spielen könnten, draußen sitzen – keine Option für Löw. Theoretisch wäre ein solcher Tausch möglich; ja, theoretisch könnte sogar Boateng wieder nach außen rücken und Ginter in die Abwehrzentrale gehen, wo er in Freiburg viele Jahre gespielt hat. Aber Großkreutz oder Ginter in ein Achtelfinale, in ein derart enges Spiel hineinwerfen? Gewagt. Wahrscheinlich hat Löw schon im Verlauf dieses Spiels den Entschluss in sich reifen lassen, gegen den er sich so lange gesträubt hat.

Sami Khedira wartet draußen. Und damit ist es klar. Philipp Lahm wird von nun an wieder rechts hinten spielen. Es ist das offizielle Ende der „Ochsenabwehr" mit vier Innenverteidigern. Khedira nimmt Lahms bisherige Position ein. Hätte Löw diesen Schritt auch aktiv unternommen, ohne durch eine Verletzung dazu genötigt worden zu sein? Es bleibt Spekulation, aber ich glaube: ja. Wenngleich sicherlich noch nicht zu diesem Zeitpunkt.

Ganz objektiv nachvollziehbar beginnt diesem Moment ein neues Spiel, mit anderen Spielzügen und anderen Bewegungen, großen Chancen, und auch: mit neuen Fehlern.

Khedira positioniert sich sehr offensiv. Seine erste Aktion, ein Lupfer am algerischen Sechzehner, mündet in einen Ballverlust. Und plötzlich ist der Ball wieder einmal lange unterwegs, Richtung Slimani. Es ist in der zweiten Halbzeit die erste derartige Situation. Neuer ist in der Zwischenzeit nicht eingeschlafen. Er klärt den Ball erneut weit draußen, diesmal per Kopf ins Seitenaus. Nach dem Einwurf holt sich die deutsche Mannschaft den Ball zurück; der Aufbau wird durch ein Foul gestört. *Still Germany seek a key to the door.*

Die aktiveren Aktionen inklusive zweier Abschlüsse kommen plötzlich wieder von den Algeriern; Soudani überläuft nach einem weiteren Steilpass aus der eigenen Hälfte Mertesacker und erreicht schließlich einen Einwurf. Um es ganz deutlich zu sagen: Vier, fünf Minuten *nach* der im Nachhinein so gerühmten Umstellung der Formation auf deutscher Seite ist Algerien zurück im Spiel. Entgegen dem offiziellen Narrativ beginnt die kritischste Phase für die deutsche Elf jetzt; in den gut zwanzig Minuten bis zum Ende der regulären Spielzeit steht die Organisation gerade in der Zentrale im Grunde überhaupt nicht, und man kommt nicht umhin, das direkt an die Umstellung zu knüpfen. Khedira und, szenenweise, Schweinsteiger kommen mit den Anforderungen der Sechserposition keineswegs sofort zurecht – jetzt fällt auf, wie gut Lahm das gemacht hat. In diesem Abschnitt hätte, zum Beispiel in der 89. Minute, gut und gerne der Hammer fallen können.

Es ist verblüffend, dass Raphael Honigstein in *Der vierte Stern* die Geschichte der zweiten Halbzeit und die Konsequenzen von Lahms Positionswechsel genau andersherum beschreibt: *Nach* jenem Wechsel seien durch die eingespielte Bayern-Achse Lahm-Müller auf der rechten Seite endlich wieder Angriffe initiiert worden. Das ist einfach falsch: Müller spielte seit Götzes Auswechslung zentral (natürlich rochierte er viel), und obwohl es stimmt, dass über rechts nun mehr passierte, war das nicht Lahm zuzuschreiben; die gefährlichsten Hereingaben von rechts kamen von Schweinsteiger und Khedira. Die offensiven Aktionen von Lahm fanden wie zuvor zentral statt. Über die Außenbahn generierte er vorerst – mindestens bis zum Ende der regulären Spielzeit – eigentlich nichts.

Es ist also wieder die deutsche Mannschaft, die sich gegen einen sich abzeichnenden Trend stemmen muss. Schweinsteiger ist weit vorne, geht an den Fünfmeterraum und erwischt die Flanke nach Müllers Dribbling mit dem Kopf; der Ball geht am langen Eck vorbei. Khedira flankt von rechts auf Müller, der frei zum Kopfball kommt – und wieder ist M'Bohli zur Stelle; auch diesem Abschluss fehlte freilich die Genauigkeit und somit die Gefährlichkeit. In der Großeinstellung kann man sehen, wie der algerische Keeper mit Gesten andeutet: Heute geht nichts für euch. Könnte das wirklich eines jener Spiele werden, von denen es nachher heißt, sie hätten noch stundenlang weiterspielen können und kein Tor erzielt?

Der Eindruck verstärkt sich nur Augenblicke später. Müller holt Khediras feinen Heber technisch überragend herunter, versetzt Belkalem, um dann mit dem Außenrist das kurze Eck zu verfehlen. *Ordinarily that would go in - but this is turning into no ordinary day.*

Halliche hat Krämpfe und wird draußen behandelt; daher sind die Algerier kurzzeitig in Unterzahl. Ein bis jetzt schon erstaunliches Spiel nimmt sich auf einmal eine Pause – ganz wörtlich: der Ball rollt zwei Minuten nicht. Feghouli hat eine Direktabnahme von Boateng mit der Hand geblockt. Die Bestimmung der genauen Entfernung der Mauer und diese zu stellen dauert eine halbe Ewigkeit; unterdessen sieht man Kroos,

Schweinsteiger, Özil und Müller, wie sie die Köpfe zusammenstecken. Was sie ausgeheckt haben, kann man nicht erahnen, weil Kroos Müllers als Stolperer getarnte Finte mit einem kläglichen Schlenzer in die Mauer garniert. Am Ende der chaotisch anmutenden Aktion steht Müller abseits. Draußen wendet Löw sich ab; es wäre sicher interessant, jetzt seinen Gesichtsausdruck zu sehen. 88 Minuten sind gespielt, und nach zwei Minuten Stillstand und einer grotesken Anti-Klimax nimmt das Spiel nochmals Fahrt auf.

Nach kurzem Geplänkel in der deutschen Hälfte – auch das etwas kopflose Durcheinander, das sich vor der deutschen Viererkette abspielt, geht aufs Konto des Fehlens einer klar agierenden Sechs – sind es die Deutschen, die kontern. Brahimi nimmt Kroos den Ball ab, vermutlich regelkonform, doch der Schiedsrichter pfeift Foul. Halilhodžić, der damit überhaupt nicht einverstanden ist, tobt an der Seitenlinie. Den Freistoß auf Höhe der Mittellinie bekommen drei Deutsche gegen zwei attackierende Algerier nicht hin; Boateng will schließlich Schweinsteiger anspielen, dem sein Hintermann Lacen jedoch den Ball wegschnappt, weil der Deutsche nicht entschlossen genug entgegenkommt. Der Pass in die Spitze erfolgt schnörkellos und wäre normalerweise einer aus der Kategorie „tödlich". Dreißig Meter vor dem Tor ist Neuer einen, den entscheidenden Schritt eher am Ball als Feghouli und verhindert das sichere Aus für seine Mannschaft. Im Hintergrund schlägt Mertesacker, der aus halbrechter Position mit zurück spurten musste, aber niemals mehr hätte eingreifen können, die Hände über dem Kopf zusammen. Während die algerischen Fans noch einmal alle Register ziehen, treiben die Deutschen den Ball in die andere Richtung, Lahm flankt aus dem Halbfeld, Müller duckt sich, und so kommt Schweinsteiger vollkommen frei zum Kopfball. Er macht hier fast alles richtig, zielt gegen die Laufrichtung des Torwarts, aber es fehlt einfach an Wucht. M'Bohli hat die Kugel mit der größten Selbstverständlichkeit aufgenommen. In den vier zusätzlichen Minuten drücken vor allem die Deutschen noch einmal aufs Tempo, aber es passiert, außer einer Rettungsaktion von Halliche, der vor dem wieder ins Angriffszentrum vorgestoßenen Lahm zur Ecke klärt, nichts mehr.

Die draufgepackten dreißig Minuten beginnen mit einem Blick auf Miro Klose, der draußen Dehnungsübungen macht. Für wen würde er hereinkommen? Die Frage erübrigt sich nach neunzig Sekunden. Die Algerier spielen im mittleren Drittel Höwedes den Ball in die Füße; Doppelpass mit Schweinsteiger, und dann startet Müller sein Solo, passt flach hinein, wo Schürrle en passant mit der Hacke vollstreckt – schlichtweg ein grandioses Tor. Klose springt dem zur Bank hinausgeeilten Neuer in die Arme und nimmt dann wieder Platz.

Die Verzweiflung, der Algeriens Assistenztrainer sich kurz hingibt, ist unbegründet. Das Spiel, ist man versucht zu sagen, reibt sich erstaunt die Augen und macht dann so weiter, wie es sich schon seit einer ganzen Weile gebärdet: rauf und runter, mit einem vor allem angesichts der fortgeschrittenen Zeit irrsinnigen Tempo. Özil und Müller inszenieren einen Konter, den schließlich Halliche stoppt, allerdings bezahlt er dafür mit Krämpfen, die seine Auswechslung erzwingen. Feghouli hüben und Müller drüben verfehlen das Ziel mit Distanzschüssen. All das spielt sich in weniger als zwei Minuten ab. Kurz darauf erzwingt der für Soudani gekommene Djabou eine Ecke. Beim Versuch, diese zu klären, verspringt Khedira die Kugel, und urplötzlich hat Mostefa aus sechs Metern Entfernung die Chance, aber er trifft den Ball nicht voll und verzieht.

Seitenwechsel. Die allseitige Erschöpfung fordert ihren Tribut. Beide Teams gehen nicht vom Gas, aber die Präzision lässt nach, und Lahm kassiert für ein taktisches Foul Gelb. Algerien bekommt den Freistoß aus durchaus aussichtsreicher Position. *Remember that this is a World Cup that has studiously refused to adhere to the script*, soll in etwa heißen: Bei dieser WM kann man sich auf nichts verlassen. In diesem Fall aber doch; Neuer fängt den Ball mühelos. Sekunden später klappt Schweinsteiger von Krämpfen geschüttelt zusammen; Kramer ersetzt ihn.

Es wird also alles etwas grobkörniger. Auch die Algerier sind jetzt oft ausgepumpt am Boden. Inmitten dieses Szenarios sorgt Halilhodžić für die Prise Humor und greift zur Begeisterung der Fans höchstselbst ein, indem er einen ins Aus geflogenen Ball aus der Luft direkt wieder hineinspielt – die Zeitlupe offenbart, dass er seit den Tagen im Sommer 1982, als er bei der WM für Jugoslawien auflief, technisch nichts verlernt hat, obwohl die Kommentatoren scherzhaft meinen, diesen Ball hätte er ruhig auch sauber stoppen können. Dann lassen sie aber doch sein nicht vollkommen spieltaugliches Schuhwerk als Entschuldigung gelten.

Vier Minuten vor dem Ende rennt Schürrle sich fest, anstatt zu passen. Angesichts des mit Krämpfen am Boden liegenden Belkalem tippt er den Ball ins Aus, die Algerier spielen ihn, im Rückstand und mit noch drei-einhalb Minuten auf der Uhr, nicht minder fair zurück; es heißt so oft, derlei sei selbstverständlich, aber im Kontext dieses Ringens verdienen solche Kleinigkeiten besondere Beachtung. Auch das Publikum spürt das und honoriert diese Gesten. Wer weiß, vielleicht bestaunen inzwischen doch viele einfach ein Spiel zweier Teams, die alles hineinwerfen, und messen das Geschehen nicht mehr an der Erwartungshaltung, die sich aus der Konstellation „Favorit gegen Außenseiter" speist.

Allem Verschleiß zum Trotz folgen späte Höhepunkte. Kramer und dann Müller suchen vergeblich die Entscheidung. Anschließend durchschneidet ein Pass, kaum fünfundzwanzig Meter vor dem algerischen Tor gespielt, senkrecht und zentral das Spielfeld über sechzig Meter. Slimani scheint auf und davon, aber Boateng hat den Turbo eingeschaltet und spitzelt ihm den Ball weg – seine beste und wichtigste Aktion. Slimani bleibt lange liegen und streckt fassungslos alle Viere von sich.

Hinten vergessen die Algerier darüber für einen Moment, die Tür zu schließen. Mit kaum mehr als einer verbleibenden Minute ist Schürrle plötzlich frei im Sechzehner, schließt jedoch nicht ab, sondern gibt zu Özil, dessen Position günstiger scheint; M'Bohli stürzt ihm entgegen und versperrt den Raum für einen Schuss, weshalb Özil zu Schürrle zurückpasst. Der schießt, mit links, ohne Kraft und unplatziert. Özil reicht es jetzt, er geht auf den von Belkalems Bein unkontrolliert wegspringenden Abpraller und zieht voll durch. Pure Erleichterung bei den Deutschen, während die Algerier in die Knie gehen und auf dem Rasen liegen.

Sie stehen noch einmal auf. Beim Anstoß läuft bereits die 121. Minute. Nachdem die Deutschen mehrfach den Ball nicht sauber aus der eigenen Hälfte herausbekommen, wird Feghouli rechts noch einmal angespielt. Drehung und Flanke sind eins, er legt seine letzte Kraft in diese Aktion. Im Strafraum ist Lahm desorientiert; Djabou läuft hinter seinem Rücken ein und drückt Feghoulis Flanke aus fünf Metern über die Linie. Das Stadion ist jetzt ein Hexenkessel. Slimani läuft mit dem Ball zur Mittellinie. In diesen Sekunden denkt man nur: Diesem Spiel ist alles zuzutrauen.

Die gesamte algerische Bank steht. Die deutsche Mannschaft hat nicht mehr die Nerven und nicht mehr die Kraft, den Ball in den eigenen Reihen zu halten. Stattdessen ein weiter Befreiungsschlag. M'Bohli nimmt auf, Müller blockt den Abschlag regelwidrig, dann der letzte lange Ball in den Strafraum. Bougherra erwischt ihn vor Mertesacker mit dem Kopf und legt ihn sich direkt für einen zweiten Kopfball vor, der sogar Richtung Tor fliegt. Allerdings ohne Druck und ohne Gefahr. Nach Neuers Abwurf ertönt der Pfiff.

After a titanic struggle in Porto Alegre, Algeria pushed them every inch of the way. Hier ist einiges zu entdecken, wenn man sich in das Bild hineinhört und es Wort für Wort ausmalt: Die algerische Mannschaft hat die deutsche Zentimeter für Zentimeter („Zoll für Zoll", für die ganz Strengen) auf den Weg gezwungen, den sie gehen musste, um dieses Spiel zu gewinnen. Ich finde, das ist ein treffendes und bezwingend schönes Bild, das auch impliziert, dass die deutsche Mannschaft sich den Sieg verdient haben muss: dadurch, dass sie den Gegner, anders als mancher Experte im Vorfeld, nicht unterschätzte; und auch, indem sie das Spiel annahm, wie es eben war und wurde. Diese Erfahrung war es, die es der Mannschaft ermöglichte, dreizehn Tage später das Finale auch mental durchzustehen und zu gewinnen – die Skripte der beiden Partien weisen erstaunliche Parallelen auf. Da Argentinien von vornherein als ein Gegner auf Augenhöhe erwartet wurde, fiel das nicht auf. Olaf Thon erinnere ich als den einen, der nach dem Spiel gegen Algerien sagte, solche Spiele brauche eine Mannschaft, um zusammenzuwachsen und am Ende ein Turnier zu gewinnen.

A titanic struggle. Das, was Jon Champion damit ausdrücken wollte, ist nicht wirklich zu übersetzen. Der geschätzte Leser mag es versuchen – „ein titanisches Ringen" und auch alles andere machte es kleiner, auch weil die deutsche Sprache, zumindest im 21. Jahrhundert, derartiges Pathos nicht gut verträgt und schnell unglaubwürdig wirkt. Das Englische darf das, und hier ist das auch gut so.

Jon Champion setzt fort, und es sind wirklich Worte für die Ewigkeit: *Their first ever appearance in the round of sixteen ends in gallant defeat. Tales will be told for years to come, of goalkeeping heroics, of chances that came and went, and moments that might have been.* Er beschreibt es aus Sicht der Algerier: ehrenvolle Niederlage – heldenhafte Torhüterleistungen (er muss beide meinen) – viele Chancen – viele Momente, in denen das Spiel andere Wege hätte einschlagen können. Ein bisschen schade, dass er, obwohl er das Ganze nicht hätte schöner sagen können, im Anschluss den Anteil der anderen Mannschaft nicht würdigt, indem er den Deutschen eine relativ schwache Leistung bescheinigt. So übergeht er, dass die Algerier ja auch am Gegner wuchsen, und dass er damit die Leistung der algerischen Mannschaft in gewisser Weise schon wieder ein wenig abwertet.

Im Studio bittet Steve McManaman nur halb im Scherz um ein Taschentuch, um sich den Schweiß aus dem Gesicht zu wischen. Ballacks kurzer Rückblick auf den Auftritt der deutschen Mannschaft ist, wie die vorangegangenen Zwischenfazits, kritisch gehalten. *We can't be happy.* Anzurechnen ist ihm, dass er die Leistung der Algerier vollkommen angemessen würdigt. Bereits er, wie fast alle nach ihm, beginnt mit der Erzählung – dem Märchen –, es sei alles besser geworden, nachdem Lahm auf seine angestammte Position als rechter Verteidiger zurückgekehrt sei.

Nochmal ein Schwenk in den Innenraum des Stadions: Halilhodžić steht immer noch an der Seitenlinie, starrt ins Leere und nimmt geistesabwesend tröstende Umarmungen und Schulterklopfer von Teamkollegen entgegen. Es steht ihm ins Gesicht geschrieben, dass er die Niederlage seiner Mannschaft noch nicht fassen kann. Er hat ein großes Spiel ge-coacht, vielleicht sein größtes.

Wie erzählt man denn nun die Geschichte von der Umstellung innerhalb der deutschen Mannschaft? So: In den letzten drei Spielen der WM er-wies sich die Formation mit Lahm als bestem Außenverteidiger und Hummels/Boateng als bestem Innenverteidigerduo als stabil und in Ver-bindung mit dem immer fitter werdenden Schweinsteiger (nicht Khedira) auf der Sechs als eine Art Faustpfand für den Titelgewinn. Wobei man in diesem Zusammenhang das Viertelfinale gegen Frankreich im Ver-gleich zu den folgenden Spielen gegen Brasilien und Argentinien eigentlich einer gesonderten Betrachtung unterziehen müsste – gegen Frankreich hatte Lahm vergleichsweise wenige offensive Aktionen. Die Umstellung während des Algerienspiels wäre aber um Haaresbreite schiefgegangen, weil nach Lahms Positionswechsel die Sechserposition für gut zwanzig Minuten nicht besetzt war. Das ist keine wilde Theorie; man sieht es einfach, wenn man noch einmal hinschaut. „Richtig" und „falsch" bleiben somit unzertrennliche Geschwister.
Für mich war es ein sehr gutes Spiel, mit vielen Fehlern, ja, aber dennoch voller Klasse, sicherlich eines der besten überhaupt in Brasilien. Beide Mannschaften haben es gespielt.

Zsmnbrch

Im Grunde war dieses Kapitel Ende Oktober 2020 fertig. Die Summe der Ereignisse seither erzwingt ein „Edit":

Der Verlauf seit dem Beginn der WM 2018 hat Spuren hinterlassen; seit dem frühzeitigen Ausscheiden in Russland hat es unter anderem zwei Niederlagen gegen die Holländer gegeben, je eine auswärts und eine zuhause, bei denen die Mannschaft teilweise hilflos wirkte. Die erste Runde der Nations League beendete man abgeschlagen. Und nachdem die neu formierte Mannschaft sich einigermaßen zu fangen schien, schlug das 0:6 in Sevilla zum Abschluss des Länderspieljahres 2020 ein wie ein Meteor. Joachim Löw, einst Motor einer in der Geschichte der Nationalmannschaft beispiellosen Erneuerung, erschien den meisten wie ein Dinosaurier, der den nach dem Einschlag herrschenden neuen Verhältnissen bestimmt nicht mehr gewachsen sein würde.

Personaldiskussionen waren schon zuvor verschärfend dazu gekommen. Ende 2018 nahm Löw mit Thomas Müller, Mats Hummels und Jérôme Boateng drei Weltmeister von 2014 aus der Mannschaft. Alle drei spielten schon im Herbst 2020 seit längerer Zeit wieder konstant, Müller und Boateng hatten die Champions League gewonnen, und die Diskussionen rissen nicht ab. Die Rückkehr aller drei schien bevorzustehen; inzwischen wissen wir, dass nur Boateng tatsächlich nicht zurückkommen wird.

Und Löw blieb. Erst Wochen später, schon im neuen Jahr 2021, gab er bekannt, nach der um ein Jahr verschobenen EM im Sommer des Jahres aus dem Amt zu scheiden. Sowohl der DFB als auch Löw selbst sahen sich immer wieder Vorwürfen der Inkonsequenz und des Zauderns ausgesetzt. Der DFB hätte doch schon 2018, wahlweise auch nach dem Scheitern in der Nations League, spätestens aber jetzt, nach der hohen Niederlage gegen die Spanier, „die Reißleine ziehen" und sich von Löw trennen müssen; Löw wiederum wurden diese Zeitpunkte und darüberhinaus das Ende der EM 2016 und auch der WM-Gewinn von 2014 als ideale Zeitpunkte angeboten, die er hätte nutzen sollen, um einem Nachfolger Platz zu machen.

Es gibt, wie immer, viele Kehrseiten, andere, weitere Geschichten. Man nehme die Partien gegen die Niederlande. Von denen gab es außer den beiden Katastrophenspielen zwei weitere, in denen Löws schon umgebaute Mannschaft bravourös auftrat. Schon im Auswärtsspiel gegen Frankreich im Oktober 2018, das durch einen unberechtigten Elfmeter verloren wurde, hatte sich (noch mit Müller und Hummels) angedeutet, wohin sich die Mannschaft entwickeln sollte.

Gerade gegen den neu gekürten Weltmeister zeigte die Mannschaft ein ausgezeichnetes Spiel, und das Heim-1:1 gegen die Spanier wenige Wochen vor dem Rückspiel in Sevilla war definitiv eines aus dem obersten Regal.

So schlecht war die Bilanz nach der letzten WM also nicht. Sie zeugte nur eben auch nicht von Konstanz. Mehrfach wurden hoffnungsvolle Ansätze im folgenden Spiel nicht bestätigt. Anders als offensichtlich die meisten kann ich das nicht erklären, außer damit, dass Schwankungen normal sind. Denn im Grundsatz verfolgte Joachim Löw seit dem Herbst 2018 die richtige Idee. Um das auszuführen, beginnt dieses Kapitel nun dort, wo es ursprünglich beginnen sollte, nach dem Abpfiff des Spiels Deutschland – Südkorea bei der WM 2018. Man könnte einen anderen Zeitpunkt, einen anderen Markstein auswählen – es spielt eigentlich keine Rolle in Bezug auf das, worum es mir in diesem Kapitel geht. Der Moment, als das Ausscheiden in Russland feststand, eignet sich vor allem, weil er vielen noch im Gedächtnis ist und viele meiner Thesen überprüfbar und auch widerlegbar sind. So oder so geht es um die grundsätzliche Frage, ob man sich von Ergebnissen und der veröffentlichten Meinung treiben lassen soll oder aber einem Konzept, der möglichen Entfaltung einer eigenen Geschichte Raum und Zeit geben will.

Vor wenigen Sekunden, am Ende von sieben oder acht Minuten Nachspielzeit, haben die Südkoreaner den Ball in das von Manuel Neuer verlassene Tor geschoben, zum endgültig entscheidenden zweiten Treffer. Das Spiel ist zu Ende, die irgendwohin starrenden, vom Platz schleichenden Deutschen werden von den Ersatzspielern in Empfang genommen, es gibt den Versuch tröstender Gesten. Ganz am Rande sieht man kurz Mesut Özil, der in einen Dialog Richtung Tribüne verwickelt scheint; später wird man erfahren, dass ein deutscher „Fan" ihn auf übelste und rassistischste Weise beschimpft hat.

Zum ersten Mal seit 1938 hat eine deutsche Fußballnationalmannschaft bei einer Weltmeisterschaft nicht die erste Runde überstanden, und das als Titelverteidiger. Nur ein Sieg gegen Südkorea hätte das Weiterkommen bedeutet; stattdessen fing sich die Mannschaft in der Nachspielzeit zwei K.O.-Schläge.

Es ist sehr billig, jenes letzte Spiel gegen Südkorea als glattes Versagen der Mannschaft darzustellen, wie es im Anschluss vielerorts geschah. Denn so einfach ist es nicht. Die Mannschaft zeigte viele gute Szenen und kam durchaus zu Torchancen. Namentlich der aufgrund der Foto-Affäre im Fokus stehende Mesut Özil spielte etliche letzte Bälle, die zu gefährlichen Situationen führten. Die „5", mit der der *kicker* seine Leistung quittierte, war nichts als ein fachlich vollkommen unbegründeter Kniefall vor der weithin verpöbelten öffentlichen Meinung.

Natürlich war es trotzdem kein gutes Spiel der deutschen Mannschaft. Denn insgesamt war das deutsche Spiel statisch, phasenweise gelähmt. Auch das war nämlich Realität: Özil sucht, etwa 30 Meter vor dem Tor, eine Anspielstation. Am Sechzehnmeterraum stehen, immerhin über eine Breite von annähernd 25 Metern verteilt, bis zu vier deutsche Spieler, alle bewacht und, vor allem: keiner von ihnen in Bewegung. Für Spieler wie Özil (und, nebenbei, auch Kroos) ist es unter solchen Bedingungen sehr schwer, etwas zu „kreieren": Kreativität ist im Fußball immer auch das Mitdenken der anderen. Und daran hapert es.

Man spürt und sieht schon wenige Minuten nach dem Anpfiff, wie immer wieder das Tempo herausgenommen, die sichere Variante gewählt wird: Sie haben Angst. Das wird natürlich jeder Beteiligte abstreiten, aber die Bilder und die Körpersprache sind hier eindeutig. Kurz vor dem Pausenpfiff betont Kommentator Réthy, dass man gerade keine Zeitlupe, sondern die Realgeschwindigkeit zeige. Das ist nicht der Plan, es hat nichts mit der Taktik zu tun. Die Mannschaft des Weltmeisters ist gelähmt vor Angst.

Man kann das erklären. Die letzten Erfahrungen hatten die Wahrnehmungen innerhalb der Mannschaft, die jahrelang auch in wackligen Situationen insgesamt doch sehr souverän und überlegt gewirkt hatte, aus der Bahn geworfen. Schon in den letzten Vorbereitungsspielen war zu sehen, dass die Mannschaft nach Ballverlusten sofort unter Druck geriet und aus solchen Situationen auch Gegentore fielen. Es war ein ungewohntes Bild, dass auch Fehler, die weit vorne gemacht wurden, erstaunlich schnell bestraft wurden. Im Turnier setzte sich das fort. Mexiko hätte ohne weiteres mehr als nur das eine Tor schießen können. Schwedens Führungstreffer resultierte ebenfalls aus einem Ballverlust, und ein solcher hätte bereits in der Anfangsphase zu einem Elfmeter gegen Deutschland führen können (ehrlich gesagt: müssen). Ein schwedischer Konter führte letztendlich auch zu Boatengs Einschreiten, für das er mit Gelb-Rot vom Platz geschickt wurde.

Das Problem lag meiner Einschätzung nach in der Fehlerkultur, beziehungsweise in ihrer Abwesenheit. Die Angst vor Fehlern war Teil der inneren Einstellung geworden: zu einer grundsätzlich offensiven Philosophie gehört der Mut, auch Fehler zu riskieren. Doch hörte man in Interviews in gefühlt jedem zweiten Satz, dass man dringend die Fehler abstellen müsse. Wobei man damit die unmittelbaren Fehler überbetonte, die jeweils letzte Aktion, mit der der Ball verloren ging; man sprach nicht darüber, an welchen strukturellen Schwächen es denn liegen könnte, dass man keine Mittel gegen die Konter zur Verfügung hatte (doch: Hummels tat das schon, aber es schien sein Standing innerhalb des Teams zu schwächen); und man sprach auch nicht darüber, wie man es anstellen könnte, seinerseits den Gegner zu Fehlern zu zwingen. Ohne damit zu meinen, dass es nur um Fehlleistungen Einzelner ging, müssen im

Zusammenhang mit den Fragen nach der Struktur auch Namen genannt werden. Zunächst zur Struktur: Im Grunde ist es ein Unding, dass, wie im Mexikospiel, ein Fehlpass im Angriff regelmäßig zu einer hochkarätigen Chance für den Gegner führt. Das kann punktuell passieren, aber niemals in der Häufigkeit, in der das der deutschen Mannschaft widerfuhr. Das taktische Gegenmittel lautet Gegenpressing; die Position, von der aus das koordiniert wird, ist die Sechs.

Die Namen: zuvorderst Sami Khedira und Toni Kroos. Joachim Löw hatte ihnen im wörtlichen wie im übertragenen Sinne zentrale Aufgaben zugedacht, die sie unzureichend erfüllten. Im Eröffnungsspiel lieferte Khedira eine unter taktischen Gesichtspunkten mit „unbedarft" noch freundlich umschriebene Leistung ab. Es geht nicht um einzelne Ballverluste: Khedira vernachlässigte, dass seine Aufgabe, die Bindung zwischen Defensive und Offensive herzustellen, in beide Richtungen galt, was für einen Spieler von seiner Qualität und Erfahrung eine fast nicht zu glaubende Fehlleistung darstellt. Kroos wiederum spielte, anders als Khedira, alle drei Spiele durch. Von seiner Glanztat in der 95. Minute des Schwedenspiels abgesehen, überzeugte aber auch er nicht. Damit beziehe ich mich nicht auf die oft genannten und kritisierten „Sicherheitspässe", die angeblich jeder spielen könne; sie gehören heute zu strategisch klugem Verhalten, zur permanenten Hin- und Herverlagerung des Spiels, wofür es einen mit Übersicht braucht, und das bot Kroos durchaus. Allerdings ging von ihm kaum je eine gezielte Beschleunigung aus; sein Offensivspiel war monochrom. Und wenn es dann ums schnelle Umschalten nach Verlust des Balles ging, war er so gut wie nie bei denen dabei, die im Vollsprint versuchten, die Situation zu bereinigen. Es war nicht zu beobachten, dass er Pressing und Gegenpressing organisiert hätte. Kurz, an seiner Klasse gemessen spielte er enttäuschend.

Natürlich muss man auch die Frage nach der Trainerleistung stellen. Vorweg, ich bin ein Fan Löws. Ich halte es für richtig, dass er nach der WM nicht abgelöst wurde und auch nicht zurücktrat. Er hatte nach dem Gewinn des WM-Titels, auf den er zehn Jahre hingearbeitet hatte, weitere drei Jahre alles richtig gemacht. Man mag sagen, dass die Rücktritte von

Klose, Mertesacker und Lahm unmittelbar nach dem Titelgewinn es noch leichter machten, den Blick nach vorne zu richten; aber Löws Wortwahl und auch seine ersten Entscheidungen wirkten sehr ruhig und klar. Beispielsweise sagte er noch innerhalb der ersten Wochen nach dem WM-Sieg, dass es im nächsten WM-Turnier nicht darauf ankommen werde, etwas zu verteidigen; Ziel könnte höchstens sein, den Titel noch einmal zu gewinnen. Dazu passten auch die ersten Äußerungen, die eine mögliche Weiterentwicklung der Mannschaft im Strategischen betrafen, als Löw die Möglichkeit, in der Abwehr mit einer Dreierkette zu spielen, ansprach. Er ließ sich also weiterhin von entwickelndem, nicht von bewahrendem Denken leiten. Zu deutlich stand ihm vor Augen, wie es drei der vier letzten Weltmeister ergangen war. Die Weltmeister von 1998, 2006 und 2010 (Frankreich, Italien und Spanien) scheiterten im jeweils folgenden Turnier bereits in der Gruppenphase, nur Brasilien (der Sieger von 2002) kam 2006 immerhin ins Viertelfinale.

Löw hatte richtig erkannt, dass nach einem Titelgewinn Probleme quasi systemimmanent sind. Die besonderen Umstände, auch die Form des Jahres, in dem das Turnier gewonnen wurde, lassen sich kaum je erhalten. Personalfragen stellen sich immer grundsätzlich: Welche Rolle sollen Verdienste, welche aufstrebendes Talent spielen? Wie moderiert man einen Übergang? Soll es überhaupt ein Übergang oder nicht doch besser ein klarer Umbruch sein? Dadurch, dass stets die Öffentlichkeit mitspricht und die Zuspitzung auf die Pole „Nibelungentreue" versus „Jugendwahn" allzu oft eine plakative Verkürzung mit sich bringt und Differenzierung wenig Spielraum bekommt, wird es nicht leichter. Löws Hinzuziehung der strategischen Ebene, erst einmal unabhängig von Personaldiskussionen, war vor diesem Hintergrund sicher klug.

Klug war auch, wie er mit den ersten – mäßigen – Auftritten in der Qualifikation für die EM 2016 umging. Er ließ sich nicht ins Bockshorn jagen. Die EM selbst coachte er souverän, vermochte es, den sichtlich nicht mehr spritzigen Schweinsteiger noch einmal hochzureißen, den fast schon abgeschriebenen Gomez gewinnbringend zu reintegrieren und zugleich den Newcomer Kimmich einzubauen. Dank einer taktischen

Meisterleistung (die Mehmet Scholl im ARD-Studio nicht recht würdigen wollte) hatte das Team Italien im Viertelfinale fast schon auf den Brettern, bevor Boatengs Hand über den Resetbutton wischte und die Sache unnötig spannend wurde. Im Halbfinale gegen den Gastgeber war die deutsche Mannschaft – man darf, ja muss das so sagen, ohne der nationalen Voreingenommenheit beschuldigt zu werden – der französischen klar überlegen; schlechter taktischer Einstellung war die Niederlage jedenfalls nicht geschuldet. Und als 2017 die Qualifikation für die WM geschafft war, gewann Löw mit einer U23 den ConFed-Cup. Als er mit dem Schlusspfiff des Finales für einen sehr kurzen Moment beide Arme in die Höhe stieß (es war nun wirklich keine ausgiebig triumphale Geste), schien er in der Tat unantastbar – auf Jahre hinaus.

So naheliegend es erscheinen mag – im Nachhinein bauten viele Kommentare auf dieser Vermutung auf –, ich glaube nicht, dass Löw innerhalb des letzten Dreivierteljahres vor der WM in Russland die Bodenhaftung verlor. Die Testspiele waren nicht überzeugend; mancher mag von außen vermisst haben, dass der Trainer mal so richtig auf die Pauke haut, aber das war ja noch nie Löws Art gewesen. Ich glaube, dass Löw einen realistischen Blick auf die Dinge hatte und auch, dass er am Ende den richtigen WM-Kader benannte (über ein, zwei Nominierungen wird man sich auch in Zukunft streiten).

Allerdings schwenkte Löw irgendwann im Lauf der letzten Monate vor dem Turnier doch auf die „Titelverteidigungs"-Rhetorik um; ein weiterer Eindruck war der eines gewissen Beharrens auf den etablierten Spielern. Er hätte den Sieg im ConFed-Cup nutzen können, um Nominierungsfragen lange offen zu halten. Stattdessen betonte er auffallend häufig, dass der Turniersieg der Spieler, die ja eher aus der zweiten Reihe kamen, natürlich kein Anlass sei anzunehmen, dass diese Spieler irgendwelche Ansprüche anmelden könnten. Auch die Personalie Neuer war ein heißes Eisen und sicher hoch diskussionswürdig (dass Neuer, nach langer Verletzung doch die Nummer eins bei der WM, tadellos spielte, hat mit dem zweischneidigen Signal, das von seiner offenkundigen Bevorzugung ausging, nichts zu tun). Kurz, es gab schon Turniere, vor denen auf den tatsächlichen oder vermeintlichen Stammspielern ein höherer Druck lastete als die WM 2018. (Wie noch dargelegt werden wird, war der Fall Khedira vor der WM 2014 in dieser Hinsicht eine auffällige Ausnahme, die nur vom Festhalten an Manuel Neuer 2018 übertroffen wurde.)

Trotz gewisser Fragen: all solche Dinge betreffen Spielräume, die ein Bundestrainer hat und haben muss. Man mag ein unmerkliches Hinübergleiten in ein eher defensives Handling feststellen können, aber Löws Agieren auf diesen Feldern war nicht falsch. Die eigentlichen Fehler passierten nicht vor dem Turnier (wie viele im Nachhinein zu wissen glaubten), sondern währenddessen, noch konkreter: auf und neben dem Platz; und auch Löw machte einige. Es waren allerdings nicht die, derer er sich später in seiner WM-Analyse bezichtigte. Was Löw dazu sagte und welche Gründe dafür eine Rolle gespielt haben mögen, wird noch zu besprechen sein. Zunächst gilt es, sich auf das Geschehen während des wichtigsten Spiels der deutschen Mannschaft bei der WM in Russland zu konzentrieren. Es war das erste, das Spiel gegen Mexiko.

Die Schlüsselszene spielt sich nach etwa 28 gespielten Minuten ab – neben dem Platz. Marco Reus und Ilkay Gündogan laufen sich warm.

In diesem Moment habe ich Löw gefeiert. Während der ersten knappen halben Stunde hat die deutsche Mannschaft noch keinen zwingenden Abschluss erspielt. Es fehlt am Rhythmuswechsel, überhaupt am Tempo, und an Ideen. Schiedsrichter Faghani lässt vieles laufen; mehrere Male sieht man deutsche Spieler nach verlorenen Zweikämpfen mit großen Augen hinüberblicken: Pfeift er das nicht? Mehr noch als die Aktionen erscheinen die Reaktionen gebremst; die Mexikaner scheren sich nicht weiter und hauen mit dem Ball einfach ab. Auch sind mehreren Spielern im vorderen Drittel erstaunliche technische Unsauberkeiten unterlaufen. Löws Amtskollege Osorio hat zudem eine List angewendet, wie er nach dem Spiel ganz frei zugeben wird: Schon mit dem Tag der Gruppenauslosung begann für ihn die Vorbereitung auf dieses eine Spiel gegen Deutschland. Und die sah so aus: In sämtlichen Vorbereitungsspielen traten die Mexikaner offensiv und spielbestimmend auf. Darauf waren

Löw und sein Stab eingestellt. Der Plan war, die freien Räume, die eine angreifende mexikanische Mannschaft bieten würde, zu bespielen. Nun, am Tag X, spielt Mexiko aus einer massierten Defensive heraus. Es steht schlicht ein anderer Gegner auf dem Platz als der erwartete. Die Mexikaner haben mit überfallartigen Kontern schon mehrmals freie Räume im deutschen Abwehrdrittel offengelegt. Selten dürfte ein Pflichtspiel unter Löw weniger nach Plan angelaufen sein als dieses, sieht man vielleicht einmal vom Spiel gegen Serbien 2010 ab, als der frühe Feldverweis gegen Miro Klose alles über den Haufen warf. Spielfluss, Taktik, Einstellung: Es funktioniert bis jetzt nichts.

Ich feiere Löw, denn er muss das alles gesehen haben. Und seine Antwort scheint zu sein: Jetzt. Genau jetzt muss eingegriffen werden. Er ist kurz davor, zu einem Mittel zu greifen, zu dem er noch nie gegriffen hat, nämlich durch personelle Maßnahmen schon während der ersten Halbzeit Einfluss zu nehmen, ohne durch Verletzungen dazu genötigt zu sein.

Es ist der richtige Moment; Reus müsste für den heute nicht durchschlagskräftigen Draxler kommen und Gündogan den indisponierten Khedira ersetzen. Für die Organisation der zweite, fürs Tempo der erste. Löw müsste seinen Spielern auf dem Platz eigentlich auch nichts weiter dazu sagen. Sie verfügen über ausreichend Spielverständnis, um selbst zu spüren, dass es bis jetzt nicht läuft, und der Auftritt von Reus und Gündogan ist Ansage genug dahingehend, was zu geschehen hat.

Es kann nicht genug betont werden: Es gibt diesen Moment der Erkenntnis. Etwas hat Löw dazu veranlasst, zwei Ersatzspieler zum Warmlaufen zu schicken, nach nicht einmal einer halben Stunde. Entscheidend ist der Moment aber vor allem, weil Löw ihn verstreichen lässt und seiner Intuition nicht folgt. Reus und Gündogan sitzen wieder, innerhalb von fünf Minuten tauchen die Mexikaner zwei weitere Male vor Neuer auf, und beim zweiten Mal klingelt es. Was mag in Löw vorgegangen sein? Warum hat er zurückgezogen?

Es bleibt bis heute Spekulation. Womöglich scheute er im letzten Moment davor zurück, einen Spieler wie Sami Khedira, den er in die Mannschaft gebracht hatte und auf den er sich immer verlassen konnte, zu brüskieren. Die Beziehung zwischen Khedira und Löw war immer von hoher gegenseitiger Wertschätzung und von Vertrauen geprägt. Knapp zehn Jahre zuvor hatte Löw die Sechserposition neu ausgeschrieben und schließlich in Khedira einen gefunden und benannt, der auf die neue Tätigkeitsbeschreibung passte. Überhaupt ist die Geschichte Khediras in der Nationalelf eine von mehreren, die die Mär widerlegen, Löw hätte eben in seiner Amtszeit gute Spieler zur Verfügung gehabt und hätte einfach aus dem Pool schöpfen können, der sich seit der schon 1998 angestoßenen Neuformierung der Nachwuchsförderung gefüllt habe. Nein, Löw guckte sich Khedira aktiv aus zu einem Zeitpunkt, als er beim VfB Stuttgart zwar wiederholt aufgefallen war, aber noch keineswegs konstant performt hatte. (Ähnliches trifft auf Toni Kroos zu, der als junger Leihspieler unter Heynckes in Leverkusen offensiv auf den Flügeln für Aufsehen sorgte, nach seiner Rückkehr zu den Bayern jedoch erstens keineswegs durchgehend zur Startelf gehörte und vor allem dort auch erstmal keine feste Aufgabe zu haben schien. Löw beschritt auch Irrwege, lernte aber schneller; die wenig überzeugenden Auftritte von Kroos auf den Flügeln, vor allem 2012 gegen Italien, überzeugten ihn letztlich früher als die Bayern-Trainer, dass Kroos mit seinen strategischen Fähigkeiten ein Spieler für die Zentrale war. Noch 2014 erachtete der FC Bayern Kroos als nicht wichtig genug, um seinen Weggang Richtung Real zu verhindern.)

Als es 2008/2009 darum ging, langfristig einen Nachfolger für Torsten Frings zu finden, waren die ersten Namen, die genannt wurden, eigentlich die von Simon Rolfes und Thomas Hitzlsperger. Beide waren durch eine Systemumstellung, die Löw während der EM 2008 (nach den Gruppenspielen) vorgenommen hatte, zumindest ganz nahe an die erste Elf gerückt. Es war die Umstellung vom für die deutsche Mannschaft seit 2004 gesetzten 4-4-2 mit einer flachen Vier im Mittelfeld und Ballack und Frings in den zentralen Positionen zum 4-2-3-1, in dem Rolfes und Hitzlsperger die Doppelsechs spielten und Ballack im zentralen Mittelfeld deutlich weiter vorne postiert war als bis dahin. Frings, bis zu diesem Zeitpunkt nach drei Turnierteilnahmen unumstritten, war verletzt, aber auch ohnehin nicht mehr der Spieler, den Löw idealerweise auf der Sechs haben wollte. Er war ein Zweikämpfer und auch einer, der eine Mannschaft mitreißen konnte. Sein bestes Länderspiel lieferte er 2006 gegen Argentinien ab, mit dem er nahezu Heldenstatus erreichte. Seine Schwächen lagen in der verzögerten Antizipation. International erschienen auf der Sechs immer mehr Spieler, die die Wege des Balles vorausahnten und ihn im entscheidenden Moment abfingen, bevor ein Zweikampf geführt werden musste; das erlaubte ein schnelleres Umschalten und war somit das, was auch Löw vorschwebte: Ihm ging vieles noch zu langsam; mantraartig betete er zu jener Zeit die unterschiedlichen individuellen Zeiten der Spieler am Ball in der Premier League, der Primera Division und der Bundesliga herunter. Deutsche Fußballer brauchten einfach zu lange, um sich vom Ball zu trennen. So wurde das Spiel immer wieder abgebremst.

Rolfes und Hitzlsperger waren die, die bei der EM zum Zuge kamen, doch sehr bald nach dem Turnier brachte Löw weitere Namen ins Spiel, darunter immer öfter den von Khedira. Der hatte genau die Abfangwerte, die Löw haben wollte. Leicht war es für Khedira aber nicht, denn dank Louis van Gaal spielte Bastian Schweinsteiger bei den Bayern inzwischen zentral statt auf den Flügeln, und es dauerte nicht lange, bis Löw dem holländischen Coach darin folgte. Schweinsteiger oder Khedira – das hieß damals verlässlich Schweinsteiger. Erst die Verletzung von Michael Ballack kurz vor der WM 2010 erzwang förmlich die Lösung, die dann mehr oder weniger fest gesetzt vier Jahre Bestand haben sollte, nämlich mit Schweinsteiger und Khedira gemeinsam auf der Sechs, mit Vorstößen des einen, während der andere absicherte. Erst vor und während der WM in Brasilien musste, wiederum verletzungsbedingt, eine neue Lösung für die Zentrale gefunden werden.

Obwohl Löw also nach der EM 2008 schon andere in petto und auch im Spiel gesehen hatte, legte seine aktive Hinwendung zu Khedira offen, wie weit der Bundestrainer in die Zukunft dachte und welche Entwicklung ihm für die Mannschaft vor Augen stand. Und er konnte sich durch den weiteren Verlauf der Geschichte bestätigt fühlen. Nach Khediras Kreuz-bandriss Ende 2013 lehnte Löw sich weit aus dem Fenster, indem er Khedira im Falle einer vollständigen Rekonvaleszenz die Berufung in den WM-Kader in Aussicht stellte. Angesichts seines Prinzips, Spielpraxis vo-rauszusetzen, war das ein sehr weitgehender Schritt, in dem sich ausdrückte, wie hoch Khedira in Löws Ranking stand.

Heute, gegen Mexiko, ist nicht Khediras Tag. Es geht nicht um den ein-zelnen Fehlpass: Fehler gehören zum Spiel. Bei Khedira ist es die Summe, verbunden mit einer auffallenden Unsicherheit in der Frage, wo er eigentlich hingehört. In den Tagen vor Turnierbeginn wurde, ausge-hend von der ausgegebenen Sprachregelung, dass natürlich niemand einen ganz festen Stammplatz abonniert habe (was, nach erfolgter No-minierung, einen eigenartigen Kontrast zur oben dargelegten Bevorzugung der Etablierten zuvor darstellte), auch seine Rolle im Kader hinterfragt, eher wohl von außen als innerhalb. Khedira hat sich genötigt gesehen, öffentlich zu sagen, dass er natürlich einer sei, der die Jüngeren mit seiner Erfahrung mitnehmen könne. Das mag eine gewisse Verunsi-cherung spiegeln. Sicher, von Übersicht geleitet sind seine Aktionen, ist sein ganzes Auftreten nicht.

Es ist ein mutiger Gedanke, den ich Löw unterstelle: jetzt einzugreifen, Khedira zu erlösen und nach dem Spiel in aller Ruhe intern zu klären, was zu klären ist. Den Spieler wiederaufzubauen, natürlich in die Mann-schaft zurückzuführen und somit alle für ein hoffentlich noch langes Turnier zu stärken. Zugleich allen zu sagen, Leute, passt auf. Wenn es sein muss, kann es jeden treffen.

Es ist auch verständlich, dass man hier zurückzuckt: eine Auswechslung nach einer halben Stunde, das ist für den Betroffenen ein Hammer, eine Vorführung und eine Demütigung. Vielleicht denkt Löw um diese Ecke, denkt, diese Art von Beschädigung könnte – gerade nach der langen ge-meinsamen Vorgeschichte – schwerer wiegen als die möglichen positiven Effekte, und somit die Moderation nach dem Spiel erschweren, sogar unmöglich machen.

Erst in der 60. geht schließlich Khedira, allerdings ist es Reus, nicht Gündogan, der ihn ersetzt. Mehr Organisation kommt also nicht auf den Platz, was angesichts der Tatsache, dass die Mexikaner nach dem 1:0 zwei weitere Konter nicht sauber ausgespielt haben und es durchaus schon 2:0 stehen könnte, verwundert. Die Einwechslungen von Gomez und Brandt erfolgen schlicht zu spät; um mit solchermaßen getimten Maßnahmen noch etwas zu erreichen, braucht es immer auch viel Glück. Einen systematischen Eingriff können sie nicht darstellen. Brandt bringt zwar noch einmal Leben hinein und trifft den Außenpfosten, aber warum gibt man diesem Spieler nicht wenigstens eine Viertelstunde?

Löws Fehler in diesem Spiel, der Auftaktniederlage gegen Mexiko, bestand letztlich im Zaudern, und man darf es ihm ein bisschen deutlicher vorwerfen, gerade weil es einen klaren Hinweis darauf gibt, dass er eigentlich erkannt hatte, was zu tun war. Eigentlich war ihm klar, dass er ein Signal senden musste, das alle aufwecken würde. Kein Mensch weiß natürlich, was es wirklich geholfen hätte. Dass aber eine Situation wie die, in der die Mannschaft sich zu diesem Zeitpunkt wiederfand, sich von selbst auflöst, ist eher selten. Den Versuch wäre es wert gewesen.

In seiner Analyse sprach Löw über diesen Moment, 28 Minuten nach Anpfiff des Mexikospiels, nicht. Stattdessen wählte er den Gang nach Canossa. Wie dieser Weg auszusehen hatte, an welchen Steinen er quasi seine Knie wund zu schürfen hatte, konnte er anhand der Analysen und Meinungen anderer wochenlang studieren. Er wusste, was er zu sagen hatte, neigte öffentlich sein Haupt und bezichtigte sich all der Fehler, derer er gezogen worden war.

Natürlich war nicht jeder Satz falsch, den Löw am 29. August 2018 sagte. Aber der Kern: er habe, aus bodenloser Arroganz heraus, das Ballbesitzspiel auf die Spitze treiben wollen. Arroganz oder zumindest eine Attitüde des Abgehobenseins war einer der Vorwürfe, die gegen Löw nach dem Ausscheiden erhoben wurden, und diesen Vorwurf bediente er nun; zugleich stimmte er ein in den Chor derer, die nach der WM verkündet hatten, das Ballbesitzspiel sei tot. Und obwohl mit Frankreich eine Mannschaft mit einer Spielweise Weltmeister wurde, die vor allem auf Überfälle aus einer massierten Defensive gesetzt hatte, sollte man hier dagegenhalten: In diesem zentralen Punkt war Löws Analyse falsch.

Es wird nie ein Fußballspiel geben, in dem die Summe der Ballbesitzstatistiken der beiden Mannschaften bei weniger als 100 Prozent liegt. Übersetzte man die nach der WM 2018 öffentlich geäußerten Weisheiten in ein Bild, so wäre es jenes zweier Mannschaften, die jeweils in ihrem Abwehrdrittel auf das lauern, was da kommen möge, während der Ball verwaist im Mittelkreis liegt. Das wird kaum der Fußball sein, den irgendjemand sehen will. Selten ist freilich eine exakte 50:50-Verteilung. Zwingend ist es also, dass eine Mannschaft beim Ballbesitz vorne liegt. Und im Sinne einer Weiterentwicklung des Spiels liegt ausschließlich, sich Gedanken darüber zu machen, was man mit dem Ball macht, wenn man ihn hat.

Die beiden Ballbesitzmannschaften der letzten anderthalb Jahrzehnte schlechthin kommen aus Spanien: die spanische Nationalmannschaft und der FC Barcelona, dessen Spielweise die der Nationalmannschaft weitestgehend prägte. (Ich stelle dies bewusst so fest, obwohl Pep Guardiola, wie Tobias Escher erwähnt, sich gegen eine Gleichsetzung der Spielstile seiner Vereins- und del Bosques Nationalmannschaft wohl heftig verwahren würde – es ist aber einfach so, dass es bei allen Unterschieden eben doch große Übereinstimmungen gibt.) Die Spanier dominierten bei den Nationenturnieren mit einer frappierenden Konstanz; drei Turniersiege in Folge von 2008 an waren ein historisches Novum. Weder der Schocker des Turniers 2014, als man sich vom 1:5 gegen die Niederlande nicht mehr erholte, noch die beiden Achtelfinal-Enttäuschungen bei den Turnieren 2016 und 2018 waren für sie Anlass, ihre Spielweise grundlegend infrage zu stellen.

Ein wichtiges Element des Ballbesitzfußballs (neben dem unerlässlichen Verständnis für die Positionen auf dem Platz) liegt in den technischen Qualitäten der Einzelspieler. Ballbesitzfußball geht nur mit Leuten, die richtig gut mit dem Ball umgehen können. Dazu kommen selbstverständlich Eigenschaften wie Laufbereitschaft, Übersicht, Spielverständnis und Intuition; aber diese Dinge werden nicht viel nützen, wenn man unter dem Druck des gegnerischen Pressings den Ball nicht sauber verarbeitet oder wenn mir in der Angriffsentwicklung ständig der Ball wegspringt. In Spanien wurde seit jeher auf das Fußballerische wert gelegt; sie tun recht daran, das weiterhin zu pflegen.

Die Antwort auf das Anti-Ballbesitzspiel, mit dem die Mexikaner Deutschland schlugen und mit dem Frankreich Weltmeister wurde, kann nur lauten: Das Ballbesitzspiel noch weiter zu verfeinern. Es wird kommen: mehr Tempowechsel, noch größere Präzision der letzten Pässe, Verflüssigung von Ball-An- und -mitnahme in einen einzigen Bewegungsablauf hinein, generell Vervollkommnung der technischen Fähigkeiten der Angreifer unter Druck auf engstem Raum. Und man darf sich nicht zu fein sein, mit Tempo zu kontern. Barça pflegte in den 90ern und den frühen Nullerjahren zeitweise einen Stil, in dem Tempogegenstöße nicht vorkamen. Kontern, das war billig, das Mittel der Underdogs. Bei Balleroberung in der eigenen Hälfte wurde förmlich gewartet, bis der Gegner zurück in Position war, um ihn dann auszuspielen. Das geht heute nicht mehr. Moderner Ballbesitzfußball schließt die Möglichkeit eines Konters mit ein. Die eigentlich beste Mannschaft der WM 2018, Belgien, hat hier den Maßstab gesetzt.

Im Sommer 2020, mit dem Auslaufen der Saison nach der Corona-Pause, zeigten die Bayern, wie das aussehen kann. Während des Pokalhalbfinales der Bayern gegen Eintracht Frankfurt wählte Thomas Broich im Studio Worte, die darauf hinausliefen: Keine Mannschaft auf der Welt spielt derzeit so wie die Bayern. Ein 8:2 gegen Barça zwei Monate darauf war dennoch außerhalb jeder Vorstellung. Wichtig ist mir dabei, dass der Vergleich mit dem 7:1 von Belo Horizonte tatsächlich unangebracht ist: damals brach eine Mannschaft auseinander, und die andere nutzte das mit gnadenloser Präzision aus; am 14. August 2020 aber war es wirklich so, dass eine Mannschaft pausenlos aktiv Situationen kreierte, denen die andere Mannschaft nicht gewachsen war. Nur vom Versagen Barças zu sprechen, wird der Leistung der Bayern nicht gerecht.

Wie die Bayern im Oktober dann das Bollwerk von Atlético knackten, grenzte schon an Science-Fiction. Und man fragt sich, ob der derzeit beste Fußballer der Welt womöglich nicht in Barcelona, Paris oder Turin spielt, sondern in München: Joshua Kimmich. Keiner beeinflusst das Spiel seiner Mannschaft derart konstant, ohne dass man sagen müsste, alles liefe nur über ihn. Eine Weltelf ohne Kimmich ist schon nicht mehr denkbar. – Diesen Absatz verfasste ich so im Herbst 2020, und am vorstehenden Text etwas zu ändern fühle ich mich nicht im Geringsten genötigt. Ja, inzwischen wurde Robert Lewandowski Weltfußballer; ja, er hat sogar Gerd Müllers Rekord geknackt; und ja, der FC Bayern ist im letzten halben Jahr einige Male bös gezaust worden, und die Phase als beste Mannschaft der Welt ist wahrscheinlich vorbei (und nunmehr ein unauslöschlicher Teil der Geschichte des Fußballs). Es bleibt aber so, dass Lewandowskis Tore nicht vom Himmel fallen, er ist wohlgemerkt komplett, spielt mit, sieht, was Kimmich sieht, nur vom anderen Ende her, Räume und ihre Öffnung als ein Spiel der Ideen, Produkte von Wegen über viele Stationen und zugleich von intuitiv geschleuderten Blitzen. Polens Nationalelf wird Lewandowski dennoch nicht zu einem Titel führen können; einer Mannschaft, die einen wie Kimmich hat, darf man das eher zutrauen, selbst wenn der weltbeste Stürmer nicht in ihren Reihen steht.

Optimieren des Spiels mit dem Ball also, Umschaltmomente ausdrücklich als taktisches Mittel einbeziehen: Joachim Löws Personalpolitik nach der WM, mit der er unter anderem auf technisch hoch begabte, aber eben auch sehr schnelle Angreifer setzt, schließt zumindest nicht aus, dass ihm solches vorschwebt. Der Kollaps des deutschen Spiels in Russland könnte dann am Ende zu etwas gut gewesen sein.

Wozu der aber Kollaps gegen die Spanier gut sein wird, ist mir noch ganz unklar. Dass der *kicker* mit seinen Noten mal wieder unterschiedslos auf allen rumhackte, zeigte nur die Oberflächlichkeit der Diskussion. Müller und Hummels stehen im EM-Kader; das finde ich gut, und trotzdem: dafür, dass eine Rückholaktion alles zum Guten wendet, gibt es in der Geschichte der deutschen Fußballnationalmannschaft nicht gerade viele

Beispiele – mir fällt gar keines ein. Breitner? Nein. Matthäus? Auch nein. Trainerwechsel haben für die Nationalmannschaft schon eher mal funktioniert, aber auch nicht immer.

Jogi Löw geht nach dem Turnier. Warum Hansi Flick der einzig logische Nachfolger ist, wird klar, wenn man nachvollzieht, wofür Löw eigentlich stand: er hat über mehr als ein Jahrzehnt eine Mannschaft *entwickelt*, ähnlich wie eine Vereinsmannschaft. Das allgegenwärtige Prinzip: in der Auswahl spielen die besten Spieler, und deren Qualitäten bestimmen die strategische und taktische Ausrichtung, hat Löw teilweise aufgehoben. In den langen Trainingslagern vor den großen Turnieren konnte er mit seinem Stab das einüben lassen, was er sich vorgenommen hatte, und weil er darauf vertraute (und nach einigen Jahren auch wusste), dass das funktionieren würde, konnte er es sich erlauben, Spieler zuhause zu lassen, wenn ihre Qualitäten nicht zur Spielidee passten. Auch er berief die besten Spieler – die am besten zur Idee passenden.

Das klappte 13 Jahre lang gut und nach 2017 nicht mehr. Aber die letzten Jahre sind auch die, in denen eine regelrechte Fehlerobsession Einzug hielt. Die WM in Russland hat gezeigt, dass das der falsche Ansatz war. Flick wird das Augenmerk wieder mehr auf das Konstruktive lenken.

Das perfekte Fußballspiel, es gibt es nicht. Was ist meine Spielidee? Bin ich bereit zum Risiko? Das muss die Hauptfrage bleiben, und eine Mannschaft, die um Titel mitspielen will, ohne jemals eine Garantie dafür bekommen zu können, dass man diese Titel auch gewinnt, wird eine aktive, gestaltende, dominierende und zugleich kreative Spielidee auf den Platz bringen müssen. Bis zum Beweis des Gegenteils bleiben die EM 2016 und die WM 2018 für mich Ausreißer. Auf lange Sicht werden die gewinnen, die den Ball haben und nicht nur klauen wollen.

Aus Jogi wird Hansi, und darin steckt mehr Linearität, als es allein die Verniedlichung der Vornamen andeutet. Löw war, Flick ist der Richtige. Der einstige Assistent hat schon als solcher die Wiederauferstehung der deutschen Nationalmannschaft und ihre Rückkehr in die Weltspitze wesentlich mitgestaltet. Er wird Erfolg haben; dass sich dies automatisch in gewonnenen Titeln auszudrücken habe, wird jeder, der wirklich etwas von der Materie versteht, als vermessen erkennen. Entscheidend wird sein, ob das, was die Mannschaft zeigt, wieder träumen lässt, nicht im Sinne rauschhafter Darbietungen, sondern im Sinne eines Teams, das eine Idee hat und zugleich einen Spirit, der ihm hilft, auch das unweigerlich kommende nächste Algerienspiel zu spielen.

Und, nebenbei, dass der alte Löw in seinem letzten Turnier nicht doch noch einmal kräftig zubeißt, ist noch nicht ausgemacht. Dies ist geschrieben am 9. Juni 2021, ganze sechs Tage vor dem ersten Spiel gegen Frankreich. Wenn die neue Auflage erschienen und erhältlich ist, wird dieses Spiel also bereits gespielt sein; in meiner vorsichtig optimistischen Einschätzung, das Turnier werde für die deutsche Mannschaft ein gutes, liegt ein gewisses Risiko. Top, die Wette gilt!

Alte Liebe: Geschichten vom VfB Stuttgart, ein Spiel gegen Offenbach und die schönste Zweitligasaison aller Zeiten

Im Frühjahr 1985 – der VfB war damals amtierender Deutscher Meister, war aber als Titelverteidiger nie in Tritt gekommen und irrte durchs Niemandsland der Tabelle – interviewte Waldemar Hartmann nach dem Spiel Bayern – VfB (das die Bayern trotz einer 2:0-Führung der Stuttgarter noch 3:2 gewonnen hatten) den Trainer des VfB, Helmut Benthaus. Hartmann war damals noch neu im Geschäft und versuchte mit einer zwar frechen, aber auch wirklich blöden Frage gleich ans Eingemachte zu gehen. Sinngemäß unterstellte er, Benthaus' kurz zuvor beschlossener Abschied aus Stuttgart zum Saisonende habe dessen Autorität in der Mannschaft so sehr geschwächt, dass deswegen die aussichtsreiche Führung nicht gehalten werden konnte. Er demonstrierte damit jenes Denken, das bei Verantwortlichen, Presse und Publikum die immer gleichen Pawlowschen Reflexe auslöst: Wenn im Fußball das und das passiert – man kriegt ein halbes Dutzend, man gewinnt das Heimspiel nicht, man verliert trotz 2:0-Führung –, dann kann das nicht mit rechten Dingen zugegangen sein, da kann irgend etwas nicht stimmen, da muss ein Grund her und vor allem ein Schuldiger. Dass die eine Mannschaft drei Tore geschossen hat und die andere zwei, reicht nicht.

In der konkreten Situation war die als Frage formulierte Unterstellung Hartmanns eine Unverschämtheit, denn der VfB hatte gut gespielt. Dementsprechend platzte Benthaus der Kragen. Man solle endlich ihn aus diesem Spiel herauslassen, das Spiel sei auf dem Platz verloren worden und nicht außerhalb. Der Rest des Interviews war eine Farce; nachdem die Kamera abgestellt worden war, aber noch nicht das Mikrofon, blaffte Benthaus noch ein „Drecksau!" Richtung Hartmann, der den zweifelhaften Lorbeer davontrug, einen seit Wochen in verhalten formulierter Kritik stehenden Trainer, der an sich als ruhig und sachlich galt, öffentlich provoziert und aus der Fassung gebracht zu haben.

Beim VfB Stuttgart aber begann mit der Trennung von Helmut Benthaus etwas, das man, rein äußerlich auf der Ebene der Aktionen und der

Konsequenzen, nur als absichtsvoll herbeigeführten Ruin eines Vereins und seiner Philosophie ansehen kann. Jene Trennung war das erste alarmierende Signal, dass die Verantwortlichen in Stuttgart ihr Gedächtnis zu verlieren im Begriff waren, vergessen hatten, was der Verein zehn Jahre zuvor durchgemacht und welche Lehren man ursprünglich aus alldem gezogen hatte.

Um aber dies nachzuvollziehen, muss man sogar weiter als bis 1975, dem Jahr des ersten Abstiegs des VfB, zurückgehen. Man muss den VfB ein bisschen kennenlernen.

Bei Gründung der Bundesliga 1963 war der VfB bei den wenigen Vereinen dabei, deren Qualifikation für das 16er-Feld nicht in Zweifel gezogen wurde. Zwei Deutsche Meisterschaften und zwei Pokalsiege in den fünfziger Jahren, aber auch die überwiegend positive Rolle, die man nach dem Krieg in der alten Oberliga Süd gespielt hatte (obwohl in der entscheidenden Saison 1962/63 mit einem zwischenzeitlichen 13. Platz die sportliche Qualifikation um ein Haar verspielt worden wäre), waren der Hintergrund dafür. Im ersten Jahr, der Saison 63/64, schloss der VfB durchaus standesgemäß als Fünfter. Die folgenden Spielzeiten verliefen jedoch eher durchwachsen, ein veritabler Abstiegskampf war auch dabei. Im Frühjahr 1969 schienen die Cannstatter aus der Talsohle heraus zu kommen, krönten eine Serie mit einem 3:0 gegen Spitzenreiter Bayern München, standen wenige Spieltage vor Saisonschluss auf Platz 2 und flirteten wohl heimlich mit dem Titelgewinn. Umgehend setzte aber ein Phänomen ein, das mich und sicher unzählige weitere Fans bis Mitte der siebziger Jahre, dem schließlichen Abstieg also, immer wieder auf harte Proben stellte, vielleicht aber auch zur Frustrationstoleranz erzog: Jetzt, gerade als alles so greifbar nahe schien, der Beweis für die Erfüllbarkeit höchster Wünsche doch bereits erbracht war, bremste der VfB ab, verlor ein Spiel nach dem anderen in unverständlicher Manier und fiel zuletzt auf Platz 6 zurück. In den folgenden Jahren trat ein vergleichbarer Ablauf meist in Form eines gelungenen Starts in den ersten drei, vier Spielen nebst anschließender Pleitenserie auf; und oft genug verlief die Rückrunde im Ganzen noch deutlich schlechter als die Hinserie.

160

Es war Gilbert Gress, seinerzeit so etwas wie der Star der Stuttgarter, der erst vor wenigen Jahren in einem Interview mit 11FREUNDE etwas über die Hintergründe verriet. Nach dem Sieg über die Bayern sagte er zum Präsidenten des VfB, mit einigen Verstärkungen sei auch der Titel möglich. Dr. Fritz Walter winkte ab: Eine Meisterschaft würde die Mannschaft verteuern und die Ansprüche steigen lassen; er wäre lieber Vierter oder Fünfter und hätte seine Ruhe. Nach dem erfolgreichen Abbremsen hatte er sie wieder.

Kurz: Der VfB Stuttgart war nie mehr als gehobenes Mittelmaß, wollte es gar nicht sein, und wurde mit Sicherheit in keiner Saisonvorschau jemals als möglicher neuer Deutscher Meister genannt. Immer, wenn es mal gut zu laufen schien, kam unweigerlich der Flop. Und so war auch klar, dass der VfB 1973, obwohl nach dem vorletzten Spieltag auf Platz 6 und damit auf einem UEFA-Cup-Platz liegend, diesen Platz umgehend wieder verspielen würde. Denn erstens war dieser sechste Platz nicht das Ergebnis einer konstant guten Leistung im oberen Drittel der Liga, sondern das eher zufällige Abfallprodukt eines meist durchschnittlichen Gebolzes inmitten eines Pulks anderer Vereine, die im Prinzip genau das Gleiche boten. Zweitens würde das letzte Spiel auswärts sein, wo der VfB selten überzeugt hatte, und das auch noch bei Borussia Mönchengladbach. Die Gladbacher hegten zwar keine Meisterschaftsambitionen mehr, gehörten aber doch auch in jener Saison zu den wenigen Teams, die meistens richtig gut spielten. Für den VfB gab es da schlicht gar nichts zu bestellen; dass die *Stuttgarter Zeitung* ihren Bericht nach dem 33. Spieltag mit „VfB auf Platz sechs – aber nur für sechs Tage" überschrieb und dabei sogar das Fragezeichen wegließ, war keineswegs bösartig, sondern entsprach nur dem allgemeinen Empfinden, einer Stimmung des achselzuckenden Hinnehmens gegebener Tatsachen. Es hatte all die Jahre nie einen Anlass gegeben, vom VfB wirklich etwas zu erwarten.

Aber dieses Mal lief es anders. Der VfB gewann in Gladbach mit 4:3, blieb Sechster und rutschte in den UEFA-Cup. Und das war wahrscheinlich der Auftakt zur ersten großen Krise des Vereins. Im Verlauf der Saison 73/74 wurde recht früh klar, dass der VfB nicht erneut um die

UEFA-Cup-Plätze mitspielen würde; man spielte noch mittelmäßiger als zuvor, und das reichte dann doch nicht ganz. Im UEFA-Cup allerdings gelangen der Mannschaft einige schöne Spiele, allen voran sicherlich das 3:0 gegen Dynamo Kiew im Neckarstadion, womit das 0:2 in Kiew überboten wurde. Erst im Halbfinale war gegen Feyenoord Endstation, jedoch ebenfalls nach respektablen Leistungen.

Wie schon gesagt, war demgegenüber die Bundesligasaison 73/74 für den VfB eher eine Gurkenspielzeit; erneut war es vor allem die Rückrunde, in der kaum noch etwas Vernünftiges lief. Beispielsweise sah ich damals das 0:0 gegen Düsseldorf, und ich schwöre, dass mein Eindruck auch nach Jahrzehnten noch authentisch ist: kein Plan im Spielaufbau, keine Durchschlagskraft im Abschluss, praktisch keine echte Torchance (ein Flugkopfballversuch von Ohlicher Sekunden vor dem Ende war nur eine Verzweiflungstat, der Ball streifte ihn kaum). Eigentlich verwunderlich, dass es nicht damals schon gegen den Abstieg ging, aber wie schon erwähnt, spielten viele so (und das im Jahr der WM in Deutschland!). Der Tiefpunkt des Ganzen war der letzte Spieltag, als der VfB gegen den damit eigentlich abgestiegenen Wuppertaler SV zuhause schon 2:0 führte, sich aber tatsächlich das Spiel noch aus der Hand nehmen und Lömm kurz vor Schluss das 2:2 schießen ließ, womit nicht die Wuppertaler, sondern die tapferen Kölner Fortunen absteigen mussten. Da konnte man schon richtig sauer sein.

Damals wurde viel spekuliert, was die Gründe dafür waren, dass der VfB eigentlich keine Saison sauber zu Ende spielte. Im Ergebnis war es wohl die Mischung aus Vertragspolitik, unzureichendem Scouting und qualitativen Fehleinschätzungen. Oft wurde die Tatsache genannt, dass die Verträge in der Regel bereits im Februar oder Anfang März verlängert waren und den Spielern damit die Motivation genommen war, sich nochmal richtig ins Zeug zu legen. Im Nachhinein (d. h. nach dem Abstieg 1975) wurden auch die Aktivitäten eines gewissen als „Chefeinkäufer" titulierten Dr. Hübner, dessen Job – angeblich ohne Rücksprache mit der sportlichen Leitung – darin bestand, sich um neue Spieler zu kümmern, kritisch unter die Lupe genommen. Die Vereinsführung war, wie oben bereits anhand der Äußerungen von Gress dokumentiert, zu zufrieden mit dem Status quo, Dr. Hübner wiederum zu großspurig bei der Verpflichtung gewisser Spieler (wobei man Buffy Ettmayer schon mit dem Glanz der großen weiten Welt gleichsetzte).

Zugleich fehlte der Mut: Denn schon damals (und bis in die neunziger Jahre hinein) war der VfB eine der allerersten Adressen, was den Juniorenfußball anging; nur hat man es leider kaum je gewagt, dieses Kapital konsequent in eine langfristige Planung für die Profimannschaft einzubeziehen. Es sei denn, man hatte kein Geld mehr.

Und so sah man dann eben die Spielmacher Ettmayer und später Hanjo Weller und wartete auf deren Glanzvorstellungen, die in Wirklichkeit ziemlich selten waren. VfB-Nostalgiker werden mich steinigen, aber um der Wahrheit Willen: In seinen vier Jahren in Cannstatt dürfte Ettmayer auswärts kein nennenswertes, zuhause vielleicht ein Dutzend wirklich guter Spiele zustande gebracht haben; man musste doch sehr lange von dem Highlight zehren, dass er das zehntausendste Bundesligator erzielt hatte, das dann auch noch als erstes Tor eines VfB-Spielers zum Tor des Monats gewählt wurde. Ich will gar nicht bestreiten, dass Ettmayer ein erstklassiger Techniker war und über ein gutes Auge verfügte; Prominentenspiele, an denen er nach Karriereende mitwirkte, pflegte er publikumswirksam mit netten Tricks und Gags zu würzen. Aber er war körperlich selten fit, und Talent allein reichte schon Anfang der 70er Jahre nicht mehr, um in der Bundesliga konstant wirklich etwas zu reißen.

Schlimmer als das spielerische Mittelmaß waren aber die technischen und taktischen Schwächen, die den Ende 1974 als Retter verpflichteten Albert Sing zur Verzweiflung trieben: „Wie können die bloß auf die Idee kommen, dass der Stopper den Einwurf macht?" (Was er wohl gesagt hätte, als Manuel Neuer in der Verlängerung des WM-Finales gegen Argentinien einen Einwurf ausführte?) Viele gute Ansätze verpufften, wenn Mucki Brenninger (der Name ist austauschbar) mal wieder den Ball absprringen ließ, und Reinhold Zech stellte die Uhr endgültig auf Abstieg, als er am 30. Spieltag der Saison 74/75 gegen Eintracht Frankfurt beim

Stand von 3:3 im Mittelkreis am Ball vorbeidrosch und Grabowski gestattete, alleine auf Heinze zuzulaufen.

Ein Betriebsunfall das Ganze, so meinte man, natürlich. Es gingen einige, darunter auch Ettmayer sowie Torwart Heinze, der nach Duisburg wechselte, aber der Kern der Mannschaft blieb sogar zusammen; vor allem das Bleiben Hanjo Wellers schien zu garantieren, dass der VfB durch die Zweite Liga Süd marschieren würde. Vorbild war die Eintracht aus Braunschweig, die zwei Jahre zuvor nach dem nicht minder überraschenden Abstieg die damals ja noch zweitklassige Regionalliga Nord deklassiert hatte. Die Braunschweiger hatten damals gleich elf Spiele in Serie gewonnen und waren nach dem Wiederaufstieg triumphal ins obere Drittel der Bundesliga zurückgekehrt. Einige junge Spieler, die sich noch im Oberhaus als Ergänzungskräfte empfohlen hatten, gedachte man näher an die Stammformation heranzubringen: Torwart Roleder, Markus Elmer, Bernd Martin (der schon 1974 das 3:0 gegen Kiew erzielt hatte); auch ein großes Talent namens Hansi Müller. Trainer Istvan Sztani sollte für die Aufgabe der richtige Mann sein. Ich vermute, dass es seine Idee war, dem jungen Roleder den angeblich erfahreneren Schweizer René Deck vorzuziehen. Aus der Schweiz wurde auch ein neuer Mittelstürmer mit deutschem Pass geholt: Ottmar Hitzfeld, auf Grund seiner Position ein natürlicher Rivale von Hermann Ohlicher, der 1973 bei seinem Einstand gegen Schalke, frisch von den Friedrichshafener Amateuren gekommen, gleich drei Treffer erzielt hatte. Doch Hitzfeld war nicht Ohlichers einziger Konkurrent, denn man holte mit Dieter Hoeneß einen weiteren Mittelstürmer. Im Nachhinein betrachtet steckte auch in der Nach-Hübner-Ära zunächst nicht viel Logik hinter der Einkaufspolitik.

Es schien aber alles nach Plan zu laufen. Der Start verlief wie ein Crescendo aus dem Lehrbuch: 1:0, 2:0, 3:0 – und das 7:1 auswärts beim FSV Frankfurt. 8-0 Punkte, 13:1 Tore – im Grunde war das Buch schon zu. Dachte man. Aber es kamen Torwartpatzer, überraschende Punktverluste und zunehmend unfassbare Fehler. Zum Ende der Vorrunde lag der VfB noch auf Rang sechs, und die Stuttgarter Sportpresse hielt wacker das Fähnlein hoch, erklärte die Verunsicherung, die die Mannschaft

befallen hatte, als ein in ungewohnter Zweitligaumgebung natürlicher-
weise auftretendes Phänomen, das sich ganz bestimmt in der Rückrunde
legen würde.

Der VfB wurde stattdessen durchgereicht und kam den Abstiegsrängen
bedrohlich nahe. Gegen den seit Monaten auf Platz 20 abgeschlagenen
SSV Reutlingen verlor man zuhause allen Ernstes mit 2:3 vor etwa 2000
Zuschauern. Das war aber noch nicht der Tiefpunkt; diesen markierte
vielmehr das interne Trainingsspielchen der Profimannschaft gegen die
eigenen Amateure, das Letztere mit 5:1 gewannen. Die Mannschaft
wurde in Stuttgart kaum noch ernst genommen und kam in Heimspielen
überhaupt nicht mehr auf einen grünen Zweig. Zum Glück konnte sie
die letzten drei Auswärtsspiele jeweils gewinnen und somit die Klasse
halten.

Dieser Saisonverlauf erst war das Signal, dass umgedacht werden musste,
und es geschah etwas, zuallererst auf personeller Ebene. Schon im Frühjahr 1975 hatte der VfB einen jungen, zu der Zeit gerade einmal 17-
jährigen Spieler vom SV Waldhof unter Vertrag genommen. Sein Name
war Karlheinz Förster; er wurde als ein balltechnisch ungewöhnlich starker, dabei zugleich schon sicherer und harter Verteidiger beschrieben. Er
wirkte in der Saison 1975/76 gelegentlich mit und fiel zumindest nicht
ab. Nun sollte verstärkt auf Spieler seiner Altersgruppe gesetzt werden;
es war das Signal, jetzt verstärkt auf junge Talente aus der eigenen Jugend,
aber auch aus dem Umland (das damals, als aus Baden-Württemberg nur
der KSC im Oberhaus spielte, durchaus als bis in die Kurpfalz, ins Ober-
schwäbische, ja sogar bis in den Breisgau hinein reichend verstanden
wurde) zu setzen. Einige Erfahrene verließen dagegen den Verein, darunter Weller und der glücklose René Deck. Der erwähnte Sieg der
eigenen Amateure über die Profis hatte wohl seine Wirkung getan. Dennoch darf man nicht etwa sagen, dass der Kader völlig umgekrempelt
wurde, denn vom Kern der Truppe, die ein Jahr später aufsteigen würde,
waren viele schon mindestens ein Jahr dabei, die meisten länger. Ausdrücklich sollten aber die vorhandenen jungen Talente verstärkt
gefördert und berücksichtigt werden.

Die Zusammenarbeit mit Istvan Sztani hatte man vorzeitig beendet und Karl Bögelein das Interim anvertraut. Zur neuen Saison wurde ein gewisser Jürgen Sundermann, bislang in der Schweiz tätig, verpflichtet. Wirklich bekannt war der frühere Hertha-Spieler in Stuttgart erst einmal nicht, doch es eilte ihm der Ruf voraus, er könne sehr gut mit jungen Mannschaften ohne Stars arbeiten.

Was die Gehälter anging, vollzog die Vereinsführung unter Gerhard Mayer-Vorfelder einen radikalen Paradigmenwechsel. Alle Spieler würden ab sofort dasselbe Grundgehalt beziehen (was für einige mit einem Gehaltsverzicht verbunden war) und auch die Punktprämien auf den gesamten Kader verteilt werden. Lediglich durch die Einsatzprämien würden sich die Gehälter in Zukunft noch unterscheiden. Gekoppelt war das Ganze an den Zuspruch durch die Zuschauer: kämen mehr, so würde, erneut nach dem Gießkannenprinzip, noch mehr Geld verteilt. Der offensichtliche Zweck war, dem gesamten Kader das Bewusstsein des In-einem-Boot-Sitzens zu vermitteln und vor allem die Rolle der Ergänzungsspieler aufzuwerten (Sztani wurde u. a. dafür kritisiert, dass er vor dem Training nur die Stammelf mit Handschlag begrüßte und die anderen ignorierte). Etwa drei Jahre später, als dieses Prinzip infolge des Vertragspokers einiger Spieler infrage gestellt und schließlich gekippt wurde, sprach man, bereits rückblickend, vom „Stuttgarter Modell".

Noch etwas wurde mit Aufmerksamkeit registriert: Es wurde kein Saisonziel ausgegeben. Mittelfristig, in zwei bis drei Jahren, wollte man um den Wiederaufstieg mitspielen. Vorerst jedoch sollte die nunmehr recht junge Mannschaft keinem übermäßigen Druck ausgesetzt, vielmehr in Ruhe aufgebaut werden.

Unter diesen Vorzeichen spielte der VfB eine interessante Vorbereitung, tankte Selbstvertrauen in Spielen gegen unterklassige Mannschaften und gewann zuletzt gegen einen Verein aus der damaligen CSSR (war es Slovan Bratislava?). Das 3:0 krönte eine makellose Serie; nie zuvor (und auch seither nicht mehr) hatte der VfB alle Vorbereitungsspiele gewonnen.

Die anstehende Saison 1976/77 hielt in der 2. Liga Süd einige interessante Personalien parat. Allein drei Teilnehmer des WM-Finales von Wembley zehn Jahre zuvor standen in den Mannschaften: Siggi Held in Offenbach, Helmut Haller (allerdings selten eingesetzt) in Schwenningen und Lothar Emmerich in Würzburg (er würde Torschützenkönig werden). Der frühere jugoslawische Nationalspieler und Bayern-Trainer „Tschick" Čajkowski betreute Kickers Offenbach. Es war merkwürdig, darüber zu lesen und zugleich Erörterungen zu Fragen wie der, ob Ohlicher als Kapitän des VfB die richtige Wahl sei; als er acht Jahre später mit seinem Tor in Bremen den VfB zum Meister machte, war die Frage längst beantwortet.

Es war keinesfalls so, dass der VfB von Anfang an die Liga stürmte. Die Mannschaft blieb die ersten fünf Spiele ohne Gegentor, konnte aber nur zweimal gewinnen. Immerhin wagte Reinhold Appel in der *Stuttgarter Zeitung* die Feststellung, noch stehe der VfB in der Spitzengruppe, und die Prognose, er werde dort auch bleiben.

Es ging aber zunächst weiter mit den Remisen. Erstes Gegentor im Heimspiel gegen Darmstadt 98, dann das Auswärtsspiel beim Aufsteiger Schwenningen: nach noch nicht einmal 30 Minuten war klar, dass der VfB die vergangene Saison noch nicht überwunden hatte. Schwenningen führte mit 3:0, eine Provinzmannschaft war dabei, den immer noch renommierten VfB einfach abzuschießen. Doch noch vor der Pause konnte Ohlicher verkürzen. Nach dem schlussendlichen 3:3 attestierte die Presse dem VfB eine gute Moral, zumal die Mannschaft nach dem Ausgleich mehrfach sogar den Siegtreffer hätte erzielen können.

Was tat sich da? Ob gegen den SV Waldhof die Unentschiedenserie durchbrochen werden würde? Das war vonnöten, denn der Kontakt zur Tabellenspitze war natürlich bei jetzt 9-5 Punkten abgerissen. Wiederum nach einer halben Stunde allerdings lag der VfB 0:2 hinten, und die Ohnmacht der Zuschauer entlud sich in wütenden Pfiffen. Der Absturz ins Mittelfeld stand unmittelbar bevor.

In der zweiten Hälfte rannte der VfB plan- und erfolglos an – bis zur 70. Minute, als der eingewechselte Hansi Müller traf. Wer auf spannende Schlussminuten gehofft hatte, wurde scheinbar enttäuscht, denn Waldhof konterte direkt zum 1:3. Aber die für den VfB fatale Statik der Partie war durch die beiden Tore gestört, die Hektik wurde größer. Noch einmal Anschlusstreffer, kurz vor Schluss der umstrittene Ausgleich, und Sekunden vor dem Abpfiff war plötzlich Hansi Müller durch, klar Abseits, aber das Spiel lief weiter, und Ohlicher verwandelte. Die Fassungslosigkeit war allseitig. Der VfB hatte ein über weite Strecken katastrophal gelaufenes Spiel 4:3 gewonnen. Der Tenor lautete: schlecht gespielt, aber die Moral ist intakt, das Glück (in Gestalt zweier vermutlich irregulärer Tore) wurde erzwungen. In der vorangegangenen Spielzeit hätte der VfB ein solches Spiel auf alle Fälle verloren.

In Augsburg stand der VfB lange unter Druck, führte in der Schlussphase mit 2:1, wackelte aber bedenklich. In den letzten Minuten jedoch trafen sie zweimal, und auf einmal sah es aus wie ein klarer Auswärtssieg. Mit 13-5 Punkten stand die Mannschaft plötzlich auf dem zweiten Platz (der immerhin die Relegation mit dem Zweiten der Nordliga bedeuten würde), noch vor Homburg, den damals sehr starken Fürthern, 1860 München und dem Club aus Nürnberg, und drei Punkte hinter den Offenbacher Kickers, die zum nächsten Spiel ins Neckarstadion kommen würden.

Bundesligaabsteiger Offenbach galt als heißester Aufstiegskandidat. Ihnen haftete das Image „zu stark für die zweite Liga, nicht stark genug für die erste" an. Wie der VfB waren sie ungeschlagen, hatten jedoch wesentlich öfter überzeugt, was sich ja auch im klaren Vorsprung in der Tabelle ausdrückte. Es war klar, dass der VfB sich seiner ersten echten Standortbestimmung zu stellen hatte. Wie diese ausfallen würde, war nicht zu ahnen.

Es war Samstag, der 2. Oktober 1976. Die ganze Familie war seit dem späten Vormittag auf dem Volksfest, das Jahr um Jahr im Herbst auf dem Wasen in unmittelbarer Nähe zum Stadion stattfindet und das schwäbische (also auch etwas sparsamere) Pendant zum Münchener Oktoberfest bildet. Dass ich zum Spiel gehen würde, war klar; mein Bruder drängelte zwei Tage vor seinem achten Geburtstag so lange, bis er die Eltern überredet und seinen ersten Stadionbesuch durchgesetzt hatte. Ich versprach aufzupassen, freute mich sogar, als großer Bruder gefragt und außerdem nicht allein zu sein, fast, als wollte ich vorschützen, nur seinetwegen hinzugehen.

Wir waren wohl 30 Minuten vor Spielbeginn da. Wenn die Spiele nicht ausverkauft waren, konnte man sich mit Stehplatzkarten meistens den Aufgang aussuchen (nur der A-Block war für den harten Kern reserviert); wir wählten den D-Block, der sich in senkrechter Linie hinter dem Cannstatter Tor befand, oberhalb jener Sitzplatzkurve, in der ich gut fünf Jahre zuvor im Pokalfinale die Bayern gegen Köln hatte siegen sehen. Gegenüber, in der Untertürkheimer Kurve, stand inzwischen, dank der WM 1974, die elektronische Anzeigetafel, ein großer schwarzer Klotz, auf dem die Lettern und Ziffern golden leuchteten. Zusammen mit dem sprichwörtlich satten Grün des Rasens, dem Blick über den Stadionrand hinaus in die Weinberge und der frühherbstlichen Stimmung (aber nein, die Sonne schien nicht, es war bewölkt) hatte das alles eine imposante Wirkung, vor allem, als die Spieler beider Teams das Aufwärmprogramm begannen.

Ein etwas untersetzter Mann im dunklen Parka bewegte sich dort auf der Untertürkheimer Seite mit gemessenen Schritten inmitten der weißroten VfB-Spieler. Es war Jürgen Sundermann, der durch seine eher zurückhaltenden, sachlichen Äußerungen in der Öffentlichkeit auffiel (intern, das wusste damals nur keiner, sah es wohl völlig anders aus). War er zu diesem Zeitpunkt schon der „Wundermann"? Das weiß ich nicht mehr; sicher war jedenfalls, dass er eine Ausstrahlung hatte, die irgendetwas mit den Spielern machte, und ich glaubte dies bis zu uns nach oben zu spüren.

Zum Zeitpunkt unseres Eintreffens war noch viel Platz um uns herum gewesen, doch es füllte sich rasch, und als ich etwa sieben Minuten vor

Beginn umherblickte, wirkte das Stadion voll (es waren 45000, so viele wie lange nicht mehr). So gab es vieltausendfachen Applaus für die Durchsage, dass der VfB mit einem Durchschnittsalter von 22,8 Jahren derzeit über den jüngsten Lizenzspielerkader verfüge. Damit muss es auch zu tun gehabt haben: Ganz vorsichtig begann man, noch ohne es auszusprechen, diese jungen Springinsfelde zu lieben, wir zumal, die wir doch gerade einmal zwei Jahre jünger waren als die jüngsten da unten. Wir, das waren an diesem Nachmittag erstaunlich viele Jugendliche, die sich zufällig hier, im D-Block zu ballen schienen, aber auch einige Dutzend Menschen mittleren Alters; wir standen nicht dicht an dicht, wie es im folgenden Jahr sein würde, als gegen die Bayern, den HSV oder Schalke 04 das Stadion komplett ausverkauft war. Die Ansammlung war locker genug, um meinem Bruder freie Sicht aufs Spielfeld zu ermöglichen, aber auch dicht genug, um die ganze große Gruppe als zusammengehörig wahrzunehmen und immer wieder einmal etwas auszutauschen, ohne dass man sich persönlich kannte.

Die Aufstellung des VfB Stuttgart: Roleder im Tor; als Libero der Jugoslawe Dragan Holcer; Arno Schäfer als rechter Verteidiger, Karlheinz Förster als Vorstopper und auf der linken Seite Markus Elmer. Im Mittelfeld Bernd Martin, der wohl als direkter Gegenspieler des Offenbacher Spielmachers Bitz vorgesehen war; seine Hauptrolle sollte später aber die des rechten Verteidigers werden. Sodann Hermann Ohlicher, den Sundermann also von der Mittelstürmerposition abgezogen hatte. Seine Aufgabe war nunmehr, eine Mischung aus Herbert Wimmer (was die läuferischen Qualitäten anbelangte) und Uwe Seeler á là Mexiko 1970 (als eine Art aus der zweiten Reihe vorstoßenden zweiten Mittelstürmer) zu geben. Seitens Sundermanns war dies ein gelungener psychologischer Kniff, denn zwischen Hitzfeld und Ohlicher hatte es, wie erwähnt, heftige Konkurrenz um die zentrale Angriffsposition gegeben. Der zweite Schritt, um diese Rivalität endgültig zu zerschlagen, sollte zu einem späteren Zeitpunkt der Einsatz von Dieter Hoeneß als Mittelstürmer bei gleichzeitiger Verschiebung Hitzfelds auf die Position des Rechtsaußen sein. An jenem Tag war es noch nicht so weit, denn Rechtsaußen spielte Bernd Schmider, links Klaus Jank und in der Mitte nicht etwa Ottmar

Hitzfeld (ich kann mich beim besten Willen nicht mehr erinnern, ob er verletzt oder außer Form war), sondern der junge Harald Beck. Und hinter diesen drei Spitzen spielte das größte Talent im Kader, Hansi Müller, 19 Jahre alt.

Bis heute sind mir einige Szenen des Spiels in scharfer Erinnerung geblieben. Sie stehen für einen Gesamteindruck, der absolut unverändert geblieben ist: wir erlebten, phasenweise mit aufgerissenen Augen und offenen Mündern hinunterstarrend, zum Ende leicht ernüchtert (denn Offenbach schaffte es noch, unsere 2:0-Führung zu egalisieren, wobei Bitz' Freistoßknaller zum 2:2 vier Minuten vor Schluss besonders ärgerlich war) die Geburtsstunde einer Mannschaft, die mit einer Mischung aus spielerischem Witz, Lauffreudigkeit sowie der Bereitschaft, sich untereinander zu helfen und Fehler der Nebenleute auszubügeln, fünf Jahre lang das Stuttgarter Publikum in ihren Bann ziehen sollte. Man hat diese Mannschaft damals mit den Gladbacher Fohlen verglichen. Treffender noch scheint mir der damals häufig benutzte Kosename „Sundermanns Rasselbande", treffend vor allem deshalb, weil er sowohl das Faszinierende, das von dieser Mannschaft ausging, einschließt, als auch den Keim des späteren Zerfalls punktgenau erfasst.

Die Mannschaft des VfB nahm das Spiel in die Hand, wirkte wesentlich wacher als die behäbigen Offenbacher und nahm uns oben in der Kurve sofort mit. Die ersten Passagen über fünf, sechs Stationen glückten und wurden mit Halbdistanzschüssen abgeschlossen, zwar noch erfolglos, aber von uns mit viel Beifall belohnt. Etwa Mitte des ersten Durchgangs erwischte Hansi Müller Helmschrot auf dem falschen Fuß und beförderte einen Abpraller überlegt ins Tor. Die dadurch ermutigte Mannschaft probierte immer gewagtere Dinge. Wiederholt brandete Applaus auf, wenn ein verloren gegangener Ball zurückerkämpft wurde, zwei, drei Weiß-Rote sich aus großer Bedrängnis herausspielten und der Ball dann urplötzlich steil nach vorne lief. Nicht immer konnte dieser Pass dann erlaufen werden, aber sie gaben keinen Ball verloren, beschleunigten immer wieder aus überraschend sauber laufenden Stafetten heraus. Ein gewaltiges Raunen, als Hansi Müller, ganz rechts auf der

Mittellinie stehend, nach einer Anspielstation suchte und den Ball quer und hoch über die gesamte Breite des Platzes hinüber zu Markus Elmer schickte, der die heranfliegende Kugel souverän stoppte und sogleich nach vorne weiterleitete. Mehr als nur ein Hauch von technischer und spielerischer Klasse wehte durch das Stadion. „Normal" war das damals nicht, zu frisch waren noch die Erinnerungen an die letzten beiden Jahre und die zahllosen kläglichen Verstolperer bei viel einfacheren Bällen. Erneut donnernder Applaus, als die in diesem Moment zu ungestüme Mannschaft in einen Offenbacher Konter lief, die ganze linke Abwehrseite völlig offen war und – schon wieder! – Markus Elmer nach einem verzweifelten Spurt mit einem einwandfreien Tackling um Zentimeter vor dem Offenbacher Stürmer an den Ball kam und ins Seitenaus klärte.

Eine kaum zu beschreibende Ovation begleitete die Mannschaft in die Halbzeitpause. Rundherum leuchtende Augen, Gestikulieren, kaum einer, der den Mund hielt, alle waren viel zu aufgeregt, jeder hatte etwas zu sagen. Dabei kehrten zwei Dinge fortwährend wieder: Auf diesem Niveau hatte man den VfB seit vielen Jahren nicht mehr spielen sehen, zuletzt vielleicht beim 3:0 gegen Dynamo Kiew; und alle waren wir berauscht von der Schönheit, mit der die Mannschaft ihr Angriffsspiel vortrug.

Klaus Janks 2:0 Minuten nach dem Wiederanpfiff bestätigte den bis dahin laufenden Trend: Der VfB war die klar bessere Mannschaft; Offenbach stand vor dem K.O. und der ersten Saisonniederlage. Da die Stuttgarter nur wenige Torchancen zugelassen hatten, machten wir uns vor einem Offenbacher Eckstoß nach etwa einer Stunde keine großen Sorgen und schauten etwas verdutzt, als die Gästespieler nach kurzem Torjubel in die eigene Hälfte zurückeilten. Zlatan Čajkowski, Sohn des Trainers, hatte eingeköpft.

Der VfB kombinierte zu unserer Freude zunächst unbeeindruckt weiter. Als der Offenbacher Trainer einen ins Aus springenden Ball zum Zwecke des Zeitgewinns für seine Mannschaft stoppen wollte und dabei hinfiel, durften wir noch einmal herzlich lachen. Dennoch wurden wir nervös, zumal wir sahen, dass die Offenbacher jetzt kämpften, sich ebenfalls Bälle zurückholten, die schon verloren schienen, und häufiger als bisher zumindest an den Strafraum kamen. Unter Druck unterliefen dem VfB mehr Fehler. Sundermann wechselte schließlich Erwin Hadewicz ein, um Ruhe hineinzubringen. Das war der Moment, als es zum ersten Mal Pfiffe gab. Hadewicz war von der Ostalb auf dem Umweg über den FC Bayern zum VfB gekommen, eigentlich mit dem Ruf, ein Goalgetter zu sein. Das Publikum ahnte noch nicht, dass Hadewicz über Jahre hinweg ein klassischer Kettenhund und wahrer Alptraum der gegnerischen Spielmacher sein würde. Jetzt hätten viele wohl lieber Helmut Dietterle in dieser Rolle gesehen, wie ich später auf dem Heimweg in der Straßenbahn belauschte. Vielleicht lag es aber auch daran, dass es Hansi Müller war, der ausgewechselt wurde.

In der Tat machte Bitz, auf den Hadewicz hätte aufpassen sollte, das Ausgleichstor, aber wie oben schon erwähnt, war es ein Freistoß, bei dem Hadewicz aufgrund der Spielregeln ein Eingreifen unmöglich war. In den letzten Minuten mussten wir zittern, denn Offenbach testete aus, ob die Youngsters hinten in der VfB-Abwehr jetzt nicht doch platt waren. Zum Glück hielt alles; vorne flatterte noch eine harmlose Bogenlampe auf Helmschrots Tor, und dann war Schluss.

Die Stimmung war gedämpft. Wie konnte es sein, dass man ein solch grandios geführtes Spiel nicht gewinnt? War alles vielleicht doch nur Optik gewesen, hatte der schöne Glanz getrogen? Nein, beschlossen wir schließlich; denen fehlt vielleicht noch Erfahrung, aber sie sind gut, richtig gut, und sie werden den Wiederaufstieg packen. Anders kann es einfach nicht sein.

Und wir bekamen Recht. Im folgenden Spiel, erneut zu Hause, überrannte der VfB die seinerzeit hoch geschätzten Homburger (die zudem den VfB vorübergehend von Platz 2 verdrängt hatten) mit 5:1; eine nette Nebennote war, dass Offenbach sein Heimspiel ausgerechnet gegen die Stuttgarter Kickers mit 1:2 verlor. Der VfB hatte Platz 2 zurückgeholt und lag nur noch einen Punkt hinter der Spitze, die er mit zwei weiteren

Siegen schließlich übernahm. Freilich wurde gegen 1860 kräftig gezittert; die Löwen waren absolut ebenbürtig, glichen unmittelbar nach der Pause zum 2:2 aus und setzten die VfB-Abwehr weiter unter Druck. Mitte der zweiten Halbzeit verwandelte Elmer einen umstrittenen Foulelfmeter. Obwohl dieser Erfolg also sprichwörtlich „hauchdünn" war, hatte sich gezeigt, dass die Mannschaft wirklich an Klasse gewann, sehr schnell lernte und auch kritischen Situationen standhalten konnte. Was wir gegen Offenbach gesehen hatten, war keine Eintagsfliege. Und – der VfB war immer noch ungeschlagen! Dreizehn Punktspiele ohne Niederlage, Tabellenerster, dazu die plötzlich gestiegene Aufmerksamkeit der Fachwelt, die dem VfB attestierte, auf einem sehr vielversprechenden Weg zu sein – das war für uns ein völlig neues VfB-Gefühl. Nach den langen Jahren kühler Sommer und verregneter Herbst- und Wintertage mit nichtssagend grauer Bewölkung, nach der Unwetterkatastrophe der beiden Vorjahre schien plötzlich eine pralle Sonne aus strahlend blauem Himmel auf uns herab und wärmte uns bis tief nach innen.

Die Feuertaufe kam allerdings erst nach dem 14. Spieltag, als das Auswärtsspiel bei Bayern Hof knapp verloren ging, die erste Niederlage der Saison. Obwohl drei, vier Mannschaften unmittelbaren Kontakt gehabt hatten, gelang es keiner, vorbeizuziehen – „typisches Spitzenreiterglück", so hieß es gleich, das sei doch ein gutes Omen. Aber würde der VfB es schaffen, bei seiner Linie zu bleiben und in Ruhe weiterzumachen? Immerhin kam als nächstes der 1. FC Nürnberg nach Stuttgart. Der Club war zwar nicht ganz in der Form des Vorjahres (die Nürnberger waren als Zweiter letzten Endes in der Aufstiegsrelegation gescheitert), gehörte aber auf jeden Fall zur erweiterten Spitze. Am 37. Spieltag der Vorsaison hatte der Club im Neckarstadion 1:0 gewonnen und der VfB dabei eher hilflos ausgesehen; die Erinnerung war noch gegenwärtig. Es kribbelte schon ein wenig in unseren Mägen. Aber nach nervösen 30 Minuten traf Elmer (der übrigens als linker Verteidiger mit insgesamt 11 Treffern außerordentlich erfolgreich war), und alle Sorgen waren im Nu verflogen, denn die junge Truppe spielte den Club am Ende mit 4:0 an die Wand.

Zur Saisonhalbzeit führte der VfB unangefochten die Tabelle an; peinlich war nur das 0:3 in Regensburg auf schwer bespielbarem Platz, was den Finger in den einzigen wunden Punkt legte: Bei winterlichen Verhältnissen und tiefem Boden lief das Spiel des VfB nicht.

Das machte uns schon wieder Sorgen, denn seinerzeit gab es noch keine Winterpause, es wurde mehr oder weniger durchgespielt. Dazu kam eine Laune des Spielplans, der uns für die Rückrunde gegen alle direkten Konkurrenten (Offenbach, Homburg, 1860, Nürnberg) auswärts gesetzt hatte. Was, wenn der derzeitige Vorsprung nur dem Heimvorteil geschuldet sein sollte?

Und es wurde eng. Den hohen Pflichtsiegen gegen Pirmasens und Schwenningen standen ein Punktverlust beim FSV Frankfurt und Niederlagen in Bayreuth und Darmstadt gegenüber. Es gab Spielausfälle, dadurch verzerrte Tabellenbilder, aber phasenweise stand der VfB nur noch auf Platz 3, hinter den ständig weiter siegenden 1860ern und Offenbach. Die Anspannung wuchs, erstmals hörte man, wenn es jetzt nicht klappe, dann nie, die Jungtalente würden doch dann weggekauft. Tatsächlich soll beispielsweise Mönchengladbach um den Jahreswechsel herum versucht haben, Hansi Müller zu ködern. Vielleicht war es damals noch einfacher für einen Trainer, einen jungen Spieler davon zu überzeugen, dass er im Sinne seiner Entwicklung nichts verkehrt macht, wenn er vorerst bei seinem derzeitigen Verein bleibt; jedenfalls versiegten die Spekulationen darüber wieder.

Endlich, Ende Februar, die Wende. Zum zweiten Mal innerhalb einer Saison drehte der VfB ein schlecht anlaufendes Spiel gegen den SV Waldhof, wiederholte dann das 4:1 gegen Augsburg. Nun ging es zum Rückspiel nach Offenbach. Am Ende eines guten Spiels entschied Elmers Volley.

Der Winter war vorbei, der VfB hatte sich wiedergefunden. Auf der Schussfahrt zurück in die Bundesliga nahm man mit dem 4:0 in Nürnberg eine weitere Wiederholung eines Hinrundenergebnisses mit. Die einst

rivalisierenden Ohlicher, Hitzfeld und Hoeneß trafen nun, wie sie wollten: Hoeneß, anfangs noch ohne Stammplatz, 13mal, Ohlicher 15mal,
Hitzfeld 22mal. Zu guter Letzt schaffte der VfB gar, dank eines 8:0 über
Regensburg, die 100 Tore, um sich am letzten Spieltag in Trier torlos
über die Runden zu zittern, mit demselben Ergebnis, mit dem man die
Saison gegen die Stuttgarter Kickers begonnen hatte. Es reichte zur Meisterschaft in der Südliga.

Als Aufsteiger würde der VfB eine sensationelle Spielzeit auf Platz 4 abschließen – die Geschichte war also noch lange nicht zu Ende.
Vizemeisterschaft und zwei dritte Plätze folgten, alles bessere Platzierungen, als sie der VfB vor dem Abstieg jemals erreicht hatte, zwischendurch
zwei Trainerwechsel, nämlich Sundermanns Weggang und Rückkehr. Im
zweiten Jahr der zweiten Sundermann-Periode geriet Sand ins Getriebe.
Ob es daran lag, dass mit Didier Six und Dieter Müller nunmehr „Stars"
in der Mannschaft spielten, die aber nicht in Tritt kamen? Es war wiederum ein Oktoberspieltag, diesmal im Jahre 1981, als der VfB sich mit
einem großen Spiel gegen das sich andeutende Skript zur Wehr setzte –
die Mannschaft dümpelte erstmals seit dem Aufstieg im Mittelfeld und
war in Gefahr, den Anschluss ans obere Tabellendrittel zu verlieren. Der
HSV, der ein halbes Jahr später die Meisterschaft holen würde, war den
größten Teil der 90 Minuten unter erheblichem Druck; ausgerechnet die
kritisierten Six und Dieter Müller spielten überragend, aber der Sturmlauf
wurde nicht belohnt. Der HSV siegte dank eines späten Treffers von
Milewski mit 2:1. Zuvor hatte Karlheinz Förster den Führungstreffer von
Lars Bastrup (der fünf Jahre zuvor für Offenbach auf dem Rasen stand)
ausgeglichen.

Es war, fünf Jahre nach dem Spiel gegen Offenbach, das Ende der „Rasselbande". Der VfB schloss die Saison auf Platz 9 ab. Dass Sundermanns
Nachfolger Helmut Benthaus nur zwei Jahre brauchte, um den Titel nach
Stuttgart zu holen, war die größte Überraschung. Benthaus' Konzept war
ein wesentlich anderes als das von Sundermann, variabler, mit mehr Ge-
spür für so etwas wie Spielrhythmus, 1-3-4-2 statt 1-3-3-3, und auch mit
neuem Personal: so manches Gesicht der „Rasselbande", wie zum

176

Beispiel schon 1980 Elmer und nun,1982, Hansi Müller, hatte den Verein verlassen; Müllers Position übernahm Asgeir Sigurvinsson. Dazu kam ein Zwischenraumspieler wie Thomas Kempe, der perfekt zu Karl Allgöwers Spielweise passte, und ein Eröffner wie Kurt Niedermeier, der sowohl Libero als auch im defensiven Mittelfeld spielen konnte. Unter Benthaus wirkte die Mannschaft wieder frisch, und man kann nicht sagen, dass er viel von dem übernahm, was Sundermann hatte spielen lassen: Er begann in gewisser Weise von vorne; gerade deshalb war der kurze Weg zur Meisterschaft erstaunlich.

Dies wäre also eine andere Geschichte, aber erzählen wollte ich die, die im Herbst 1976 begann, mit jungen Spielern und fast keinem Geld. Sie wiederholte sich in gewisser Weise 25 Jahre später. Anfang der Nuller-jahre war der VfB in einer womöglich noch schwierigeren Lage, dem Abstieg in letzter Minute entronnen, aber praktisch ohne Mittel; kein neuer Spieler konnte verpflichtet werden. Nach weithin übereinstimmen-der Expertenmeinung würde die Mannschaft, in die aus schierer Not Spieler aus dem eigenen Nachwuchs eingebaut werden mussten, sicher absteigen.

Zwei Jahre darauf war der VfB Vizemeister und spielte in der daran an-schließenden Saison eine begeisternde Runde in der Champions League, mit dem 2:1-Sieg über ManUnited als Höhepunkt. Aber sie lernten wie-der nichts daraus in Cannstatt, weder die Vereinsführung noch die Haupttribüne. Die quittierte den fünften Platz, den Matthias Sammer als Nachfolger von Felix Magath erreichte, mit Häme und Verachtung, ge-rade so, als gäbe es eine Garantie oder ein verbrieftes Recht darauf, immer vor Mannschaften wie denen von Bayer Leverkusen, Schalke 04, Werder Bremen oder Hertha BSC einzulaufen. Sammers Entlassung 2005 nach nur einem Jahr war vor allem ein Kniefall vor der krakeelen-den Kundschaft der Haupttribüne, natürlich auch vor den VIPs, die teilweise sogar im Aufsichtsrat saßen und sich mit fachlich höchst dubi-osen Äußerungen hervortaten. Als Belohnung für ihre destruktive Haltung bekamen sie Trapattoni, der konsequent daran arbeitete, aus dem Nationalspieler Andreas Hinkel einen Ex-Nationalspieler zu machen, ein Projekt, das er zu einem erfolgreichen Abschluss brachte. Hinkels längere Verletzungspause ist als Erklärung dafür nicht ausreichend – seine Stärke unter Magath und Sammer war das „Overlapping" gewesen, das Durchstarten entlang der Seitenlinie nach den ersten ein, zwei Pässen des neuen Angriffs; wenn ihm dann der Ball in den Lauf gespielt wurde, sorgte er immer wieder für vielversprechende Situationen. Trapattoni aber verordnete ihm, an der Mittellinie stehenzubleiben. Interessanterweise war Trapattoni auch am Ende seiner Zeit in Stuttgart, obwohl vorzeitig entlassen, noch beliebter als Sammer. Ein fußballerischer Grund lässt sich dafür nicht anführen.

Auch nach dem Spiel gegen Offenbach, dem besten VfB-Spiel seit Jahren, gab es Pfiffe von der Haupttribüne. Das Gedächtnis dieser „Fans" war damals und ist heute immer noch kurz, sie vergessen immer wieder, wo der VfB eigentlich gerade herkommt. 1978, schon zurück in der Bundesliga, erlaubte sich der VfB am drittletzten Spieltag, gegen Fortuna Düsseldorf mit 1:0 führend, ab der 80. Minute auch mal hintenherum zu spielen und den Ball zu halten. Das Ergebnis hätte für die UEFA-Cup-Qualifikation bereits gereicht – wohlgemerkt, der VfB war Aufsteiger. Die Haupttribüne aber pfiff die Mannschaft, von der sie zwei Jahre lang ausschließlich kompromisslosen Offensivfußball serviert bekommen hatte, gnadenlos aus und schaffte es so tatsächlich, die Spieler zu verunsichern. Der Düsseldorfer Ausgleichstreffer kurz vor dem Ende ging zu einem erheblichen Teil auf das Konto der Haupttribüne, änderte jedoch zum Glück nichts am Einzug des VfB in den internationalen Wettbewerb.

Es gab auch schon damals Fans, nicht nur Publikum (die feine Unterscheidung stammt von Christian Gentner) in Stuttgart. Der „A-Block" genoss jedoch einen zweifelhaften Ruf, sie waren so etwas wie die Schmuddelkinder. Die dort standen, waren weder im Umfeld des Stadions noch drinnen oft ohne Alkohol anzutreffen. Das und Gerüchte um Schlägereien, in die sie immer wieder einmal verwickelt gewesen sein sollten, waren uns suspekt; nach den Spielen rannten wir meistens sofort zur Straßenbahn, um nicht mit ihnen einen Waggon teilen zu müssen. Zu

Beginn der Spiele machten sie den meisten Lärm und, auch das, richtig gute Stimmung. Musikalisch waren sie definitiv kreativer als es heute gemeinhin der Fall ist; viele bekannte Lieder wurden umgetextet, und meiner Erinnerung nach konnten auf diesem Gebiet nur die Hertha-Fans mithalten. Lief es aber schlecht, war ab der 60. Minute auch im A-Block nichts mehr los. Da herrschte dann bleierne, alkoholgeschwängerte Resignation.

Heute ist das anders, zumindest der Support von der Cannstatter Seite ist bundesligareif. Das sind in Christian Gentners Sprachregelung die „Fans". Das „Publikum" aber ist nach wie vor da und gereicht dem VfB nicht zur Ehre.

Es ist wahr, dass die Zuschauer, die auf den Haupttribünen sitzen, in der Regel das meiste Geld bezahlen (sehen wir einmal von denen mit den Freikarten ab); noch wahrer ist, dass das Publikum auf der Haupttribüne in Stuttgart das fachlich inkompetenteste ist, das man sich denken kann. Und in all den Jahrzehnten hatte man oft, zu oft, das Gefühl, dass die Interessen der Haupttribüne in den entscheidenden Zirkeln, sagen wir mal, gut vertreten waren.

Da diese Interessen wiederum durchaus divergierten, konnte sich nie so etwas wie eine Linie etablieren. Das kulminierte in der Wahl Wolfgang Dietrichs zum Präsidenten, der wesentliche Anteile (ob es mehr oder weniger als fünfzig Prozent waren, spielt letztlich keine Rolle) an der Quattrex Finance GmbH hielt und somit seine persönlichen Interessen auf mehrere potentiell konkurrierende Vereine verteilt hatte. Das Interview nach dem Wiederaufstieg 2017, in dem er vom VfB als auf lange Sicht möglicher dritter Kraft nach den Bayern und dem BVB delirierte, war der erste, die kurz darauf durch ihn forcierte Entlassung Jan Schindelmeisers der zweite weithin öffentliche Hinweis auf seine Ferne zum Fußball. Kein Funktionär des VfB dürfte den Verein jemals größerer Lächerlichkeit preisgegeben haben.

Es kann aber nicht genug betont werden, dass Dietrichs Wahl 2016 in gewisser Weise der absurden Logik folgte, die das inkonsistente Gebaren der Vereinsführung und gewisser Zirkel im Hintergrund schon lange Zeit geprägt hatte – im Grunde seit den Zeiten Mayer-Vorfelders, der aber sein teilweise erratisches Hin und Her, was die Trainer anging, zumindest durch seine starke Persönlichkeit aufzufangen in der Lage war. Wenn freilich ein Mann wie Dieter Hundt elf Jahre lang dem Aufsichtsrat des VfB vorstehen konnte, war jemand wie Dietrich als Präsident (und als Vorsitzender der Kapitalgesellschaft nach der Ausgliederung der Lizenzspielerabteilung) schon wieder denkbar. Der Absurdität waren keine Grenzen gesetzt.

Durchgehend Positives fällt mir nur zu Erwin Staudt ein, der aber letztlich den Lobbyisten im Hintergrund nicht gewachsen war. Es war wohl so, dass er Porsche für ein Engagement neben dem von Daimler im Gespräch und vielleicht sogar schon weiter hatte, doch biss er sich an der Untertürkheimer Front die Zähne aus. Zwei auf dem Automobilherstellermarkt konkurrierende Marken, die sich für denselben Verein engagieren, das war für so manch schwäbischen Horizont zu viel. Zu fachlich sauberen Analysen, die zum Beispiel zutage hätten fördern können, dass die beiden Firmen ja leidlich verschiedene Segmente und Kundenstämme bedienten und somit im engeren Sinne nicht wirklich konkurrierten, reichte es nicht, dieses Ausmaß an Differenzierung überforderte viele – so bitter ist die Wahrheit.

Zu Mayer-Vorfelder ist immerhin zu sagen, dass er den VfB inmitten seiner bis dahin größten Krise übernahm (seine Kandidatur und Wahl 1975, als der VfB noch gegen den Abstieg kämpfte, glich für Stuttgarter Verhältnisse einem Putsch) und den Umbruch, der 1976 nicht mehr zu umgehen war, mit mutigen Entscheidungen anging. Dass er später so oft unstet agierte, schmälert seine Rolle in jenen Jahren nicht.

Damals, beim ersten Comeback des VfB, das dann, nach zunächst zögerlichen Schritten, im Herbst 1976 seinen Anfang nahm, als der Ball wie an der Schnur gezogen durch die Reihen lief, als Dieter Hoeneß irgendwie doch noch kicken lernte, als Dragan Holcer souverän durch den eigenen Strafraum dribbelte und Markus Elmer auch mal mit einem Hackentrick klärte, als in Cannstatt fast aus dem Nichts wunderschöner Fußball geboten wurde; als das Gefühl noch neu war, Staunen und Dankbarkeit vorherrschten und noch niemand auf die Idee kam, daraus Ansprüche abzuleiten: das war die schönste Zeit beim VfB.

Man muss, man darf nicht gleich zu träumen anfangen. Der VfB hat 2020 einen erneuten Anlauf in der Bundesliga gestartet und teilweise begeisternde Spiele gezeigt, hatte sogar bis zuletzt Chancen auf einen Platz im internationalen Geschäft. Aber das Wunder von damals wird sich nicht wiederholen. Wenn sie auch 2022 irgendwo im Mittelfeld landen und Pellegrino Matarazzo die Mannschaft danach in seine dritte volle Saison führen darf; wenn in zwei bis drei Jahren nicht schon wieder diverse Spieler in einem Alter von etwa Anfang zwanzig woanders durch die Decke gehen, von denen man dann erfährt, dass sie beim VfB ausgebildet wurden: dann kann man sagen, wow, sie haben etwas gelernt. Aber erst dann.

Als Freiburg 1993 aufstieg, hatten Klischees Hochkonjunktur: die müslifutternden Studenten, die eigentlich nur nebenher ein bisschen kicken, der anarchistisch oder wenigstens alternativ angehauchte Trainer, der ein ganz neues Spielsystem entwickelt haben sollte, das Publikum, das einfach nur gute Stimmung und Spaß haben wollte. Das mit den Amateurkickern war offensichtlich Blödsinn, aber an der Sache mit dem neuen Spielsystem war wohl etwas dran, und das Publikum wollte zwar, dass die Mannschaft gewinnt, hob sich jedoch ansonsten tatsächlich vom Durchschnitt in positiver Weise ab. Und so ging Freiburg, anfangs zaghaft, bald immer frecher, seinen Weg und gab während der besten Phase sowohl den Bayern als auch dem BVB ordentliche Packungen mit auf den Heimweg. Eben nach dem Sieg über die Dortmunder aber verlor die Mannschaft trotz guter Vorstellungen fast nur noch, rutschte in die Abstiegszone und war vor dem drittletzten Spieltag praktisch weg. Es galt noch die Zweipunkteregelung, und der SC lag vier Punkte hinter Nürnberg auf dem 16. Platz. Da es in diesen Jahren auch keine Relegation gab und der Club unter normalen Umständen noch mindestens zwei Punkte holen würde, war der Abstieg so gut wie besiegelt.

Die letzte Hoffnung bestand in einer Siegesserie in den letzten drei Spielen, was angesichts zweier Auswärtsspiele auch nicht das wahrscheinlichste Szenario war. Das erste Spiel dieser drei sollte in Stuttgart steigen, und ich beschloss, in meine Heimatstadt zu fahren, denn ich wollte diese Mannschaft, von der man sich so viel Gutes erzählte, wenigstens einmal in der Bundesliga spielen sehen. Ich konnte sowieso nicht verlieren: Damals noch VfB-Anhänger, würde ich wohl einen Sieg der Stuttgarter begrüßen (sie hatten nach dem Amtsantritt von Jürgen Röber in der Winterpause das Feld von hinten aufgerollt und waren unmittelbar an den UEFA-Cup-Rängen dran); sollte jedoch überraschend Freiburg gewinnen, beschloss ich, wäre es auch recht, und vielleicht würden sie den Klassenerhalt ja doch noch packen.

Als ich das Innere des Stadions im Kurvenbereich der Untertürkheimer Seite betrat und meinen nummerierten Sitzplatz aufsuchte, wurden Erinnerungen wach an die letzten Jahre meiner Schulzeit und die drei, vier Jahre danach, bevor ich Stuttgart verließ, eine Ära, in der ich regelmäßig Heimspiele des VfB Stuttgart besuchte, als es in den Kurven noch keine Überdachung und vor allem noch mehr Steh- als Sitzplätze gab, was eine Schülerkarte (für drei, später fünf Mark) im Rahmen des Erschwinglichen beließ. Natürlich meldeten sich auch, unsortiert, Erinnerungen an einzelne Spiele. Unvergessen, wie Schalke 04, mit Klaus Fischer, Hannes Bongartz und Rüdiger Abramczik, den VfB routiniert ins Leere laufen ließ und mit einem 1:0 in die Pause ging, nur um in der zweiten Halbzeit sechs Stück zu fangen.

Nochmal sechs fingen die Schalker in einem Pokalspiel einige Jahre später, in der Saison, als Otto Barić den VfB trainierte, aber anders als das frühere Spiel in der Rückkehrsaison des VfB hatte das 6:2 mit dem Spielverlauf nichts zu tun. Es dürfte das groteskeste Spiel gewesen sein, das ich jemals in Cannstatt gesehen habe. Schalke hätte es klar gewinnen müssen und hatte wohl Pech mit einem aberkannten Tor. Die Krönung der Absurdität war Allgöwers letztes Solo durch die verwaiste Schalker Hälfte, als er nach einer missglückten Körpertäuschung an Junghans hängenblieb, das Leder trotzdem irgendwie zurückbekam und nicht mehr danebenschießen konnte. Bei uns oben – wir standen, wie ich jetzt und heute, auf der Untertürkheimer Seite leicht seitlich von dem Tor, in das der Ball so unerwartet immer wieder hineinfiel – war kein Jubel; nein, wir brüllten vor Lachen und kriegten uns kaum wieder ein.

Im Rückblick dürfte unser Lachen vor allem eine erste große Unsicherheit überdeckt haben; es war vollkommen unklar, wohin der VfB sich bewegen würde, was man überhaupt vorhatte. Wie im vorigen Kapitel erwähnt, war Helmut Benthaus zum Ende der vorangegangenen Saison verabschiedet worden. Barić sollte unter anderem mehr taktische Raffinesse hineinbringen; angebliche taktische Rückständigkeit war plötzlich das, was man Benthaus vorwarf, nachdem der doch zuvor die Mannschaft aus der etwas eindimensionalen Ausrichtung unter Sundermann erst herausgeholt hatte. Nach einem halben Jahr unter Barić war die Tabellensituation aber kaum anders als davor; erst nach seiner Entlassung und der Installierung Willi Entenmanns als Interimslösung fand der VfB in die Spur und verdarb Werder Bremen sogar mit einem meisterlichen Auftritt am letzten Spieltag den Titel, der dadurch an die Bayern ging.

Die beim Betreten des Stadions einsetzenden Erinnerungen an die beiden erwähnten Spiele gegen Schalke 04 standen, wie mir im Rückblick klarer wird, für zwei Stationen einer Entwicklung: im Januar 1978 für den Triumph einer neuen Idee, und im Dezember 1985 für ein Trudeln in der schon einsetzenden Orientierungslosigkeit, die mehr oder weniger zufällig an jenem Nachmittag nicht fürchterlich bestraft wurde. Und sie standen für den Grad meiner Identifikation.

Ob der VfB gewinnt oder verliert, war mir natürlich niemals gleichgültig gewesen. Aber über allem stand wirklich immer das Wie. Ich reklamiere, kein Erfolgsfan zu sein. Was einen vor und in der Abstiegssaison zur Weißglut treiben konnte, war nicht eine Niederlage, sondern dass die Mannschaft schon eine Viertelstunde vor Schluss – von der einen oder anderen Alibi-Aktion abgesehen – den Betrieb einstellte. Seit Sundermann gab es das nicht mehr, plötzlich konnte man sich darauf verlassen, dass auch spät im Spiel immer noch was drin war. Nie drehte der VfB so viele Rückstände wie unter Sundermann. Gewinnen machte auch damals mehr Spaß, klar; aber nach dem äußerst unglücklichen 1:2 gegen den HSV am fünften Spieltag nach dem Wiederaufstieg (das war das Spiel mit Hitzfelds Eigentor) wollte ich, wollten wir alle, dass die Mannschaft so weiterspielt: auf Angriff, mit Risiko, ohne Angst. Lieber so spielen und mal verlieren als sich in die Hosen machen und uns das noch mit angucken lassen. Und das war das, was, tief in den Achtzigern, in Cannstatt passierte: man bekam Angst und wollte sich davon freikaufen.

Dazu kam, dass der VfB mit Erfolg nicht umgehen konnte. Meisterschaften 1984 und 1992, Pokalfinale 1986 und UEFA-Cup-Finale 1989 – jedes Mal glaubte man, endgültig an den großen Fleischtöpfen angekommen zu sein, verband das mit steigenden Ansprüchen und einer, diametral dazu, stetig kurzsichtiger werdenden Strategie.

So kam es, dass der VfB sich zunehmend verhielt wie alle anderen, Stars einkaufte und Trainer feuerte. Es war nicht mehr so leicht, sich noch mit einem Verein zu identifizieren, dessen Manager Dieter Hoeneß das Auftreten der Freiburger in der Bundesliga mit den Worten „wenn die sich mit ihrem Konzept halten können, dann haben wir zwanzig Jahre lang alles falsch gemacht" reichlich abschätzig kommentierte. Dies war vor allem dann abwegig, wenn man sich noch daran erinnerte, dass der VfB selbst anderthalb Jahrzehnte zuvor überhaupt nur wieder auf die Beine gekommen war, weil das Unübliche, das fast Unmögliche, gewagt werden musste.

Man muss nicht aufmerksam gelesen haben, um den Eindruck zu gewinnen, dass ich gerade das Thema des Kapitels verfehle. VfB, war das nicht das vorige Kapitel? Geht es jetzt nicht um den SC Freiburg? Doch; und das Obige hat damit zu tun. Es scheint, als wäre ich auf der Suche nach einem neuen Ort, einem Objekt der Identifikation gewesen und hätte zugleich zu verstehen versucht, was gerade passierte.

Nach und trotz alledem: Es war ein sehr seltsames Gefühl, zum VfB zu gehen und gar nicht mehr unbedingt zu hoffen, dass er gewinnt. Wie schon gesagt, hatte ich es mir so eingerichtet, dass so oder so nichts schief gehen könnte, und ich wähnte mich bei einer jener seltenen Gelegenheiten, bei denen ich ein Spiel mit etwas Abstand, ja objektiv würde verfolgen können.

Ich war direkt neben dem Gästefanblock gelandet. Eine gute halbe Stunde vor Spielbeginn war schon viel Stimmung auf den Rängen zu verspüren, und was sich links von mir abspielte, hatte ich so noch nicht erlebt. Ziemlich nahe spielte eine waschechte Dixieband (wie sie das Drumset ersetzten, weiß ich nicht mehr), von weiter her drangen eher volkstümliche Fetzen an mein Ohr, von denen mir zu jener Zeit noch nicht bekannt war, dass sie einer Hymne namens „Badnerlied" entstammten. Ich fand es lustig, und mir fiel auf, dass die Stimmung bei den Freiburger Anhängern ausgesprochen locker war, obwohl sie, nach einer knappen und unverdienten 0:1-Heimniederlage gegen Dynamo Dresden und dem Erlöschen der letzten Hoffnungen eine Woche zuvor, allen Grund gehabt hätten, zu Hause zu bleiben.

Jahre später konnte ich in einem Rückblick in *Hattrick* nachlesen, was sich im Anschluss an das Dresden-Spiel im Dreisamstadion abgespielt hatte: Die Zuschauer hätten nicht gepfiffen, sondern stumm auf den Rasen und die dort liegenden und sitzenden SC-Spieler gestarrt, minutenlang schweigend, mit der Enttäuschung und gegen die Tränen kämpfend – „Das Schweigen von damals" war der Bericht überschrieben –, und endlich, nach Minuten, sei einer aufgestanden und habe zu klatschen begonnen. Nach und nach seien alle in das Klatschen eingefallen, und das Klatschen sei in nichtendenwollende Standing Ovations übergegangen. Ich weiß nicht, ob's genau so stimmt, weil ich nicht dabei war, aber wenn ich mir die bereits beschriebene Stimmung unter den Freiburger Fans noch einmal vergegenwärtige, muss ich sagen: sie passt dazu. Man hatte Höhenluft geschnuppert, sich mehr als achtbar geschlagen und musste nun eben wieder gehen. Für diese Leute ging es um nichts mehr, sie hatten ihre Enttäuschung überwunden und wollten einfach die letzten Spiele in der Bundesliga mit der Mannschaft feiern.

Rechts neben mir bemerkte ich ein Pärchen, das ich schnell der Freiburger Schar zuordnen konnte, zu meiner Linken nahm ein verkniffen schauender älterer Herr mit Hosenträgern und Schiebermütze Platz. „Isch des da mei Platz?" Todsicher ein Schwabe, todsicher ein VfB-Anhänger. Was war das denn für ein Winkel in diesem Stadion, und wo war eigentlich mein Platz?

Der VfB dominierte, ohne dass eine echte Torchance entstand. Nach fünf oder sechs Minuten tauchte Freiburg zum ersten Mal vor dem Stuttgarter Tor auf (dem Tor, hinter dem ich, mit etwa dreißig Metern Abstand, saß), doch der Schuss von der Strafraumgrenze war harmlos, eher eine Rückgabe, mit der Stuttgarts Schlussmann Eike Immel keine

Probleme hatte. Immel war Nationaltorwart gewesen, und immer, wenn ich an ihn denke, denke ich an das Tor, das er von Marco van Basten im Halbfinale der Europameisterschaft 1988 kassierte. Es fehlten Millimeter, und Immel wäre noch an den Ball gekommen, und einmal habe ich geträumt, ich sähe das Spiel noch einmal, das Tor fällt, dann die Wiederholung in Zeitlupe, und jetzt, in der Zeitlupe, kommt er dran und lenkt den Ball um den Pfosten.

Elf, zwölf Minuten gespielt; Freiburg hat im Mittelfeld einen Ball abgefangen und kontert über links. Von der Eckfahne segelt die Flanke halbhoch in den Strafraum Richtung Cardoso, der auf der Torraumlinie am kurzen Pfosten lauert. Immel sichert das kurze Eck, gleich zwei Verteidiger haben Cardoso eingekeilt. Was kann er tun: Drehung und Volleyschuss? Stoppen und dribbeln? Prallen lassen?

Cardoso muss intuitiv erkannt haben, dass er alleine aus dieser Situation nichts machen kann. Er hält einfach den Fuß an den vorbeifliegenden Ball, gibt ihm mit der Hacke eine um ein winziges Etwas veränderte Flugrichtung. Ob er gewusst hat, dass hinter ihm und hinter den beiden Verteidigern noch ein weiterer Freiburger Spieler hinzugeeilt ist? Sehen kann er es jedenfalls nicht, er hat den Flug des Balles in seinen Rücken verlängert. Immel erkennt die plötzliche Gefahr, bewegt sich in die Mitte seines Kastens, aber wenn Ralf Kohl, fünf Meter vor dem Tor in einer traumhaften Schussposition, aufs lange Eck zielt, ist der Ball drin, keine Frage, Immel kommt zu spät. Doch Kohl, sehr wahrscheinlich selbst überrascht von der sich unverhofft bietenden Gelegenheit (und vielleicht davon, überhaupt zu spielen – er rutschte erst Minuten vor dem Anpfiff in die erste Elf), schießt nicht aufs lange Eck und eigentlich auch nicht aufs kurze, sondern, wie es einen kurzen Moment lang scheint, genau auf Immel, der schon dabei ist, die Faust zur Abwehr hochzureißen. Vermutlich hat auch Kohl, wie Cardoso zuvor, überhaupt nicht überlegt, sondern einfach den Fuß hingehalten. Und obwohl es Sekundenbruchteile lang so aussieht, als hätte er eine kapitale Torchance leichtfertig vergeben, sehe ich, wie das Netz sich wölbt.

Erst Wochen später, als bei einem Saisonrückblick im Fernsehen auch dieses Tor gezeigt wurde, begriff ich, dass Kohl, absichtlich oder nicht, dorthin geschossen hatte, wo Immel herkam, dass er den Ball also gegen Immels Laufrichtung gespielt hatte. Jetzt war mir das nicht klar und auch schnuppe. Überrascht stellte ich fest, dass ich, wie die meisten um mich herum aufgesprungen war, „Tor" gerufen hatte und frenetisch applaudierte. (Die Hosenträger samt Schiebermütze blieben sitzen.) Als ich wieder saß und mich umschaute, war es mir zum ersten Mal ganz klar: Aha. Du willst, dass die gewinnen. Die da unten (die gerade, ganz unspektakulär, das Tor mit dem Austausch von Handshakes und Schulterklopfern zur Kenntnis nahmen – keine Spielertraube, die den Torschützen unter sich begrub), und die paar Tausend hier oben. Kaum war der Torjubel verebbt, setzte wieder die Musik ein. Vielleicht war alles jetzt noch ein bisschen gelöster, aber sehr viel hatte sich gar nicht geändert.

Aus der ersten Halbzeit habe ich nicht mehr sehr viele konkrete Erinnerungen zu bieten. Im Gedächtnis ist mir noch ein Freiburger Konter, der viel eher einen erfolgreichen Abschluss vermuten ließ als der, der zum 1:0 geführt hatte, der jedoch überhastet verstolpert wurde; ein Freistoß für den VfB kurz vor der Pause aus recht guter Position heraus, den Schmadtke parierte (bis dahin die einzige echte Torchance der Stuttgarter); das permanente Granteln des Hosenträger-Trägers neben mir.

Halbzeit. Nürnberg lag bei den Bayern mit 0:1 zurück. Ich musste mich bremsen: Nürnberg würde eben nächste Woche punkten – dann hatten sie Wattenscheid zuhause –, und Freiburg hatte dieses Spiel hier auch noch nicht gewonnen. Einfach alles als Spaß nehmen. Aber dann erinnerte ich mich an die Sekunden, die dem Tor gefolgt waren. „Nur Spaß", das ging schon jetzt nicht mehr.

Die Angst vor einem baldigen Ausgleich prägte die Gefühle unmittelbar vor Wiederanpfiff. Also aufpassen, sagte ich mir, jeden Spielzug des VfB mitberechnen, den Flug des Balles und die Laufwege der Spieler innerlich vorwegnehmen, als ob ich mit parapsychologischen Methoden etwas ausrichten könnte. Es kam mir auch ganz folgerichtig vor, durch den Seitenwechsel der Mannschaften nunmehr hinter Schmadtkes Tor zu sitzen, was zur Folge hatte, dass ich Angriffe der Freiburger vor dem jetzt weit entfernten Tor Immels nur mehr würde erahnen können (man konnte bei den großen Entfernungen in Stuttgart vor dem Stadionumbau nicht beurteilen, ob ein hoch gespielter Ball sich als genialer Lob oder einfach als ein verunglückter Schuss in die Wolken entpuppen würde). Schließlich kam es nur darauf an, den knappen Vorsprung zu verteidigen, und was das anging, war mir beste Sicht garantiert.

Offensichtlich wollte der VfB kurzen Prozess machen; die Stuttgarter Spieler verengten umgehend die Räume vor dem Strafraum der Freiburger. Wie zu Beginn des ersten Durchgangs ergab sich aus den anfänglichen Scharmützeln aber keine sofortige Torgelegenheit, wohingegen Cardoso den ersten Entlastungsangriff des SC mit dem 2:0 abschloss. Erneut waren auf dem Rasen die sachlichen Handshakes zu beobachten, im Augenwinkel sah ich die Freiburger Bank, mittendrin bestimmt Volker Finke, aufspringen und zum Spielfeldrand laufen; bei uns – ja: uns! – in der Kurve explodierte zum ersten Mal der Jubel. Die Gesichter strahlten, und zugleich sprach Ungläubigkeit aus ihnen. Etwas später als nach Kohls Treffer wurde das Volksfest fortgesetzt, und immerhin war jetzt klar, dass die Party, garniert mit diesen zwei Toren, doch sehr unterhaltsam war.

Wie gesagt, war es für mich schon jetzt keine Party mehr. Ich rechnete bereits durch, was passieren würde, wenn Nürnberg noch zwei Punkte holte und Freiburg alle sechs, und kam zum Schluss, dass das dann über die Tordifferenz auf jeden Fall reichen müsste. Aber wie knapp war denn das Spiel in München? Dort zumindest durfte der Club keinesfalls punkten. Und schon nach wenigen Minuten setzte bei mir Skepsis ein. Noch war weit über eine halbe Stunde zu spielen; so lange würde die Freiburger Abwehr, die in den vergangenen Spielen jeweils mindestens ein-, zweimal schwer gepatzt hatte, niemals dichthalten.

Zum Glück dachten die Freiburger gar nicht daran, einen Riegel unmittelbar vor den eigenen Kasten zu errichten; vielmehr störten sie das Stuttgarter Aufbauspiel schon weit vorne. Ihren obligatorischen Bock brachten sie dann so schnell hinter sich, dass man kaum mitbekam, was eigentlich passiert war. Jedenfalls standen, als der Ball parallel zur Torlinie trudelte, zwei Stuttgarter am Fünfmeterraum völlig frei; der eine ließ dem zweiten den Vortritt, was diesen wiederum so überraschte, dass sein Ausfallschritt Richtung Ball zu spät kam. Zum ersten Mal machten sich auch in unserer Stadionkurve Stuttgarter Anhänger bemerkbar, die die Illusion des Augenblicks von ihren Sitzplätzen aufspringen ließ, nur um sie in der nächsten Sekunde wieder in sich zusammensacken zu lassen. Die Freiburger Fans grinsten etwas verlegen; einige schüttelten ihre Köpfe und setzten bedenkliche Mienen auf, ohne dass sich an der Stimmung insgesamt viel änderte. Man wartete noch auf die wirklich kritische Situation.

Die sechzigste Minute ist wohl gerade vorbei, als Guido Buchwald, etwa fünfundzwanzig Meter vom Tor entfernt und leicht nach rechts abgesetzt postiert, einen Abpraller direkt aufs Tor zieht. Stuttgarter wie Freiburger Anhänger zieht es förmlich von ihren Sitzen. Keiner, der nicht sofort erkannt hätte, dass Buchwald einen gefährlichen Topspin abgegeben hat. Alles hängt davon ab, wie der Torwart postiert ist. Häufig sind es Situationen wie diese, in denen er schon zu weit vor dem Tor steht, weil er nach vermeintlich geglückter Abwehraktion seinen Verteidigern in der Vorwärtsbewegung gefolgt ist. Wo steht Schmadtke?

Und wie oft ist eigentlich ein Fußballspiel schon gekippt, nachdem eine Mannschaft zwei Tore zurücklag? Die Freiburger hatten zu Beginn der Saison bei den Dortmundern lange mit 2:0 geführt und dennoch verloren. In dieser Sekunde war mir klar, dass der VfB das Spiel, wie so oft in den späten 70er-Jahren, noch umdrehen würde.

Schmadtke ist herausgelaufen, aber noch nicht zu weit, und er hat das Glück, dass Buchwalds Bogenlampe in die Mitte des Tores platziert ist. Im Zurückeilen setzt er zum Sprung an und boxt den Ball mit einer Faust über die Latte. Während die Stuttgarter Anhänger die bereits hochgerissenen Arme auf ihre Köpfe sinken lassen, kocht im Freiburg-Block die Erleichterung über, Schmadtkes Rettungstat wird bejubelt wie ein Tor, und das ist sie in der Tat wert.

Wohl erst nach dieser Szene realisierten die Anhänger des SC Freiburg, dass ihre Mannschaft, nach all dem Pech und den unglücklichen Verläufen der letzten Wochen, dieses Spiel tatsächlich gewinnen und sich eine minimale letzte Chance auf den Verbleib in der Bundesliga bewahren könnte. Irgendetwas war anders: Die Musiker spielten nicht mehr, sondern starrten wie alle anderen gebannt nach unten auf den Rasen und begannen, in die jetzt verstärkten Anfeuerungsrufe einzufallen, die nun auch von rechts, aus Richtung der Gegengeraden, zu vernehmen waren, und mit einem Male hatte der SC das Heimspiel und nicht der VfB. Jetzt war es ernst.

Während ich zusah, wie die weißgekleideten VfB-Spieler verzweifelt versuchten, an den Freiburgern in ihren roten Jerseys vorbeizukommen, schweiften meine Gedanken unvermittelt zurück ins Jahr 1982. In derselben Kurve wie heute, nur stehend, hatte ich in der ersten Benthaus-Saison das Heimspiel gegen den HSV, damals die beste Mannschaft der Liga, verfolgt. Irgendwie gingen die Bilder durcheinander. Der HSV führt Mitte der 2. Halbzeit mit 2:0 und hat alles im Griff. Wieder scheitert ein Konterversuch des VfB, es gibt Einwurf für Stuttgart, der Ball wird sofort abgefangen, kurzes Geplänkel, der Ball rollt schon wieder über die Seitenauslinie, Einwurf diesmal für den HSV. Zum Verzweifeln. Der Einwurf wird in den Strafraum weitergeleitet...

...Cardoso stoppt den Ball und schießt sofort, alles in einem einzigen Bewegungsablauf. Immel ist unten, aber der Flachschuss ist schlicht unerreichbar. Herr Hosenträger schimpft ein letztes Mal laut, steht auf und geht.

Jeder wusste: das war es jetzt. Freiburg hatte nicht nur Glück, sondern spielte selbstbewusst nach vorne, wie der HSV 1982, wie ein Meister.

Und der VfB konnte an diesem Tag nicht mithalten, fing sogar noch das 0:4. In den letzten 90 Sekunden feuerten die immer noch um den Ehrentreffer kämpfenden Stuttgarter drei Distanzschüsse ab, nach denen Schmadtke sich immerhin strecken musste, doch es sprangen nur noch zwei Ecken heraus. Abpfiff; in der Kurve donnernder Applaus, Jubel, Freudentänze und jetzt auch wieder Musik. „Heul nit", sagte der männliche Teil des Pärchens zu mir und grinste mir freundlich ins Gesicht, während die beiden sich an mir vorbeischoben. Oh, dachte ich, und putzte mir die Nase.

Der Vollständigkeit halber sei erwähnt, dass jenes Spiel des VfB gegen den HSV im Oktober 1982 marginal anders zu Ende ging. Die Abseitsfalle der Hamburger schnappte einmal nicht zu, Reichert war durch und wurde 20 Meter vor dem Tor von Uli Stein gefoult. Damals kam man für so etwas mit Gelb davon; in diesem Fall nützte es nichts, weil Didier Six den Freistoß direkt verwandelte. Von einer Sekunde auf die andere war alles anders, die Gefriertruhe, in die der HSV das Spiel eingeschlossen hatte, war geknackt, der VfB stürmte, der HSV bekam es nicht mehr in den Griff und brachte die zwei Punkte irgendwie über die Zeit. (Es war das ich-weiß-nicht-wievielte 1:2 gegen den HSV, das ich live im Stadion sah.)

Der SC Freiburg schaffte es. Sie siegten sehr spät gegen die bereits abgestiegenen Leipziger und gewannen am letzten Spieltag in Duisburg, beim Mitaufsteiger, der kurz nach Beginn der Rückrunde sogar einmal – mit einer Tordifferenz von minus eins – die Tabelle angeführt hatte. Damit zogen sie nach Punkten mit Nürnberg gleich und standen dank der besseren Tordifferenz auf dem rettenden 15. Rang. Die allermeisten Fußballfans feierten Finke und seine Truppe für diese Geschichte, mit der man sich gerne identifizierte, und es ging weiter: am zweiten Spieltag der nächsten Saison kamen die Bayern an die Dreisam, und der SC, dessen gesamter Spielerkader etwa so viel kostete wie fast jeder beliebige Spieler bei den Bayern alleine, siegte mit 5:1; zumindest in der Saison 1994/95 würden die Freiburger konstant vor den Bayern stehen. Am Ende wurden sie Dritter mit drei Punkten Rückstand auf Meister

Dortmund. Zwischendurch wurde Volker Finke einmal gefragt, ob denn Freiburg nicht auch Meister werden könne, woraufhin er meinte, da müssten wohl Weihnachten und Ostern auf einen Tag fallen, bevor das passieren würde.

Es gibt eine Gegengeschichte zum Freiburger Wunder von damals, und fairerweise ist die auch zu erzählen. Es ist die Geschichte des 1. FC Nürnberg, der im Finish der Saison 1993/94 ein Pech hatte, das man seinem ärgsten Feind nicht wünscht.

Zunächst war da das Spiel bei den Bayern am 32. Spieltag, das bekanntlich parallel zum Spiel der Freiburger in Stuttgart ausgetragen wurde. Ich schrieb schon, dass ich, nach der Übermittlung des knappen 1:0 für die Bayern zur Pause, kein klares Gefühl dafür hatte, wie knapp das Spiel dort wohl noch würde. Sehr knapp, wie man am Abend über alle Programme erfuhr: Der Halbzeitstand beruhte auf dem Phantomtor von Thomas Helmer. Der hatte in abenteuerlicher Verkünstelung einen scheinbar leicht zu verwandelnden Ball neben den Pfosten ins Aus gesetzt, der Linienrichter aber auf Tor erkannt. Dennoch ergab der Club sich nicht in sein Schicksal, war an jenem Nachmittag sicher gleichwertig und musste sich nach einem verschossenen Elfmeter mit 1:2 geschlagen geben. Nach regulären Toren hatte der Club den Bayern also ein 1:1 abgetrotzt. Der Punktgewinn, der Freiburgs Hoffnungen auf Rettung zunichte gemacht hätte, war denkbar nahe. Es gab zwar ein Wiederholungsspiel, das die Bayern klar gewannen, aber unter normalen Umständen wäre es dazu ja gar nicht gekommen.

Das Heimspiel gegen Wattenscheid am 33. Spieltag gewannen die Nürnberger erwartungsgemäß deutlich. Am letzten Spieltag mussten sie nach Dortmund. Dort gab es einen strittigen Elfmeter gegen sie, den Köpke parierte – der anschließende Tumult im Fünfmeterraum endete mit dem Eigentor eines Nürnbergers. Vielleicht war das zu viel. Die Mannschaft konnte, was da kam, nicht mehr aufhalten, und ging mit 1:4 unter. Bitter war es, weil sie eigentlich alles getan hatten, was man von ihnen verlangen konnte.

Mehrere Male würden sich die Wege des SC und des Clubs kreuzen – das nächste Mal 1999, im berühmten Abstiegsfinale, als Eintracht Frankfurt sich Sekunden vor dem Ende durch Fjörtofts Übersteiger rettete und Günter Koch in Nürnberg „Wir melden uns vom Abgrund!" rief. Es war wenige Tage vor dem 99er-Saisonende, als *SportBild* mit einer skurrilen Geschichte um die Ecke kam und versuchte, auf das in diesem Kapitel geschilderte Spiel der Freiburger in Stuttgart ein etwas trübes Licht zu werfen. In einem allgemeinen Rückblick auf vergangene Abstiegskämpfe geriet natürlich auch die Rettung des SC von 1994 in den Blick; dieser haftete, so behauptete *SportBild*, ein gewisses „Gschmäckle" an, habe da doch der VfB wohl gerne nachbarschaftliche Hilfe gewährt.

Das ist natürlich absoluter Blödsinn und schon allein anhand der Tabellenstände, die für jeden in den einschlägigen Onlinequellen nachzuvollziehen sind, unmittelbar zu widerlegen – hätte der VfB das Spiel gewonnen, wäre er noch in den UEFA-Cup eingezogen. Sie hatten nichts zu verschenken und gegen den neu auf der Bühne erschienenen Lokalrivalen erst recht nicht.

Aber warum erlaubt sich *SportBild* etwas so leicht zu Widerlegendes? Die Antwort führt zurück ins Jahr 1997. Damals stürzte der SC seinem ersten Abstieg aus der Bundesliga entgegen. Die lokale *BILD*-Redaktion wollte gerne austesten, ob nicht auch in Freiburg letztlich die so genannten „Gesetze der Branche" herrschen müssten, und versuchte, Volker Finke aus dem Traineramt zu schreiben. Ob da im Hintergrund noch persönliche Rechnungen beglichen werden sollten, muss Spekulation bleiben – es gab damals schon noch einige SC-Veteranen in Freiburg, die auf Finke nicht gut zu sprechen waren; 1991 hatte er, frisch angetreten, sowohl im strukturellen wie im personellen Bereich Dinge im Sinne seiner Vorstellungen für die Zukunft geregelt und im Zuge dessen auch einigen Alteingesessenen die Tür gewiesen. In den ersten Wochen soll Finke einige Male auf der Straße angepöbelt worden sein.

Als die *BILD* auf Granit biss – der SC Freiburg hielt zusammen, und Präsident Stocker verkündete, dass man selbstverständlich auch in der 2.

Liga mit Finke zusammenarbeiten werde –, zogen sie das schmuddelige Register und dichteten Finke Affären mit Spielerfrauen (Plural!) an. Im Frühjahr 1999 beendete ein Richter diesen Unsinn und verhängte eine Geldstrafe von 25.000 DM. Dieses Urteil war Anfang Mai 1999 noch relativ frisch. *BILD* hatte den Prozess, redlich verdient, verloren, aber der kleine Bruder mit der Illustrierten-Optik durfte nochmal versuchen, ob er nicht irgendwo im Umfeld des SC einen kleinen, übelriechenden Knallfrosch zünden konnte. Konnte er, aber es war wirklich nur ein Furz.

Was mir am SC Freiburg gefiel, war sicher ursprünglich eine Art Robin-Hood-Story, eine Geschichte des im Vergleich zum tumben Sheriff von Nottingham schlechter ausgerüsteten, dafür um vieles schlaueren Kämpfers für Gerechtigkeit.

Erstmal also blanker Kitsch. Aber hinter der Geschichte lag echte fußballerische Substanz. Zwar entspricht es den Tatsachen, dass der SC Freiburg beim Aufstieg überwiegend Spieler an Bord hatte, die sicher gute Kicker waren, aber von ihren rein balltechnischen Fähigkeiten her nicht unbedingt Kandidaten für Stammplätze bei den anderen Bundesligisten waren. Viele beeindruckte, dass sie die Defizite nicht, wie es eigentlich Usus war, mit schierem Kampf kompensierten. Zum einen arbeiteten sie über die Jahre konstant an diesen Schwächen und wurden besser. Dazuhin spielten sie Fußball und ließen sich auch in späteren Jahren, wenn sie in der Tabelle hinten drinstanden, nicht davon abbringen. Man legte ihnen immer wieder nahe, doch den Abstiegskampf endlich einmal „anzunehmen", die Bälle hinten rauszudreschen und die Gegenspieler wegzugrätschen; Volker Finke sagte dann immer so etwas wie, wie sollen wir in einer Fußball-Liga bestehen, wenn wir nicht mehr Fußball spielen.

Ebenfalls beeindruckend war die Ruhe, mit der die Vereinsführung um Achim Stocker agierte. Stocker war ein Sympathieträger und in gewisser Weise auch ein Gegengewicht zu Finke, der bisweilen sein Gegenüber mit einer großen Textmenge erschlug. Stocker neigte zum Understatement und schien sich selbst ein wenig als den Unbedarften hinzustellen.

In Wahrheit war er ein absoluter Fußballfachmann, der über Jahrzehnte hinweg höchstselbst Spieler für den SC auf den Kickplätzen in der Umgebung Freiburgs gescoutet hatte. Obwohl Stocker und Finke also ganz unterschiedliche, ja gegensätzliche Typen waren, wusste Stocker, dass der Freiburger Höhenflug in der Form ausschließlich Finke zu verdanken war, und er hielt ihm auch in den sportlich ganz kritischen Phasen immer den Rücken frei. Und im Vergleich zum gerne mal großspurig auftretenden Gerhard Mayer-Vorfelder, der auch seinen Trainern immer wieder ins Handwerk pfuschte, kam Stocker sowieso besser weg.

Viele Spieler hatten ausschließlich Erfahrungen unterhalb der Bundesliga gesammelt. Erst nach ihren Jahren in Freiburg kamen beispielsweise Andreas und Michael Zeyer, Uwe Spies, Martin Braun oder Jens Todt zu Engagements bei anderen Bundesligisten: der SC Freiburg war, zunächst einmal, eine sehr gute Zweitligamannschaft, von der sich erst zeigen müsste, wie sie im Oberhaus zurechtkam.

Es gab auch Spieler mit Bundesligaerfahrung, nämlich Jörg Schmadtke, Maximilian Heidenreich, Martin Spanring und Rodolfo Cardoso. Cardoso war der, der technisch herausragte; obwohl von den berühmten „Estudiantes de La Plata" nach Homburg gekommen, konnte er andere Bundesligisten nach dem Homburger Abstieg nicht so für sich interessieren, dass er dort untergekommen wäre, sodass er nach drei Jahren in der Zweiten Liga von Homburg nach Freiburg ging. Erst nach zwei glanzvollen Spielzeiten in der Bundesliga kaufte Werder ihn heraus. Heidenreich war ebenfalls technisch ein sehr Guter, war als junger Spieler mit Hannover 96 bereits einmal auf- und wieder abgestiegen, hatte sogar das Interesse der Bayern geweckt, doch verlief seine weitere Karriere, mit den Stationen 1860, Eintracht Frankfurt und FC Basel, eher inkonstant. Schmadtke und Spanring waren bei ihren vorigen Vereinen zum Teil angeeckt und galten wohl als schwierige Charaktere. Dazu kam, dass alle vier Genannten bereits Abstiege erlebt hatten. Dass Freiburg sie holte, ist insofern überraschend, als derlei Erfahrungen sehr wohl das „Sein", auch das Unterbewusstsein prägen können. (Man denke an Andi Köpke, unbestritten ein Klassetorwart, der den EM-Titel gewann, aber mit drei

Vereinen aus der Bundesliga abstieg.) Aus dem Baseball ist bekannt, dass Manager schon vor Jahrzehnten Spieler auch danach aussuchten, ob die Mannschaft oft gewann, wenn sie mitwirkten, unabhängig davon, welche individuellen Qualitäten sie mitbrachten und welchen konkreten Einfluss sie auf die Spielverläufe nahmen. Hätten Achim Stocker und Volker Finke derartige Kriterien angelegt, hätten sie wohl eher auf andere Spieler gesetzt; offenbar waren aber gerade diese vier interessant.

Rein vom Spielerkader her gesehen war also mehr als ungewiss, ob und wie Freiburg sich würde halten können. Wie aber sollten tendenziell eher zweitklassige Fußballspieler ausgerechnet über das Fußballerische bestehen können? Sie beherrschten ihr Metier ja von Haus auch nicht so gut wie die durchschnittlichen und erst recht die besseren Erstligaspieler; denen konnten sie doch nichts vormachen? Dunkel kamen auch Erinnerungen zurück: Es hatte schon einmal einen Underdog gegeben, der es über das Spielerische versucht hatte, den SV Darmstadt 98 unter Lothar Buchmann in der Saison 1978/79. Sie pflegten ein sehr ansehnliches Passspiel und ernteten viel Respekt, waren aber letztlich ohne Chance, auch, weil nicht wenige von ihnen gar keine Vollprofis waren, sondern neben dem Fußball noch Berufen nachgingen.

Hier kam nun die Robin-Hoodsche Schläue ins Spiel. Der SC Freiburg brachte dank Volker Finke und seinem Assistenten Achim Sarstedt einen taktischen Vorsprung mit in die Bundesliga, der sie über die ersten drei Jahre brachte. Kernelemente waren das Kurzpassspiel, das Verschieben (was zu Überzahl in Ballnähe führte, bei gleichzeitiger Nicht-Markierung des ballentferntesten Gegenspielers – im Manndeckerland Deutschland eine Ungeheuerlichkeit) und das Prinzip der kurzen Wege; bei Ballverlust wurde zunächst Gegenpressing betrieben (15 Jahre, bevor Jürgen Klopp es so nannte) und sodann, falls der Ball nicht zurückgeholt werden konnte, jede Position ballorientiert besetzt, aber stets von dem Spieler, der den kürzesten Weg dorthin hatte. Da das Freiburger Spiel zugleich laufintensiv war, waren die kurzen Wege eine wichtige Komponente zum Zweck der Kraftersparnis.

Auf dem Papier ließ Finke die Formation aussehen wie das von nahezu allen Bundesligisten praktizierte „deutsche" 3-5-2, oft auch, wegen des unvermeidlichen Liberos, als 1-2-5-2 angegeben. Im Detail war es aber sehr anders; wie schon im „Leitwolf"-Kapitel erwähnt, spielte Freiburg nicht mehr mit einem Libero, sondern einem zentralen Dreierblock in der Deckung. Dass diese drei in der Presse regelmäßig als „Libero und die beiden Manndecker" durchgingen, war den Freiburgern wahrscheinlich nur recht; hin und wieder wurde bemerkt, dass Maximilian Heidenreich, der am häufigsten in der zentralen Position spielte, als „Libero vor den Manndeckern" fungierte, aber nicht erkannt, dass das einstige Jungtalent in Wirklichkeit einen Hybrid aus Innenverteidiger und „Sechser" gab, tatsächlich ganz ähnlich der Rolle, die van Gaal Frank Rijkaard bei Ajax als Aufgabe zugewiesen hatte.

Auch das Fünfer-Mittelfeld spielte anders als üblich. War es in den anderen Vereinen und auch in der Nationalelf die Regel, dass an den Seiten je zwei Spieler ein Pärchen bildeten und sich in der Außen- und der Halbposition situativ abwechselten, waren in Freiburg die Flügel prinzipiell von einem einzigen Spieler besetzt. Das war, im Rückblick gesprochen, vielleicht der einzige Schwachpunkt des Konzepts, denn diese Außenbahnspieler waren läuferisch überdurchschnittlich gefordert, auch wenn ihnen, wenn der Gegner konterte, Mannschaftskollegen dank der „kurzen (Rück-)Wege" meist Teilstrecken des Spurts zurück abnahmen.

Die Außenbahn war also in Freiburg, obwohl von nur einem Spieler exekutiert, keine „Spezialisten"-Position. Sie hatten auf den Flügeln keinen, der dort auch mal fummelte und dribbelte, und wollten das wohl auch nicht: Finkes Taktik beruhte kaum auf dem ansonsten stereotyp immer wieder geforderten „Spiel über die Flügel". Er hatte keine Probleme damit, wenn es zentral am Sechzehner mal ein Gedränge gab – dahinter stand schließlich das Tor. Dafür nahm man in Kauf, dass Flanken von den Seiten öfters mal die Präzision fehlte.

Durch den Verzicht auf Varianz an der Seitenlinie waren allerdings noch drei zentrale Mittelfeldspieler „frei", das Herzstück der Formation, die Achim Sarstedt als die „freischaffenden Künstler" bezeichnete. Sie rochierten wie wild, stets ballorientiert, und sorgten für ständig neue Konstellationen, wodurch das Offensivspiel für den Gegner schwer auszurechnen war.

Am „normalsten" wirkten noch die beiden Angreifer, die selten auf einer Höhe agierten, sondern in der Vertikalen leicht versetzt und ständig kreuzend – das war tatsächlich so etwas wie „Standard". Weniger Standard war, dass von ihnen nicht das klassische „Knipsen" erwartet wurde, auch nicht von nur einem von ihnen. Die Aufgabe der beiden Uwes, Spies und Wassmer, aber auch der anderen da vorne, war vor allem, sich am Kombinationsspiel zu beteiligen; ob sie nun abschlossen oder dem mitgelaufenen Verteidiger auflegten, war konzeptionell völlig unbedeutend. (Eine Ausnahme stellte einige Zeit später Harry Decheiver dar: er wurde, zusammen mit Alain Sutter und Nikola Jurcević während der laufenden Spielzeit 1995/96 geholt, als der SC früh am Tabellenende stand. Für diese eine Saison funktionierte das, Decheivers Tore sicherten am Ende den Klassenerhalt. Im folgenden Jahr allerdings rächte sich die teilweise Abkehr von Freiburgs eigentlichem Konzept, der Abstieg stand früh fest, und Decheiver verließ Freiburg wieder, ebenso wie Sutter und Jurcević.)

All diese Komponenten bedingten, dass die Spieler über Spielverständnis verfügen mussten – und das war der Fall. Von allen erwartete Finke, das Spiel stets im Ganzen wahrzunehmen, wach zu bleiben und „zwischendurch immer wieder mal was Schlaues zu machen". Die Folge war, dass, obwohl kein „Brasilianer" beim SC Freiburg spielte, immer wieder auf spektakuläre Weise Torchancen erspielt wurden; so verdienten sie sich die Bezeichnung „Breisgau-Brasilianer". Finke sagte einmal in einem Interview sinngemäß, „im besten Fall ist unser Spiel wie ein Tanz; dann haben wir alle fünf oder sechs Minuten eine Torchance".

Was unbedingt ein Verdienst Finkes und auch Sarstedts ist, ist, dass sie es vermochten, ihre Spielidee anzupassen, als die anderen Vereine taktisch aufholten und Freiburg auch Abstiege zu verkraften hatte, ohne dass sie aber die grundsätzliche Idee aufgaben. Sie krönten ihre Arbeit mit der sensationellen Rückrunde im Frühjahr 2007, als Iashvili, Pitroipa, Matmour, Coulibaly und & Co Fußball von einem anderen Stern spielten und nach einer beispiellosen Aufholjagd, die in der Abstiegsregion der zweiten Liga begonnen hatte, den dritten Aufstiegsrang nur aufgrund der Tordifferenz verfehlten. Ganz zum Schluss, nach dem im Winter beschlossenen Abschied von Finke und Sarstedt, fanden sie inmitten heftiger Turbulenzen wieder zu sich und brachten Intuition, Improvisation, ja Magie auf den Platz zurück, das Trainerteam wie die Mannschaft. Mehr „Freiburg", mehr „Brasilien" war nie im Breisgau.

Es ist heute zwangsläufig anders; diese Feststellung beinhaltet keinen Vorwurf, und ich trauere den Anfangsjahren des SC in der Bundesliga nicht hinterher (es macht nur, ich geb's ja zu, Spaß, sich hin und wieder zu erinnern). Was Freiburg damals vom Taktischen her mitbrachte, muss heute jeder Drittligist können. Konnten sie sich damals frisch und frech auf die Bayern stürzen und die Stars mal eben herspielen, weil sie wirklich und wahrhaftig das Spiel besser verstanden (unvergessen Thomas Vogel, der nach dem berühmten 5:1 „die jungen Bayern-Spieler" bedauerte, die wohl „taktisch etwas überfordert" gewesen seien), käme ein solcher Ansatz heute der Unterschrift unter eine zweistellige Niederlage gleich – Coman, Gnabry, Davies, Lewandowski, Müller und all die anderen würden sich nicht lange bitten lassen.

Im „Jahrhundertspiele"-Kapitel schrieb ich, dass zu Beginn der Nullerjahre die einst „deutschen" Tugenden längst, wie von Joachim Löw erkannt, Grundvoraussetzungen waren. Heute ist es fast schon wieder andersherum: dass man sich aus einer engen Situation, aus einem Gedränge am Boden herausspielen kann, dass man spielerisch gut ist, ist auch in der Dritten Liga Standard. Zurzeit liegen wohl, wenn es nicht gerade um die Bayern, RB Leipzig oder den BVB geht, die entscheidenden Unterschiede wieder im Läuferischen, noch konkreter: in dem

Schritt, den man in einer bestimmten Situation noch draufzupacken bereit ist oder eben nicht. Es ist ein bisschen ernüchternd, aber wer überhaupt in einer der oberen Ligen bestehen will, muss vor allem: laufen, denn kicken können sie alle; es ist der Versuch, individuelle Klasse eines Gegenspielers zu kompensieren – solange es gegen den Ball geht. Hat man ihn, sieht man von vielen Mannschaften Kombinationen, wie man sie von den alten Kloppertruppen nie zu sehen bekam; am Ende entscheidet dann, wie gut das letzte Zuspiel gelingt, verarbeitet, und auch: verteidigt wird. Insgesamt scheint momentan – wohlgemerkt, solange wir nicht von den absoluten Spitzenteams sprechen! – das Läuferische das bei allen vorhandene Spielerische ein wenig zu ersticken; nicht zuletzt die Relegationsspiele der letzten Jahre scheinen mir das zu belegen. Aber nicht zu laufen, das geht halt auch nicht. Mit dieser Zustandsbeschreibung habe ich nicht gesagt, das sei gut so und das Ende der Geschichte! Im Gegenteil, es wird neuer Impulse in der individuellen Ausbildung bedürfen; Arséne Wenger weist ganz aktuell darauf hin.

Keine „Breisgau-Brasilianer" mehr also. Dem SC Freiburg bleibt das Verdienst, die taktische Entwicklung des deutschen Fußballs, Jahre vor Ralf Rangnicks berühmtem TV-Auftritt, angestoßen zu haben. Und bis heute sind sie ein leuchtendes Vorbild für konstante, unaufgeregte, seriöse und nachhaltige Arbeit, deren Kosten zudem stets gedeckt sind. Um Dieter Hoeneß' einstiges Zitat noch einmal aufzugreifen, sie haben über drei Jahrzehnte fast alles richtig gemacht. Man darf nun gespannt sein, von woher der nächste Angriff auf das Establishment kommt und auf welchem Konzept er beruht.

Ich habe schon bekannt und unterstreiche noch einmal, dass mein Faible für den SC Freiburg auch sehr viel mit den Wirrungen zu tun hat, durch die der VfB mich gejagt hat. Vom VfB zum SC zu „wechseln" müsste eigentlich von jeder Krankenkasse als lebensverlängernde Maßnahme prämiert werden, so wie wenn man das Rauchen oder einen Extremsport aufgibt. Aber leicht fällt mir das doch nicht – Stuttgart ist meine Heimatstadt. Auch wenn's in den ersten Jahren und dann wieder nach der Benthaus-Entlassung oft einfach ein Scheiß war, mit dem VfB bin ich groß geworden, und wenn ich mich heute wieder über diese und jene Meldung aus Stuttgart aufrege (meine Textnachrichten anlässlich der Schindelmeiser-Entlassung sind nicht öffentlichkeitstauglich), zeigt mir das auch, dass ich da doch eine wunde Stelle habe. 2007 hing ich am Samstag am Radio und drückte dem VfB beide Daumen (erfolgreich), um dann am Sonntag (in voller Besetzung mit Familie und Freunden) nach Freiburg zu fahren, zum letzten Spiel mit Volker Finke, in der Hoffnung, dass sie den Aufstieg noch packen würden (nicht erfolgreich).

Zurück zu den schönen Geschichten. Zu diesem Moment: Konter über die linke Seite, die Flanke, Cardosos Hackentrick, Kohls Schuss gegen Immels Laufrichtung. Ist „es" da passiert? Eher nein – ich war doch schon bereit; und doch war es ein bisschen wie ein Blitzschlag.

Finals

Also gut, ein Fan des FC Bayern bin ich im engeren Sinne nie gewesen. In der Zeit, aus der ich berichten will, hatte ich ja gerade erst den Fußball entdeckt und war ziemlich hoffnungslos dem VfB verfallen. Aber wer kennt das nicht, dass um das Zentralgestirn des Lieblingsvereins noch ein paar Satelliten kreisen, die man auch ganz passabel findet und auf denen man notlanden kann, wenn der Stammverein einen mal wieder mit einer Heimniederlage enttäuscht hat. Anfang der siebziger Jahre waren das für mich, in völliger Verkennung der Tatsache, dass das ja gar nicht zusammen passte, Bayern München, der 1.FC Köln und Borussia Mönchengladbach. Da hatte ich also ganz ahnungslos gleich mehrere Intimfeindschaften in einen Topf geworfen. Wie kam es dazu?

Der 1.FC Köln war mir in der Saison 69/70 aufgefallen. Es war die Saison, in der der große Fußball zu mir kam und mich plötzlich und aus heiterem Himmel zu lebenslänglich verurteilte, indem er den VfB Stuttgart gegen Eintracht Frankfurt 4:0 gewinnen und mich dieses Ereignis am Radio mitverfolgen ließ. Dass der Fußball auch das Gegenteil solcher Hochgefühle, nämlich bittere Enttäuschung und totale Blamage, ebenfalls bereithält und es sich deshalb nicht lohnt, sich einen Lieblingsverein zu halten, hätte mir in derselben Saison schon ins Auge fallen können, als Eintracht Frankfurt das Rückspiel mit dem gleichen Ergebnis für sich entschied. Aber mithilfe des Studiums der Tabellenspitze, die der VfB aus vollkommen sicherer Entfernung unter Kontrolle hielt, lenkte ich mich ab. Lange hatte es nach einem reinen Zweikampf Bayern – Gladbach ausgesehen, doch kurz nach Beginn der Rückrunde begannen die Kölner eine Siegesserie, mit der sie das Feld allmählich von hinten (d. h. von ca. Platz 4 oder 5 kommend) aufrollten. Aufgrund zahlreicher Spielausfälle im winterlichen Jahresbeginn 1970 war die Tabellensituation zeitweise etwas verwirrend, doch nach dem neunten Sieg in Folge stand Köln tatsächlich nach Pluspunkten erstmals an der Spitze. Das hatte mir imponiert, und dass die Kölner das folgende Heimspiel gegen Rot-Weiß Oberhausen, als sichere Bank gewettet, mit 0:1 verloren und dann eine unverständliche Kette von Niederlagen einsetzte, wollte mir nie als von den Kölnern womöglich durch Überheblichkeit selbst verschuldete Sache einleuchten. Für mich war das einfach ungerecht. Die Kölner hatten meiner Meinung nach noch was gut.

Mönchengladbach, das schließlich 1970 den Titel holte, hatte mich bis dahin kaum interessiert, ich hatte ja auch keine Ahnung. Das Schwärmen für Netzer & Co. kam erst später. Im folgenden Jahr allerdings hieß es, die Gladbacher könnten die erste Mannschaft seit Gründung der Bundesliga sein, die es schafft, ihren Titel zu verteidigen. Vermutlich wollte ich auf keinen Fall etwas verpassen und war im Frühjahr 1971 für die Gladbacher als Meister. Bekanntlich hatte ich Glück (obwohl das mit den Sympathien in jener Saison so eine Sache war, wie noch zu sehen); im Fernduell mit den Bayern (in Zahlen: Duisburg – Bayern 2:0, Frankfurt – Gladbach 1:4) behielt Weisweilers Elf die Nerven.

Meine Sympathie für die Bayern schließlich trug einen Namen. Nicht etwa den von Franz Beckenbauer, obwohl der schon bei der WM 1970 in Mexiko gewaltig Aufsehen erregt hatte, als er im Viertelfinale gegen England den Anschlusstreffer erzielte und im Halbfinale gegen Italien mit bandagierter Schulter durchhielt. Nein, der Spieler, der es mir besonders angetan hatte, das war der Wunderheiler in Person, der auch das verkorksteste Spiel rettete, indem er aus aussichtsloser Position noch traf, das war der Hattrick-Schütze gegen Peru, der Schütze des Siegtreffers gegen England und zweier von drei deutschen Toren im unglücklich verlorenen Italienspiel; das war Gerd Müller. Und der spielte nun mal bei den Bayern. 1970 war er Bundesligaschützenkönig mit 38 Treffern, das erste Mal, dass ein einzelner Spieler mehr Tore erzielte, als es Meisterschaftsspiele gab. 1972 steigerte er diesen Rekord noch auf 40 Tore. Klar, nach außen hin gab es in dieser Zeit unter uns 10-14-Jährigen so manchen, der auf dem Bolzplatz, der zum Schulgelände gehörte, den Helmut Haller, den Wolfgang Overath oder gar den Franz Beckenbauer gab und dies mit meist verunglückten Pässen aus der Tiefe in die Leere des Raumes kundtat. Aber tief im Herzen wollten wir alle nur eins: so sein wie Gerd Müller, so viele Tore schießen wie Gerd Müller, so oft der Retter in letzter Sekunde sein dürfen wie Gerd Müller.

Die verteilten Loyalitäten zu meinen „Zweitvereinen" wurden im Frühjahr 1971 in kurioser Weise auf die Probe gestellt. In der Meisterschaft, das erwähnte ich schon, führten Bayern und Gladbach bis zum Ende Kopf an Kopf. Im Pokal waren Bayern und Köln ins Finale vorgedrungen, das in Stuttgart stattfinden würde. Das war wirklich eine harte Nuss, denn einerseits sollte der FC Bayern ja für die entgangene Meisterschaft entschädigt werden, andererseits hatten die Kölner das Pokalfinale vor Jahresfrist gegen Kickers Offenbach verloren und hatten jetzt ebenfalls Ansprüche. Ich hatte schon ein ziemlich schlechtes Gewissen, als ich mich am Tag vor dem Spiel endgültig entschied, für die Bayern zu sein.

Am Samstag, an dem das Spiel ausgetragen wurde, war ein größerer Teil der Familie im Hause meiner Großeltern versammelt, als ein Onkel (es war derselbe Onkel, mit dem mein Vater und ich ein Jahr später in München versuchen würden, Tagestickets für die Olympischen Spiele zu bekommen) mir nichts, dir nichts anbot, mit mir ins Neckarstadion zu gehen. Ein Vierteljahr zuvor hatte er das schon einmal getan, und wir hatten bei beißender Kälte und geschätzten 6000 Zuschauern gegen Braunschweig ein schlechtes Spiel auf vereistem Boden gesehen; zu allem Überfluss fingen die Stuttgarter Minuten vor dem Ende noch den Ausgleich nach langer 1:0-Führung, als Ersatztorwart Hauser ausrutschte und Lothar Ulsaß freie Bahn hatte. Vielleicht wollte der Onkel das wiedergutmachen.

Meine Begeisterung war groß, die der Eltern weniger; außerdem schlug meine drei Jahre jüngere Schwester Rabatz, die zwar für Fußball gar nichts übrig hatte, mir aber das Bonbon nicht gönnte und auch mitwollte. Schließlich wurde salomonisch entschieden, dass mein Vater und meine Schwester mitgehen sollten, sodass wir zu viert die Anfahrt zum Cannstatter Wasen wagten. „Ist wahrscheinlich eh' ausverkauft", mit diesen Worten hatte mein Vater meiner Mutter ihre Einwilligung abgenötigt; worauf er wirklich hoffte, weiß ich gar nicht. Meine Gebete wurden jedenfalls erhört, denn wir bekamen Sitzplatzkarten ziemlich weit unten in der Cannstatter Kurve, in fast senkrechter Linie hinter dem Tor. Die Perspektive war nicht die beste, aber wir waren da. Das Neckarstadion fasste damals über 70.000, und es herrschte ein ohrenbetäubender Lärm – ich fand es großartig.

In der ersten Halbzeit war das Kölner Tor auf unserer Seite. Unmittelbar vor Spielbeginn konnte ich aus kaum mehr als 30 Metern Entfernung sehen, wie Wolfgang Overath – ihn konnte ich gut erkennen – seinem jugoslawischen Torwart Soskić aufmunternd die Wangen tätschelte. Das hätte mich fast noch einmal zu Fall bzw. auf die Seite der Kölner gebracht. Overaths Geste rührte mich irgendwie an, und mir tat der Torwart unendlich leid, dem doch die Bayern bestimmt drei oder vier Stück reinmachen würden. Da ich im Sportteil stets nur die Spielberichte und die Tabelle las, hatte ich zu der Zeit noch nicht die geringste Ahnung, was eigentlich der Grund dafür war, dass Soskić und nicht Stammkeeper Manfred Manglitz das Kölner Tor hütete. Mein Vater sagte nur knapp, „die haben den bestochen", was bei mir reichlich gewaltbesetzte Phantasien auslöste (ich kannte das Wort nicht). Der Skandal war wenige Tage zuvor aufgeflogen und Manglitz bereits aus dem Verkehr gezogen.

Das Spiel entwickelte sich zunächst mit leichten Vorteilen für die Kölner; ihr Führungstreffer durch Bernd Rupp war jedenfalls bis dahin verdient. Im Anschluss daran wurde es auch härter. Beckenbauer glich nach der Pause aus; kurz darauf wurde Koppenhöfer vom Platz gestellt, sodass die Bayern mit zehn gegen elf weitermachen mussten. Gerd Müller war schon bis dahin kaum aufgefallen; besser wurde das nicht.

Es kam zur Verlängerung, und es wurde teilweise dramatisch, vor allem, als – in der ersten Hälfte der Verlängerung und auf unserer Seite – ein Kölner allein auf Sepp Maier zulief und der den Ball haarscharf über die Latte lenken konnte.

Und allmählich kam die Angst. Was würde sein, wenn es beim 1:1 bliebe? Ein Elfmeterschießen war damals nicht vorgesehen; vielmehr sollte es ein Wiederholungsspiel geben – zwei Tage später und nicht etwa an gleicher Stelle, sondern in Berlin. Beim Endspiel gewesen zu sein, und keiner hätte gewonnen? Die wahre Entscheidung woanders? Das durfte nicht sein, dann sollte lieber irgendeiner gewinnen. Ich begann, die Daumen für ein Entscheidungstor zu drücken.

Ein bisschen mehr natürlich immer noch für ein Entscheidungstor der Bayern, die in der letzten Phase wieder auf unser Tor spielten. Das wäre doch was, unmittelbarer Augenzeuge des Siegtors zu werden...aber es sah nicht danach aus. Die Bayern versuchten schon noch anzugreifen, aber zu zehnt eben nicht mit dem letzten Risiko; sie waren froh, es so weit geschafft zu haben.

Und dann kam, als vielleicht noch eine oder zwei Minuten zu spielen waren, ein Schuss auf Soskić's Tor, den dieser wohl zu spät sah. Und alles war gut. Meine Schwester und ich tanzten auf der Sitzbank wie Hunderte andere um uns herum, und Soskić tat mir gar nicht mehr leid, denn ich hatte gewonnen – ich und die Bayern, dieses eine Mal. Über Jahre hinweg sollte „ich" im Neckarstadion nur selten gewinnen, ich erwischte doch relativ viele Unentschieden und Heimniederlagen. Erst die junge Mannschaft des Wiederaufsteigers VfB Stuttgart sollte diesen Bann viele Jahre später brechen.

Pause.

Man kann den Film ja immer anhalten. In diesem einen Moment sieht man deutsche und holländische Spieler einander gegenüberstehen, zum großen Teil in orange-weißen Pärchen angeordnet; Grabowski hat rechts, wenige Schritte in der Hälfte der Holländer, den Ball. Die Holländer lauern.

Play.

Da rennt jemand durchs Bild. Es ist Rainer Bonhof. Eben noch war er gar nicht zu sehen, jetzt rennt er diagonal, von links oder zentral hinten kommend, übers Feld. Vielleicht geht es den Holländern in dem Moment wie dem Zuschauer eines jener Videos, wo man aufgefordert wird, auf ganz bestimmte Aktionen zu achten (zum Beispiel, bestimmte Kontakte zu zählen), nur um dann nachher vorgeführt zu bekommen, dass man eine ganz andere Aktion, auf die man vorher nicht hingewiesen wurde, vollkommen übersehen hat.

Die Holländer haben sich in den vorigen Spielen immer wieder zu viert, zu fünft auf den ballführenden gegnerischen Spieler gestürzt, um ihm den Ball abzujagen. Allgemein war seinerzeit die Physis auch eines durchtrainierten Profis nicht auf einem Niveau, dass man das über 90 Minuten permanent hätte so machen können (weswegen ich auch ein bisschen Bauchschmerzen dabei habe, dieses Mittel als „Pressing" zu bezeichnen, wie man es heute im Allgemeinen der damaligen niederländischen Mannschaft zuschreibt), aber selbst als punktuell eingesetzte Variante war es aufsehenerregend. Jetzt, im Finale gegen die Deutschen, haben sie es kaum eingesetzt; die Gründe dafür zu erfahren wäre interessant.

Niemand nimmt Bonhof auf. Als ob sie ihn nicht gesehen hätten; aber er hat ja auch nicht den Ball. Er hat Kurs auf einen Raum etwa 15 Meter vor Grabowski, direkt neben der Außenlinie. Der Frankfurter versteht und spielt steil in Bonhofs Lauf. Faktisch ist in diesem Moment Bonhof Rechtsaußen, und er tut genau das, was ein Außenstürmer in so einer Situation zu tun hat. Er nimmt den Ball mit nach innen, sucht den Zweikampf mit dem Verteidiger, trickst ihn aus und passt flach in die Mitte. Dort befindet sich Gerd Müller. Dass der inmitten von vier holländischen Abwehrspielern steht und ihm außerdem der erste Kontakt verspringt, reicht nicht aus, um das Tor zu verhindern.

Dieses Tor zum 2:1 für Deutschland in der 43. Minute ist die logische Konsequenz, die Krönung einer nach störungsreichem Beginn famosen ersten Halbzeit von Helmut Schöns Mannschaft. Erst eine Stunde später zeigt sich, dass es bereits der Siegtreffer war. Die Leistung der DFB-Elf ist auch deshalb nicht hoch genug einzuschätzen, weil sie sich eines ganz frühen Rückstandes, einer frühen gelben Karte für Berti Vogts (heute hieße das, anklagend: Vogts wurde früh aus dem Spiel genommen) und überhaupt ihrer eigenen anfänglichen Unsicherheit zu erwehren hatte.

Irgendwann gewinnen sie die Bälle, das Spiel wird schnell, das behagt den Holländern nicht, die anfangs nach Belieben am Regler drehen konnten. Overath zeigt seine technische Brillanz, Vogts und Breitner gehen mit nach vorne, Müller spielt schon im Mittelfeld mit.

Hölzenbeins Schwalbe: ist keine. Er dringt über halblinks in den Strafraum ein, es mag ja sein, dass er „den Kontakt dankend annimmt", vielleicht auch darauf spekuliert hat, ja vielleicht sogar besonders schön fliegt. Aber Wim Jansen kommt von rechts über den Rasen gerutscht, als wollte er ganz Bayern auf die Meereshöhe der Niederlande herunterpflügen. Es ist zur Folklore geworden, den Strafstoß als ein Geschenk zu bezeichnen, aber nichts könnte weiter von der Wahrheit entfernt sein. Wenn ein Verteidiger sich heute im Strafraum so plump verhält, ist sein eigener Trainer der erste, der sagt, in der Weise darf er da nicht hingehen. Täte Jansen es hier nicht, muss man auch ganz klar feststellen: dann wäre Hölzenbein sechs, sieben Meter vor dem Tor und in glänzender Position. Der Kontakt ist aber da, und zwar in einem Moment, als Jansen bereits keine Chance mehr hat, den Ball zu spielen. Es ist ein Foul, die

Torchance ist verhindert, diesen Elfmeter musste Mr Taylor geben, ebenso wie den ersten nach einem vergleichbaren Foul von Hoeneß an Cruyff; und ebenso wie einen möglichen dritten nach einem nicht minder klaren Foul an Hölzenbein wenige Minuten vor dem Schlusspfiff, als aber die Strafe ausblieb.

Schon der Ausgleich muss als verdient bezeichnet werden; im Anschluss steigert sich die deutsche Mannschaft noch weiter und zeigt bis zum Ende der ersten Halbzeit hohe Klasse. Vogts kann schon das zweite Tor machen; Beckenbauer hat die kaiserliche Attitüde abgelegt, prüft Jongbloed mit einem raffinierten Freistoß und kämpft ansonsten, wie man es lange oder vielleicht noch nie von ihm gesehen hat; Grabowski, Hoeneß und Hölzenbein versuchen, mit Dribblings Lücken zu reißen. Und alles in hohem Tempo, in dem Spiel, das die deutsche Mannschaft sucht und braucht.

Aber der Spieler, der in dieser Halbzeit wirklich den Unterschied macht, ist Rainer Bonhof. Er kam erst nach der Vorrunde in die Mannschaft, die seither auch seinetwegen ein anderes Auftreten zeigt. Seine Laufarbeit ist bereits jetzt legendär, er ist nahezu überall, hat die Rolle des Raumwarts in der zweiten und dritten Reihe im Grunde von Herbert Wimmer übernommen. In vielen Situationen ist er derjenige, der die Überzahl herstellt.

In der 43. Minute des Finales von München kommt sein wichtigster Moment. Was er da tut, einmal diagonal übers Feld zu spurten, die von der gegnerischen Mannschaft errichteten Raumstrukturen ignorierend, ist in den Spielsituationen, die die Holländer antizipiert und trainiert haben, nicht vorgesehen. Es ist wirklich verblüffend, wie so gar niemand auf ihn achtet – bis er den Ball hat.

Es war also nicht, wie die Holländer es bis heute gerne darstellen, ihre Arroganz, die sie den Titel kostete, sondern die größere taktische Reife des Gegners.

Dass die zweite Halbzeit eine andere Geschichte schreiben musste, war logisch, denn dass von zwei annähernd gleich starken Mannschaften diejenige aktiver wird, die ein Tor schießen muss, erwartet man normalerweise. Hätten die Holländer es nicht vermocht, noch einmal die Initiative an sich zu reißen, hätte man schwerlich von einem insgesamt ausgeglichen besetzten Finale sprechen können. Ich sehe jedoch auch viereinhalb Jahrzehnte später nur eine Torchance, die man als nahezu hundertprozentig bezeichnen dürfte, Neeskens' Volleyschuss, der aber von Sepp Maier, der bereits gegen Polen auf Weltklasseniveau gespielt hat, ebenso geblockt wird wie viele andere Aktionen. Ja, es stimmt, nach dem Sturmlauf in der ersten Halbzeit muss die Mannschaft jetzt darum kämpfen, nicht überrannt zu werden, aber das tut sie mit Erfolg. Auf der Gegenseite ein fälschlich aberkanntes Tor von Müller und eben der nicht gegebene Elfmeter.

Die letzte Aktion: Holland hat weit hinten noch einmal den Ball gewonnen, sie müssten eigentlich Einwurf bekommen. Gerd Müller wird von der Kamera näher herangeholt. Dann sinkt er auf die Knie.

Verdient? Also bitte. Hochverdient!

Das größte Spiel

Mein Allgemeinwissen über Frauenfußball war zu jener Zeit, im Sommer 2011, nicht besonders groß; genau genommen ist es das auch heute noch nicht, und ich will es nicht nur auf die geringe mediale Präsenz schieben: es liegt nur an mir. Man kann sich schon informieren; hin und wieder zwinge ich mich dazu: wer spielt wo, welche Spielerin hat wohin gewechselt, und ist Mandy Islacker etwa mit dem großen Penny Islacker verwandt, von dem ich schon in den Büchern von Fritz Walter und Helmut Rahn las? Ist sie – aber da bin ich schon wieder beim Problem. Beim Vergleich mit dem Männerfußball. Den nicht zu ziehen einem durch den Übertritt des 1. FFC Frankfurt zur Eintracht eher schwerer gemacht wird.

Ich bin nicht frei davon. Dabei müsste ich es längst besser wissen. Das Finale Deutschland – Brasilien von 2007 wurde von einigen, frecherweise, im Vergleich zum „gleichnamigen" Männer-Finale fünf Jahre zuvor als das bessere Spiel bezeichnet. Das will ich nicht vertiefen (ich fand beide Spiele gut). Auffällig ist jedoch, dass selbst dann, wenn man den Frauenfußball herausheben und fördern will, geradezu reflexhaft ein Vergleich bemüht wird.

Und das ist nicht einmal illegitim. Denn der Vergleich könnte dem Frauenfußball auch zum Vorteil gereichen; die vermeintliche „Qualität" im direkten Vergleich ist nicht das einzige Kriterium, das man heranziehen kann. Es ist selbstredend sinnlos, immer wieder hervorzukramen, dass die deutsche Frauen-Nationalmannschaft in der Vorbereitung ein Trainingsspiel gegen eine Auswahl von 15-, 16-jährigen Jungs klar verliert. Aber die Geschichten, die Frauenfußballspiele schreiben, halten dem Vergleich mit den Geschichten der Männerfußballspiele stand, in allen Belangen. Das Finale von 2007 war schon im Vorfeld bedeutungsvoll, weil die seinerzeit besten Spielerinnen der Welt, nämlich Brigit Prinz und Marta, und überhaupt die beiden besten Mannschaften aufeinandertreffen würden. Das Spiel selbst bestätigte die Erwartungen und übertraf sie, ein wogendes Hin und Her in der ersten Halbzeit, in der die

Brasilianerinnen am Führungstor schnupperten, wohingegen die deutsche Mannschaft in der zweiten Halbzeit allmählich die Oberhand gewann. Prinz erspähte in der kritischen Phase den freien Raum, in dem sie dann den Ball erhielt und verwertete; Nadine Angerer verwehrte Marta mit dem gehaltenen Elfmeter die Chance, das Spiel noch einmal umzuschreiben; und kurz vor Schluss brachte Simone Laudehr, eine eingewechselte Nachwuchsspielerin, die Entscheidung. Ein großes Spiel, das mit der ersten geglückten Titelverteidigung innerhalb der Frauenfußball-Weltmeisterschaften noch eine weitere Pointe bereithielt.

2011 kam die WM dann nach Deutschland, fünf Jahre nach der Männer-WM. Wikipedia verrät mir, dass das Motto „20elf von seiner schönsten Seite" gewesen sei, woran ich mich überhaupt nicht mehr erinnere: vielmehr klingt in meinen Ohren immer noch „Auf Wiedersehen bei Freunden" nach, was sich an „Die Welt zu Gast bei Freunden", das offizielle Motto für 2006, anlehnte.

Die hoch gewettete deutsche Mannschaft musste im Viertelfinale gegen Japan nach Verlängerung die Segel streichen. Und zum Ernstnehmen gehört auch Kritik: das kam nicht völlig unerwartet, denn hinter der Kulisse des zweiten Weltmeistertitels und auch der gewonnenen EM von 2009 geriet aus dem Blick, dass es seit 2007 keine spielerische Weiterentwicklung gegeben hatte. Bernd Schröder, langjähriger Trainer von Turbine Potsdam und nie in Diensten des DFB, monierte das früh. Gedankt wurde es ihm nicht, vielmehr wurde er mit einer gewissen Blasiertheit und Herablassung abgekanzelt. Dabei war selbst seine Stellungnahme im *Tagesspiegel* nach dem Ausscheiden in keiner Weise polemisch. Zur Polemik seine Zuflucht zu nehmen hätte man ihm sogar nachsehen müssen, denn die Bundestrainerin Silvia Neid hatte es nicht für nötig befunden, zum Champions-League-Finale, das die Potsdamerinnen in London gegen Olympique Lyon bestritten, zu erscheinen. Schröder gab öffentlich zu, dass ihn das kränkte, aber er ließ sich nicht auf das Niveau ein, das ihm in den Reaktionen angeboten wurde.

Ich habe einige Erinnerungen an die EM 2009. Deutschland gewann sie bekanntlich unangefochten, am Anfang standen zwei Siege über Norwegen und Frankreich mit jeweils vier Toren Differenz, und auch das Finale gegen England wurde mit dem gleichen Abstand gewonnen. Die drei Spiele dazwischen – gegen Island, Italien und im Halbfinale erneut Norwegen – waren aber teils wacklige Angelegenheiten. Darüber wurde im Nachgang nicht mehr gesprochen. Meinem persönlichen Eindruck nach war der Durchmarsch vor allem der Mentalität und auch der physischen Präsenz geschuldet; die Mannschaft verlor durchaus Bälle, holte die aber meist mit Pressschlägen zurück. Bei Ballbesitz dominierte dann das Läuferische, das Powermäßige, weniger ein wirkliches Kombinationsspiel.

In der Halbzeitpause des WM-Viertelfinals 2011 gegen Japan war noch alles auf Sieg gepolt. Nia Künzer erwartete, dass sich die bis dahin beobachtete Überlegenheit der deutschen Mannschaft auf Dauer durchsetzen würde. Auch der *kicker* sah im Nachhinein das Spiel ähnlich, schrieb bezogen auf die erste Halbzeit gar von einem „einseitigen Duell". In Wirklichkeit waren den deutschen Spielerinnen bereits nach einer halben Stunde die Ideen ausgegangen. Für mich fühlte sich das schon nicht mehr nach einer klaren Sache an. Die Japanerinnen kamen in der Folge immer mehr selbst zum Zuge, der Siegtreffer war das Resultat eines eleganten Passes, wie überhaupt Japan im Verlauf des Spiels mehr und mehr ein gutes Kombinationsspiel hinlegte, das mit dem raumgreifenderen, aber zusehends an Dynamik verlierenden Spiel der Deutschen eigentümlich kontrastierte.

Nia Künzer kommentierte, wie man am Bericht des *kicker* sieht, in einem Umfeld, das nun einmal so war: optische Eindrücke wurden überbewertet, eine gewisse Oberflächlichkeit war Standard. Man könnte hier das große Fass aufmachen und fragen, inwiefern die Art und Weise der Berichterstattung, auch die Beurteilung von Spielerleistungen, die der *kicker* seit Jahrzehnten pflegt, auf die Entwicklung des Fußballs in Deutschland Einfluss genommen hat; es wäre keine nette Geschichte, die da zu erzählen wäre. Ich belasse es bei einem kleinen Kasten, den ich hiermit zwischen uns auf den Boden stelle, Prost schon mal.

Beim Finale 2011 in Frankfurt war ich im Stadion und sah über 120 Minuten ein packendes und faszinierendes Spiel zweier Mannschaften, die völlig unterschiedliche Auffassungen davon hatten, wie man Fußball spielt. Die USA, hierin den Deutschen ähnlich, raumgreifend, oft mit langen Bällen, dynamisch und physisch stark; Japan mit Kurzpassspiel und Kombinationen auf engem Raum, insgesamt sicher die feinere, aber auch die anfälligere Herangehensweise. Anfänglich schienen die USA die japanische Mannschaft einfach zu überrennen, doch schon in der letzten Viertelstunde vor der Pause – das Timing erinnerte verblüffend an das des Viertelfinales gegen Deutschland – waren die Japanerinnen öfter vor dem gegnerischen Tor und hatten nach Chancen bereits ausgeglichen. Es ist wahr, dass nach drei, vier kurzen Pässen der Versuch, mit einem längeren Ball aus der Enge herauszukommen, des Öfteren fehlschlug; aber auch die langen, spekulativen Schläge der Amerikanerinnen fanden nicht immer ihr Ziel.

Atemlosigkeit prägte das Spiel, in dem Sinne, dass es nie still stand. Gemeinsam war beiden Mannschaften das schnelle Umschalten; waren zwei oder drei Japanerinnen in der Mitte noch am Passen, flitzten links und rechts schon andere in die Räume. Auch die USA hatten enormes Tempo in ihren Aktionen, das 1:0 fiel nach einem Konter, der aus einem einzigen langen, tief aus der eigenen Hälfte auf Morgan geschlagenen Ball bestand.

Dreieinhalb Minuten vor dem Ende der Verlängerung erzwang Homare Sawa nach einem Eckball mit einem Hackentrick aus der Luft, auf den vielleicht auch Zlatan Ibrahimović stolz wäre, das 2:2 und das Elfmeterschießen. Dort versagten den Amerikanerinnen, die im Viertelfinale gegen Brasilien nach spätem Ausgleich alle fünf Strafstöße verwandelt hatten, die Nerven, während die Japanerinnen drei von vier verwerteten: das reichte zum von vielen als sensationell empfundenen Sieg. Wie gesagt, hatte ich sowohl vom Viertelfinale als auch von diesem Finale den Eindruck mindestens einer Ebenbürtigkeit der japanischen Elf mitgenommen (die Halbfinalspiele sah ich nicht). Die Betrachtung des Mitschnitts viele Jahre später bestätigt es für mich.

Der *kicker* schrieb, Japan habe über weite Strecken des Spiels nicht statt-gefunden. Es ist ärgerlich, weil der *kicker*, der steigenden Bedeutung von 11FREUNDE, *Spielverlagerung* und Co. zum Trotz, in Deutschland nach wie vor das Fußball-Medium mit der größten Reichweite ist und fleißig dazu beigetragen hat, das Niveau der fachlichen Diskussion und somit auch die Entwicklung flach zu halten. Hat eine Mannschaft zwei Mal Aluminium getroffen (wie die USA), muss sie doch derjenigen, die zwei oder drei Mal exzellente Hereingaben knapp verfehlt hat, klar überlegen gewesen sein, oder nicht? (Ach, und nebenbei, völlig off topic: Ivan Pe-risić gegen Barça im Sommer – eine *Eins*?! Wirklich, *kicker*? Weil er ein Tor schießt und ein paar imposante Läufe hinlegt? Das reicht schon? …Okay, das war der Absacker, der geht auch noch auf mich.)

Wie ganz am Anfang geschrieben, hatte ich auch noch als Besucher des Finales 2011 nicht so wahnsinnig viel Detailwissen über den Frauenfuß-ball. So sah ich zwar von weitem, von der gegenüberliegenden Seite, wie sich die Spielerin mit der Nummer Vier den Ball zurechtlegte, aber ich realisierte nicht, dass es sich um Saki Kumagai handelte, die sich erst ei-nige Wochen zuvor dem 1. FFC Frankfurt angeschlossen hatte. So wie ein Fußballlaie vielleicht Namen wie Schweinsteiger, Messi und Cristiano Ronaldo kennt, so hatte ich Abby Wambach, Marta und Birgit Prinz pa-rat, das war's auch fast schon (gut – Angerer, Garefrekes, Grings…aber elf hätte ich nicht zusammenbekommen). Ich hatte aber noch eine an-dere Sorge, denn neben mir saß meine sechsjährige Tochter, die im Laufe des Abends heftig gegen den Schlaf gekämpft und letztlich obsiegt hatte. Sie drückte den USA die Daumen und sah gerade ihre Felle davon-schwimmen. Ich hoffte ein bisschen, dass die Nummer Vier dort drüben verschießen würde, aber es wäre nur ein Aufschub gewesen – Japan war auch bei einem Fehlschuss immer noch einen vor.

Kumagai traf, und dann sah ich gleichzeitig viele, viele Menschen auf sie und die japanische Torhüterin zustürmen, eine japanische Spielerin, die sich im Mittelkreis den Amerikanerinnen zuwandte und einige umarmte, und die Tränen neben mir, die mich an meine eigenen tief in der Nacht beim Italienspiel 1970 erinnerten. Es brauchte einige Zeit, sie zu trocknen. Aber ich konnte meine Tochter dazu überreden, dass wir uns noch die Siegerehrung anschauten. Und siehe da, als wir dann, ganz spät, schließlich wirklich gingen, da lagen in den Ausgängen doch ganz schön viele von den goldenen Schnipseln, die es vom Rasen her dort hinauf geweht hatte, und so gab es, neben einigen Fotos und sonstigen Erinnerungsstückchen, noch eine schöne Zutat zu einem kleinen Album, das meine Tochter und auch mich an dieses Spiel erinnern sollte, an, ja, wirklich, das größte Spiel, das ich bis jetzt in einem Stadion gesehen habe.

Anfang

Warum lieben wir Fußball? Die Geschichten dieses Buches geben darauf Antwort: Fußball ist ungemein ungerecht, schockierend schön, atemberaubend ästhetisch, dramatisch, verwirrend. In all dieser Widersprüchlichkeit erkennen wir uns wieder.

Fußball ist aber auch eines: Ein Riesengeschäft. Für sich genommen ist die bloße Tatsache, dass der Fußball eben ein bedeutsamer Wirtschaftszweig geworden ist, nicht problematisch. Plumpe, von verklärter Nostalgie durchsetzte Kritik am inflationär bemühten „Kommerz" und das Heraufbeschwören der guten alten Zeiten, in denen Kaiserslautern-Spieler auch alle aus Kaiserslautern kamen, gibt es zuhauf, und sie trifft den Kern des Problems nicht. Problematisch ist nicht, dass der Fußball ein Geschäft ist; problematisch ist, was für ein Geschäft er geworden ist.

Kritik am Zustand des Fußballs ist notwendiger denn je. Denn der Profifußball hat schon lange damit begonnen, seinem eigenen Produkt und Markenkern, dem Grund, warum wir Fußball lieben, Stück für Stück die Seele zu rauben. Er ist ein Geschäft, das sich längst seinen eigenen Mikrokosmos mit seinen eigenen Spielregeln und Normen geschaffen hat und sich immer schneller um sich selbst kreisend aufgebläht hat, sodass man sich stets fragte: Wann platzt die Blase? Es gab in den vergangenen Jahren viele Momente, die einen glauben ließen, dass nun der Höhepunkt erreicht sei. Die WM-Vergabe nach Katar 2011. Die ständigen Skandale und Ermittlungen bei der FIFA und im DFB. Der 222-Millionen-Transfer von Neymar 2017. Und nun 2021: Die Super League. All jene Ereignisse, all die Probleme, in denen der Fußball seit Jahrzehnten steckt, sei es Manipulation, Korruption, die Erfindung von sinnlosen Extraturnieren, die Ungleichheit oder die wahnwitzige Entkoppelung der zirkulierenden Gelder vom menschlichen Vorstellungsvermögen sind verschiedener Natur, und doch in ihrem Wesen gleich: Sie alle eint das Grundproblem, dass die Branche eben kein funktionierender Markt mehr ist, sie ist zum Spielball des Kapitals geworden und dabei völlig enthemmt; ein unkontrollierbarer und weitgehend unregulierter Sumpf.

Das ist nicht unerklärbar, es ist ökonomisch logisch und ein Paradebeispiel für Marktversagen. Anders ausgedrückt: Der Profifußball ist ein Schiff, das sich selbst in den Bug geschossen hat, und es ist unwahrscheinlich, dass es von alleine die Rettungsboote einsetzt. Ist also alles verloren? Keineswegs. Aber es braucht politischen Druck und klare Regularien von außen; die Verbände selbst werden von sich aus kaum die nötige Konsequenz an den Tag legen. Ein europäischer Salary Cap ist nur eine von vielen Lösungsvorschlägen, um den galoppierenden Preisen eine Grenze zu setzen. Die komplette Übernahme von Vereinen durch Investoren könnte verboten werden und eine Mehrheitsbeteiligung des Vereins am Kapital Vorschrift; Fernsehgelder, vor allem die aus dem internationalen Geschäft, müssten gleichmäßiger unter den Vereinen verteilt werden. Hoffnungsloser Misswirtschaft könnte mittels einer Eigenkapitalquote der Riegel vorgeschoben werden, ein von Grund auf neu eingerichtetes Financial Fair Play mit echten Sanktionsmöglichkeiten bei Verstößen könnte eine effektive Waffe gegen Transfertricksereien von PSG und Co sein.

Zugegebenermaßen sind das alles rechtlich wie realpolitisch unausgegorene, vielleicht utopische Vorschläge.

Nicht zuletzt auch deshalb, weil man jahrelang ohnmächtig am Spielfeldrand saß und immerzu seine Machtlosigkeit angesichts der sich verselbstständigten Fußballwelt betonte. Die Debatte über ernsthafte Änderungen steckt daher noch in den Kinderschuhen. Dass es sie aber dringend braucht, wird an keinem Fall so deutlich wie dem der Super League.

Kurz nachdem die 12 Mitglieder um den Präsidenten der Superliga, Florentino Perez, ihre Gründungsabsicht publik machten, wurden ihnen ihre Pläne von allen Seiten um die Ohren geschmissen. Die Fans liefen Sturm gegen das Projekt, die Medien, von boulevardesken Blättern bis hin zu den großen Tages-und Wochenzeitungen zerlegten in scharfen Worten die Teilnehmer, die UEFA, die ihre Felle davonschwimmen sah, natürlich ebenfalls; empörte Politiker loteten Sanktionsmöglichkeiten aus, schließlich positionierten sich sogar Trainer und Spieler der gescholtenen Vereine gegen die neue Liga. Eine derart breite Front gegen den weiteren Ruin des Wettbewerbs und des Sportes hat es bis dato noch nie gegeben. Für 72 Stunden hieß es: das „dreckige Dutzend", wie die Superliga verächtlich getauft wurde, gegen den Rest der Welt. Das sprichwörtliche Fass, es war nach all den Jahren tatsächlich nicht übergelaufen, sondern vielmehr in die Luft geflogen, und die Heftigkeit, mit der sich die angestaute Wut der Fans Bann brach, schien selbst die abtrünnigen Vereine und deren sportliche Führung zu überraschen. Nach all den Jahrzehnten hatten Außenstehende und wohl auch die Klubs selbst den Eindruck bekommen: Die Fans lassen alles mit sich machen. Dies zumindest stellte sich als Täuschung heraus.

Auf die harsche Kritik reagierten die Klubs um den Superliga-Präsidenten Florentino Perez mit einer selbstgerechten Dreistigkeit, die einen ungläubig den Kopf schütteln ließ. Perez behauptete doch tatsächlich, die Super League sei „eine Liga, um den Fußball zu retten", sprach von der Krise, in der sich der Fußball momentan befinde, und verwies auf die Pandemie, die vielen Klubs Milliardenverluste beschere. Als sei das noch nicht genug, drehte er den Spieß auch noch einfach um: Man müsse für die weltweiten Fans „auf Begehrlichkeiten reagieren". Damit dürfte Perez wohl eher seine eigenen gemeint haben. Die 3,5 Milliarden Euro von Amerikas größter Investmentbank, die den Klubs bei der bloßen Teilnahme winken, sind möglicherweise tatsächlich die letzte Rettung für die nahezu ausnahmslos hoch verschuldeten Klubs. Fakt ist: Die Big Player der Branche, Real, Barca und Co haben es in einer Phase des extremen Dauerwachstums nicht geschafft, tragfähig zu wirtschaften, und nun kurzerhand einer Pandemie die Schuld für die missliche Lage in die Schuhe zu schieben, ist nicht nur billig, es ist auch ein Schlag ins Gesicht derjenigen, oftmals kleineren Vereine, die die letzten Jahre durch die von den Super League Klubs vorangetriebene ungleiche Geldverteilung den Anschluss verloren haben und nun tatsächlich durch die Pandemie existenziell bedroht sind.

Nach wenigen Tagen schließlich schien der Spuk vorbei. Mit dem Rückzug der englischen Klubs implodierte *The Super League*. Das Aus des Projekts wurde allenthalben frenetisch als großer Sieg der Fans gefeiert, als ein Zeichen, dass man eben doch nicht alles mit sich machen lasse. Die Top-Klubs hatten eine Grenze einreißen wollen und waren zurückgedrängt worden. Siegte hier also Gut gegen Böse, der Fan über den Kapitalismus? Legt man die Brille des Fußballromantikers ab, so erscheint das doch reichlich übertrieben. Wahrscheinlicher ist, dass die Vereine vor der Drohkulisse der UEFA schlicht einknickten.

Doch das Projekt Superliga, es ist nicht auf Eis gelegt, sondern lediglich auf *Standby*, wie Florentino Perez versicherte. Die nächste subtile Warnung der Giganten. Sie werden es schon bald wieder versuchen. Und alleine durch diese Befürchtung die Champions League zum Wohlgefallen Perez' weiter verformen, sodass die CL zu einer Superliga durch die Hintertür zu verkommen droht.

Überraschend kam die Superliga nicht. Seit Jahren stand die Gründung einer geschlossenen Liga der Superreichen als mögliches (Schreckens-)Szenario im Raum und bekam stets dann wieder neue Nahrung, wenn die CL-Gelder und Startplätze neu verteilt werden sollten. Um die mit dem Ausstieg aus der CL gerne kokettierenden Klubs um Real, Barcelona und die englischen Topteams bei der Stange zu halten, wurde Jahr für Jahr die CL zum abgeschwächten Abziehbild der Superligafantasien: mehr sichere Startplätze für die besten europäischen Ligen, eine noch ungleichere Verteilung der Fernsehgelder. Mit dem ab 2024 gültigen Turnierformat wird sich die Elite weiter nach unten absichern: Die neue Reform macht eine Champions-League-Teilnahme für Klubs möglich, die die internationalen Ränge weit verfehlt haben. Möglich macht es die mit einbezogene 10-Jahreswertung. Dortmund könnte so 10. der Bundesliga werden – und trotzdem Champions League spielen.

Die Super League ist somit letztlich die logische Konsequenz und auf die Spitze getriebene Folge einer sich gänzlich von jedweder Form des sportlichen Gedankens befreienden Entwicklung der europäischen Turniere, die die UEFA und die FIFA selbst heraufbeschworen haben. Umso heuchlerischer wirkten die scharfen Worte, mit denen sich der UEFA-Präsident Alexander Ceferin gegen die Super League und vor den Sport stellte: „Diese Idee spuckt allen, die den Fußball lieben, ins Gesicht." Der sich als Anwalt des Sportes inszenierende Ceferin ist Teil des Problems und dürfte es als willkommenen Nebeneffekt sehen, dass die Kritik an der neuesten CL-Reform im Getöse um die Super League unterging.

Ebenso der deutsche Verein, der die CL-Reform maßgeblich mitentwickelte und der heimliche Imagesieger des Superligaintermezzos ist: Der FC Bayern. Für 72 Stunden wandelte Rummenigge mit Heiligenschein durch die Medien, ließ sich für seine Nichtteilnahme und zelebrierte Ablehnung der neuen Liga beweihräuchern und Respekt zollen für seine Standhaftigkeit. Für drei Tage war der FC Bayern tapferer und solidarischer Verteidiger des fairen, wertebasierten Fußballs. Doch auch er steckt tief drin im Sumpf.

Es war eine denkwürdige Pressekonferenz, die die Herren Rummenigge, Hoeneß und Salihamidžić im Herbst 2018 gaben. Sie bezogen Stellung zur Kritik am damaligen Trainer Niko Kovac und fuhren in bester Bayern-Manier große Geschütze auf. Der Verweis von Karl-Heinz Rummenigge auf Artikel 1 des Grundgesetzes ist inzwischen Kult geworden, viel interessanter ist aber der Satz, den er sichtlich in seinen Grundfesten erschüttert hinterher schob: „Ich weiß nicht, ob der Fußball da eine Sonderrolle einnimmt."

Ein gutes Stichwort. Wie hält es denn der FC Bayern selbst, seines Zeichens großer Grundgesetzliebhaber, mit den Menschenrechten? Ein weiteres Zitat von Rummenigge gibt Aufschluss. Er betonte, dass die Leitlinien der Vereinten Nationen auf einen gemeinnützigen Verein wie den FC Bayern nicht 1 zu 1 anwendbar seien. Es war ein weiterer Satz, mit dem der langjährige Vorstandsvorsitzende die Kooperation Bayerns mit Qatar Airways zu relativieren versuchte.

Freilich mag man genau in die entgegengesetzte Richtung denken und argumentieren: kann die Kooperation mit Staatsunternehmen oder die Vergabe einer Großveranstaltung in ein Land, deren Staatsform den westlichen Normen und deren Umgang mit abweichenden Meinungen den westlichen Werten nicht entspricht, nicht auch einen Beitrag dazu leisten, dieses Land aus seiner Isolation herauszuholen, zu öffnen, zu liberalisieren? Könnten seine Bewohner nicht aus dem Stolz auf die Leistung der Gastgeberschaft Stärke schöpfen, ein Bewusstsein als Bürger entwickeln, und langfristig so demokratischen Bewegungen im Land Auftrieb verleihen?

Die vielen Statements, mit denen sich der FC Bayern jeglicher Kritik erwehrt, bedienen exakt dieses Argumentationsmuster: „Seit Bayern München Partner von Katar ist, hat es nachweislich eine Entwicklung in Sachen Menschen- und Arbeiterrechte zum Positiven gegeben", war sich Rummenigge sicher. Eine beliebte Behauptung, derer sich nicht nur Fußball-Funktionäre, sondern auch Politiker bedienen, wenn es um heikle Kooperationen mit rückständigen Diktaturen geht. Sie ist natürlich genauso gerne genutzt wie falsch. Erst im Mai 2021 ist ein kenianischer Sicherheitsmitarbeiter, bekannt für seine aufrüttelnden Berichte über die menschenunwürdige Lage der Wanderarbeiter, spurlos verschwunden. Homosexualität ist immer noch verboten, Frauen sind nach wie vor nichts wert und Peitschenhiebe als Strafe für öffentlichen Alkoholkonsum an der Tagesordnung. Wo bleibt der behauptete Wandel? Dass Trainingslager in Katar oder die nahende WM das Land öffneten, dürfte sich als Traumtänzerei entpuppen.

Die Summe der gemachten Erfahrungen weist in die entgegengesetzte Richtung. Große Events und Kooperationen als Türöffner für die Demokratie? Wohl kaum. Vielmehr sind sie eine Bühne, auf der autoritäre Regimes tanzen, sie stärken sie, anstatt sie zu schwächen.

Wenig überraschend hört man Derartiges an der Säbener Straße ungern, genauso wie man eigentlich alles ungern hört, was auf eine Beschmutzung der rot-weißen Weste abzielt. Man denke nur an das vom Vorstand persönlich veranlasste, zweifelhafte Stadionverbot für einen FC Bayern-Fan, vordergründig wegen eines harmlosen, nicht genehmigten Banners gegen Montagsspiele. Pikant: Der konstruierte Vorwurf traf keinen Hooligan oder Vandalisten; sondern einen Fan, der sich zuvor stark gegen die Katar-Kooperation engagiert hatte. Er hatte für ein klares Bekenntnis zu Menschenrechten und den UN-Leitlinien in der Vereinssatzung plädiert.

Die öffentliche Reaktion von Rummenigge auf die ungeliebte Menschenrechtsdebatte ist weiter oben bereits erwähnt; und sie hat in ihrer im Fußball Methode wie Historie. Angewandt wurde dieses plumpe Ausweichmanöver nämlich schon zu Zeiten der WM 1978 im unter der Militärdiktatur leidenden Argentinien. Manfred Kaltz erklärte schlicht, er „fahre da hin, um Fußball zu spielen, sonst nichts". Berti Vogts, 35 Jahre später Inspirationsquell für Beckenbauer, verschloss gekonnt die Augen, um dann verwundert festzustellen: „Ich habe keinen einzigen politischen Gefangenen dort gesehen."

Hinter derartigen Statements steht der Versuch, Fußball zu entpolitisieren und damit die beliebteste Sportart der Welt von jeglicher gesellschaftlicher Verantwortung freizusprechen. Kollidiert das Geschäft Fußball mit Werten außerhalb wohl vorbereiteter Marketingaktionen, wird der Sport auf 90 Minuten friedliches Gekicke reduziert und Menschenrechte zum Luxusgut des Westens, die nun wirklich nichts mit Fußball zu tun hätten. Das ist natürlich lächerlich.

Der Fußball soll, will von den Statuten her vielleicht unpolitisch sein, ist es aber nie gewesen. Oberflächlich am deutlichsten sichtbar wird der politisch motivierte Missbrauch am Gerangel um die Austragungsrechte für die großen internationalen Turniere.

Deren Vergabe läuft auf der Basis von riesig dimensionierten Tauschgeschäften. Versteckte Zahlungen zwecks Steuervermeidung gehören dazu ebenso wie schlichte Bestechung, was in Form von Geld ebenso geschehen kann wie in Form von Zusagen – bekomme ich jetzt deine Stimme, gebe ich dir beim nächsten Mal meine.

Das nun Folgende mag auf den ersten Blick wirken wie die zahllosen Stories nach dem Muster „ein enger Freund eines Kollegen meines Großcousins…", aber bitte, es geht um ein Eck weniger, und wer nicht will, muss es mir ja nicht glauben: Es war im Jahre 2010, wohlgemerkt ein Jahr vor der Doppelvergabe der WMs 2018 und 2022. Ich hörte von einem Mitarbeiter einer Firma, die sich mit der Technologie der möglichen Kühlung von Stadien befasste; er wurde zitiert mit: Katar will die WM, und sie werden sie kriegen.

Sie haben sie bekommen. Auch wenn das technologische Problem durch die Terminierung des Turniers im Dezember 2022 einigermaßen umgangen scheint, wirft das ein Licht darauf, welche Prozesse schon lange vor der tatsächlichen Vergabe im Gange sind und dass Kleinigkeiten wie Meinungsbildung auf der Basis sachlicher Erwägungen eine völlig untergeordnete, um nicht zu sagen: gar keine Rolle spielen.

Offensichtlich geht es hier um wechselseitige Abhängigkeiten. Das auffallend handzahme Gebaren des DFB in dieser Causa zeigt einfach, dass Katar bei uns noch etwas guthatte. Welche Rolle spielte Katar bei der Vergabe der WM 2006 nach Deutschland? Im Grunde eine rhetorische Frage; es gibt zum einen klare Hinweise, dass Bin Hammam nicht nur für Deutschland stimmte, sondern weitere Stimmen besorgte – wie auch immer. Zum anderen existieren keinesfalls geheime Notizen zu einem Treffen des Scheichs Hamad Bin Khalifa Al-Thani mit Bundeskanzler Schröder im Jahre 1999. Der Kanzler legte ein gutes Wort für die deutsche Bewerbung ein und hatte anscheinend Erfolg.

Im Unklaren blieb offiziell, was genau die Gegenleistung war. Vordergründig Unterstützung beim Gezerre um Fernsehrechte, doch das dürfte der berühmte rote Hering gewesen sein. Eher wohl: das Mitspielen nach den unausgesprochenen Regeln des Kungelns. Vor diesem Hintergrund würde es sich komisch machen, träte der DFB plötzlich mit hohem moralischem Anspruch auf und klagte etwa die totalitäre Struktur des Ausrichterlandes der kommenden WM an oder gar die dort stattfindenden Menschenrechtsverletzungen.

Wie die *Süddeutsche Zeitung* 2015 im Sommer schrieb, noch vor der *Spiegel*-Story, die im Oktober 2015 erschien, gibt es keine direkten Hinweise darauf, dass für die Vergabe der WM nach Deutschland Geld aus Deutschland floss, und der *Spiegel* hat, nach all den vollmundigen Ankündigungen, auch keinen Beweis dafür geliefert. Das Pack-Ende, das man hat, sind die ominösen 10 Millionen Schweizer Franken, an denen mit an Sicherheit grenzender Wahrscheinlichkeit etwas faul ist – nur lässt die Richtung, in die dieses Geld letzten Endes floss, nach jetzigem Stand nicht den Schluss zu, dass es sich um den Lohn für eine Stimmabgabe handelte.

Dieser Lohn bestand wahrscheinlich in nichtmaterieller Währung. Die Auflösung dieses Krimis liegt eigentlich verblüffend nahe: Von Katar eingesammelte (und wohl auch bezahlte) Stimmen für Deutschland gegen Deutschlands Stimme und sportpolitische Unterstützung für die WM-Bewerbung Katars. Das macht den Vorgang natürlich kein bisschen weniger kriminell.

Bei alldem mag ich mir an dieser Stelle eine Richtigstellung nicht verkneifen. Der *Spiegel* titelte 2015 *Das zerstörte Sommermärchen*, und seither hört und liest man immer wieder, das „Sommermärchen" sei gekauft gewesen.

Richtig ist, dass die Vergabe des Turniers zugunsten Deutschlands manipuliert wurde, wie auch immer. Dann ist ein Satz korrekt wie „Die Ausrichtung des Turniers durch Deutschland war gekauft." Und dass der Kaufpreis im Wesentlichen darin bestand, zur Ausrichtung der WM in einem Land zu verhelfen, dessen politische Ausrichtung und Wertekanon sowohl unseren eigenen Standards als auch zumindest nominell denen der FIFA diametral entgegenstehen.

Mit „Sommermärchen" jedoch ist das gemeint, was die Deutschen als Gastgeber aus dem Turnier machten: jenen vierwöchigen Zauber aus Begeisterung, Gastfreundschaft und Verbrüderung, befeuert von einer jungen Mannschaft, die ein großes Turnier spielte. Das kann man nicht kaufen, die Eindrücke bleiben, und man sollte sie dem kollektiven Gedächtnis lassen. Beschädigt werden sie im Nachhinein durch jüngste verbale Entgleisungen mit rassistischen Untertönen von Jens Lehmann und, vor allem, die von Christoph Metzelder selbst eingestandenen Straftaten, indem er sich kinderpornographisches Material beschaffte und es weitergab.

Zurück zum Problem. Um es klar auszusprechen: Wir sitzen in der Tinte. Eine WM in Katar? Wir dürften da gar nicht hinfahren, und jeder weiß das. Toni Kroos meinte kürzlich, die Debatte über einen Boykott komme zehn Jahre zu spät, aber er vertut sich doppelt. Denn verkauft haben wir uns einerseits wohl schon 1999, insofern könnte man ebensogut sagen: Man hat es vor über 20 Jahren vermasselt. Andererseits begannen die Diskussionen, ob das alles überhaupt sein dürfe, bereits 2011 unmittelbar nach der Vergabe – das Thema ist also nicht erst letztes Jahr vom Himmel gefallen. Geschickte und auch geglückte Versuche gewisser Interessenträger, den Gesamtkomplex zu parzellieren (z. B. Bedienung von Nebensträngen zur Frage der Durchführbarkeit einer Fußball-WM in Katar angesichts der dort herrschenden klimatischen Verhältnisse) und Kritiker auf diese Nebenschauplätze zu holen, trugen ebenso dazu bei, dass Einwände immer wieder abgewürgt wurden, wie die schon erwähnten Beschwichtigungsversuche von Franz Beckenbauer und anderen. Eiertänze einiger Journalisten in Medien, die eigentlich für einen kritischen Ansatz bekannt sind (zu nennen ist hier, leider, auch der geschätzte Philipp Köster von 11FREUNDE), dürften von den Antreibern der Veranstaltung mit heimlicher Befriedigung zur Kenntnis genommen worden sein.

Festzustellen bleibt aber: eine Debatte um den Boykott einer solchen Veranstaltung kommt nie zu spät. Schon die Olympischen Spiele 2008 in Peking hätten ohne Delegationen demokratischer Länder stattfinden müssen. Der NOSB, vormals NOK, tat sich mit Thomas Bach als exponierter Figur mit eigenen Karriereplänen da eher nicht hervor. Die Fechterin Imke Duplitzer, die im Frühjahr 2008 einen Boykott forderte, wurde mehr oder weniger ignoriert. Die Debatte mit ihr wurde vermieden, weil allen Beteiligten bewusst war, dass sie recht hatte und es keine Gegenargumente gab. Ähnlich wie im Falle von Katar, nur in erheblich größerer Dimension sind Interessen deutscher Firmen mit China verflochten; es spricht Bände, dass diese Firmen in vorauseilendem Gehorsam nicht nur klare Statements zur Situation der Menschenrechte in China verweigern, sondern sogar aktiv Kritiker zurechtweisen.

Es ist in Wirklichkeit nicht möglich, Sport und Politik zu trennen: Sport *ist* politisch. Die Vergabe einer großen Veranstaltung ist per se eine politische Aussage. Die antike und von Pierre de Coubertin für die Moderne reaktivierte Idee, für die Zeit olympischer Wettkämpfe kriegerische und politische Auseinandersetzungen ruhen zu lassen, klingt hehr – und ist eine Illusion. Der Sport braucht einen Wertekanon, der sich genau und dezidiert zu politischen Grundsatzthemen verhält, und das impliziert die Existenz unüberschreitbarer moralischer Grenzen.

Zweifelsohne liegt Katar jenseits der roten Linie. Russland 2018 bleibt für mich ein Grenzfall: die Hoffnung auf einen Wandel von unten über die immer noch bestehenden demokratischen Institutionen ist noch nicht erloschen, und man kann an der Tatsache, dass der Präsident ein gewählter ist, nicht einfach vorbeigehen. Ungeachtet der mehr als nur andeutungsweise vorhandenen Belege für Unregelmäßigkeiten bei der Vergabe der WM dorthin mochte es gerechtfertigt sein zu sagen: Da ziehen wir noch nicht die Grenze. Dennoch ist es auch die bittere Wahrheit, dass zwar während der WM in Russland, als die 11FREUNDE für die Berichterstattung im *Tagesspiegel* verantwortlich zeichneten, gerade in Sportteil nahezu täglich Berichte über inhaftierte oder auch nur schikanierte Regimekritiker erschienen, diese Berichte aber nach der WM wieder dort verschwanden, wo sie vorher ihr Dasein gefristet hatten: in den Schubladen. Man muss schon Nawalny heißen, um die Öffentlichkeit daran zu erinnern, dass irgendetwas nicht stimmt.

Man hätte in dieser Situation zumindest gewisse Dinge vermeiden müssen. Nichts zwang Lothar Matthäus dazu, den russischen Präsidenten zu treffen. Dass dieses Treffen im Vergleich mit der medialen Ausschlachtung des Fototermins von Ilkay Gündogan und Mesut Özil mit Erdogan so sehr im Hintergrund blieb, lässt sich nicht logisch erklären.

Wie überhaupt die Foto-Affäre unzureichend ausgeleuchtet wurde. Ich will, wohlgemerkt, kein positives Wort über die Politik des türkischen Präsidenten verlieren. Bekannt war aber schon bald, dass es sich nicht um das erste Treffen dieser Art handelte; solche Termine hatten zuvor schon weitgehend unbeachtet stattgefunden. In seiner auf Twitter veröffentlichten Erklärung (die mir nicht in allem geglückt schien) machte Özil klar, dass es sich für ihn in keiner Weise um eine politische Aussage handelte, sondern um eine Frage des Respekts gegenüber dem Volk seiner Herkunftsfamilie, dessen Repräsentant nun einmal der Präsident der Türkei ist. Und, ganz ehrlich: das ist ihm abzunehmen.

Wer nun wieder meint, mit Özils Naivität daherkommen zu müssen, oder auch, wer mich bei meinem eigenen Wort packen und darauf hinauswill, dass im Treffen mit einem Staatspräsidenten immer eine politische Aussage liege, mache sich einen weiteren Gesichtspunkt bewusst, der weitgehend unbeachtet blieb. Schwer zu recherchieren ist dieser Punkt nicht, dafür umso gewichtiger:

Özil hatte sich 2007 entschieden, als Fußballer eine internationale Karriere in der deutschen Nationalmannschaft anzustreben. Dazu musste er seine türkische Staatsangehörigkeit auf- und den türkischen Pass im Konsulat abgeben. In Interviews mit englischen Zeitungen erwähnte Özil nicht nur einmal, wie demütigend der Konsulatsbeamte seinen Vater und ihn behandelte. Sie wurden übel beschimpft und bezichtigt, ihre Volksgemeinschaft im Stich zu lassen; auch mögliche negative Konsequenzen für die in der Türkei lebenden Teile der Familie wurden angedeutet.

Es ist sehr nachvollziehbar, dass Özil seine Existenz als Deutscher mit türkischen Wurzeln zumindest seither als eine besonders herausfordernde erkannte und ihm diese Erkenntnis einen Verhaltens-kodex auferlegte, der eben nicht mit den Maßstäben einer einwandfreien Lösbarkeit jedweden Konflikts zu messen ist.

Ja, auch der „Fall Özil" hat eine klare politische Dimension. Diese liegt aber nicht in der Frage, ob es sich bei dem Fototermin um Wahlpropa-ganda für Erdogan handelte. (Das wurde er, aber vor allem aufgrund der Reaktionen in Deutschland.) Die politisch brisante Frage liegt woanders: Inwieweit akzeptieren wir einen Menschen mit so genanntem Migrati-onshintergrund als Mitbürger, als „Deutschen", der sich offen zu seiner Herkunft, auch seiner Gespaltenheit bekennt?

Als Angela Merkel angesichts der nach Deutschland kommenden Flücht-linge sagte, wir würden das schaffen, konnte sie wohl nur hoffen und nicht wirklich vorhersehen, wie gut „das" fünf Jahre darauf, alles in allem, tatsächlich „geschafft" sein würde, bei allem, was noch zu „schaffen" bleibt. Nicht „geschafft" haben wir „das" dagegen mit Özil, der doch in Deutschland geboren wurde; und, auch das gehört dazu, auch Özil hat das nicht geschafft: er hat sich nach dieser unglücklichen Sache in gewis-ser Weise aus Deutschland heraus drängen lassen, nicht im geographischen Sinne, aber im ideellen: der Gedanke, es könnte eine Identität geben, die ihre Dualität als wesentlichen Teil ihrer selbst akzep-tiert, und dass es einen Ort geben könnte, der ihr eine Heimat bietet, ist um eine Enttäuschung reicher. *Das* ist die ernüchternde politische Kon-sequenz der Özil-Affäre. Denkt man an diesem Punkt weiter, sind es im Grunde Diversität und Inklusion, die hier zur Debatte stehen. Da eine meiner Töchter das Down-Syndrom hat, bin ich hier sicher befangen; wer aber glaubt, der Kreis sei nun wirklich zu weit gezogen, möge einen Blick nach Kanada riskieren: dort beschränkt sich die Debatte über die Inklusion keinesfalls auf Menschen mit besonderen Bedürfnissen, son-dern wird selbstverständlich unter Einschluss der Thematik der Zuwanderung und der indigenen Völker geführt. „Zusammen" betrifft immer alle.

Der Fußball, und hier vor allem: der Deutsche Fußball-Bund, hätte die Gelegenheit gehabt, sich zu seiner politischen Verantwortung zu bekennen, sich der logischen Konsequenz aus dem zu stellen, was man lobenswerterweise über die Jahre und Jahrzehnte gefördert hatte: junge Menschen egal welchen Hintergrunds zusammen zu bringen. Und dieses Bekenntnis hätte darin bestehen können, die konfliktbeladene Situation Özils zu verbalisieren und sich in diesem Sinne an seine Seite zu stellen. Die Chance war da; sie ging unter im Schlamm, den manche Medien warfen, aber auch im Mangel an Reflexion bei nicht wenigen Verantwortlichen, die sich von dieser Schlammschlacht treiben ließen.

Und es ist in diesem Zusammenhang nicht ausreichend, sich ausschließlich am seinerzeitigen DFB-Präsidenten Grindel abzuarbeiten. Oliver Bierhoffs Moderation vor allem nach dem Turnier war beispielsweise desaströs. Was wiederum Menschen von sich gaben, die gar keine Verantwortung und für ihre Äußerungen auch keine Konsequenzen zu tragen hatten, verdient keinen Kommentar, wirklich kein Wort. Höchstens, dass man auch an einer Verantwortung scheitern kann, die man gar nicht hat.

Sport, der Fußball zumal, ist also politisch. Er ist es umso mehr, je mehr man diese Dimension leugnet. Aber man macht die Augen zu. Statt dass der DFB klare Kante zeigt und den Druck auf Infantino erhöht (der niemals hätte FIFA-Präsident hätte werden dürfen), kriecht man ihm in den verlängerten Rücken. Eine Erklärung, nicht nach Katar zu fahren, würde ein Erdbeben auslösen, aber man weiß nicht, wo genau die Trümmer herunterkommen würden, und kein DFB-Funktionär wird eine solche Erklärung abgeben. Wie gezeigt, sind die Interessen zu verquickt; der DFB ist korrumpiert und kommt aus der Nummer nicht mehr heraus.

Das mag auch daran liegen, dass es mit den weiter oben erwähnten „westlichen" Werten nicht mehr so weit her ist. Bei uns in Deutschland ist es zwar nur eine kleinere Minderheit, der unsere Grundwerte am Schuh vorbei gehen (oder wie soll man es nennen, wenn man, gegen die Maskenpflicht demonstrierend, diese verflixte Spannung zwischen

Freiheit und Verantwortung nicht mehr auf die Kette bekommt?), aber sie sind laut, und so richtig kommt die Mehrheit damit noch nicht klar. Immer wieder gehen wir solchen Menschen auf den Leim, lassen uns in Diskussionen hineinziehen, die nur ihnen nützen. Wir haben gar keine Berechtigung, auf irgendein anderes Land mit dem Finger zu zeigen. Die Werteskala des „Westens" ist ein zunehmend abstraktes Konstrukt; die Vereinigten Staaten schienen gerade aufzuhören, ein westliches Land zu sein (bis Donald Trump endlich, gleich wie uneinsichtig, nach der Attacke auf das Kapitol und die Demokratie am 6. Januar 2021 eingestand, dass er seinen Platz räumen würde), und was wäre dann noch der „Westen", außer 600 Jahre Kolonialgeschichte, Ausbeutung und Versklavung?

Der Sport, der Fußball gar, er hätte die Chance, sich hinzustellen und für etwas zu stehen. Nur auf den ersten Blick mag es paradox erscheinen, dass die Rettung nicht in der Entpolitisierung bestehen wird, sondern darin, dass der Fußball sich aus seiner Rolle als Spielball fremder Interessen befreit und eine eigene Position definiert, sich also aktiv politisiert. Das könnte und müsste ihn einiges Geld kosten, das zurzeit beispielsweise aus den Golfstaaten fließt (aber auch von Konzernen aus so genannten freien Ländern). Der Fußball kann sich aber gegen all die angesprochenen Missstände wehren, mit dem, was ihn im Kern ausmacht. Er soll sich bitte keiner Ideologie verschreiben. Aber sich zeigen, wenn es um die Grundpfeiler menschlichen Zusammenlebens geht: Bitte!

Kleine, sehr kleine Zeichen der Hoffnung gibt es. Dass die chinesische U20-Auswahl vor einigen Jahren zu Testzwecken gegen die jeweils spielfreie Mannschaft der Regionalliga Südwest spielen sollte, war von vornherein ein fragwürdiges Konstrukt. Beim allerersten Spiel der Chinesen in Mainz kam es zu einem Zwischenfall und einer Unterbrechung, als Zuschauer die Fahne des von China besetzten und nicht als unabhängiger Staat anerkannten Tibet ausrollten. Das Spiel wurde später fortgesetzt, doch die von chinesischer Seite geforderte Unterwerfungsgeste seitens des DFB blieb aus. China versuchte, eine Staatsaffäre daraus zu machen und verlangte die Übernahme seiner Standards, die die freie Meinungsäußerung nicht vorsehen. Als der DFB nicht mitmachte, zog

China seine U20 von dem Projekt ab. Vielleicht war die Nummer nicht groß genug, aber hier siegte die Prinzipienfestigkeit.

Ebenso verhielt es sich mit den Spielerinnen der USA, die nach dem Titelgewinn 2019 darauf verzichteten, sich im Weißen Haus von Donald Trump feiern zu lassen. Stattdessen positionierte Megan Rapinoe sich vor und nach dem Turnier eindeutig, bezeichnete den Präsidenten als das, was er war (und ist): als Rassisten und Feind der Demokratie. Die Fußballerinnen ließen sich nicht von ihm benutzen.

Auch ein weiteres Fanal der Hoffnung wird, ganz aktuell, von den Frauen gesetzt, die unter dem Motto „Fußball kann mehr" die verkrusteten und patriarchalischen Strukturen des DFB herausfordern. Persönlich bin ich sicher: sie werden obsiegen; den sich fast gratis anbietenden Zuwachs an menschlicher Integrität, gepaart mit politischem Klarblick, wird man schon rein aus rationalen Erwägungen heraus nicht ausschlagen können. Es wird Männer geben, denen das wehtut, ja; aber sie werden einlenken. Und im besten Fall dazulernen.

Und dann war da die zu Anfang des Buches erwähnte Geste der Bundesligaprofis, die sich auf den Knien mit Black Lives Matter solidarisierten. Der erste Bundesligaspieler, der diese (vom Football-Profi Colin Kaepernick übernommene) Geste ausführte, anstatt sein soeben erzieltes Tor zu bejubeln, war der für Borussia Mönchengladbach spielende Marcus Thuram, nur sechs Tage nach dem Tod von George Floyd. Thuram erntete allen Ernstes neben viel Zustimmung auch Kritik. Aus FIFA-Kreisen wurde die politische Neutralität des Fußballs angemahnt. Und dann kamen sie: am folgenden Spieltag gingen zu Beginn der Paarungen Werder – Wolfsburg, BVB – Hertha und Union – Schalke alle Profis auf die Knie; die Spieler des FC Bayern trugen beim Warmmachen in Leverkusen Shirts mit der Aufschrift *Rot gegen Rassismus – #Blacklivesmatter*.

Aber das kann nur der Anfang sein.

Quellen

A) Bücher

Angeführt sind diejenigen Bücher, die für mich in irgendeiner Weise einen Bezug zu den im Buch dargestellten Inhalten bieten. Das muss nicht bedeuten, dass jedes dieser Bücher eine bestimmte Aussage enthält, auf die ich mich konkret beziehe. Insgesamt ist mein Buch ohne Inspirationsquellen wie die hier angeführten undenkbar. Die Aufnahme der Titel in die folgende Liste verbindet sich daher zuallererst mit einem aufrichtigen Dank an die Autoren. Dennoch reklamiere ich für mich, ein weitgehend eigenständiges Werk verfasst und eigene Urteile getroffen zu haben. Wo immer ich mich konkret auf ein anderes Buch beziehe, ist das im Text erwähnt. Auf eine Bibliographierung im wissenschaftlichen Sinne, also mit Fuß- oder Endnoten, wörtlichen Zitaten und Seitenangaben aus den zitierten Werken, habe ich im Interesse der Lesbarkeit verzichtet.

Barth, Rüdiger; Di Grazia, Giuseppe. *Die 10. Magier des Fußballs.* München/Zürich: Piper, 2004

Beyer, Bernd-M. *Helmut Schön. Eine Biografie.* Göttingen: Verlag Die Werkstatt, 2017

Biermann, Christoph. *Die Fußball-Matrix. Auf der Suche nach dem perfekten Spiel.* Köln: Kiepenheuer & Witsch, 2009

Biermann, Christoph. *Matchplan. Die neue Fußballmatrix.* Köln: Kiepenheuer & Witsch, 2018

Davies, Pete. *All Played Out. The Full Story Of Italia '90.* UK: William Heinemann, 1990

Delius, Friedrich Christian. *Der Sonntag, an dem ich Weltmeister wurde. Erzählung.* Hamburg: Rowohlt, 2007 (5. Aufl.)

Eichler, Christian. *7:1. Das Jahrhundertspiel. Als der brasilianische Mythos zerbrach und Deutschlands vierter Stern aufging.* München: Droemer Knaur, 2015

Escher, Tobias. *Die Zeit der Strategen. Wie Guardiola, Löw, Mourinho & Co. den Fußball neu denken.* Hamburg: Rowohlt, 2018

Escher, Tobias. *Vom Libero zur Doppelsechs. Eine Taktikgeschichte des deutschen Fußballs.* Hamburg: Rowohlt 2017 (5. Aufl.)

Honigstein, Raphael/Reng, Ronald (Übers.). *Der vierte Stern. Wie sich der deutsche Fußball neu erfand.* Berlin: Ullstein, 2016

Horeni, Michael. *Gebrauchsanweisung für die Fußball-Nationalmannschaft.* München: Piper, 2018

Jürgens, Tim; Köster, Philipp. *Die 100 besten Spiele aller Zeiten.* München: Heyne, 2018 (aktual. Aufl.)

Mebes, Gilles. *Der SC Freiburg und der Ernst des Lebens.* Freiburg: Belchen, 1999

Mertesacker, Per (mit Raphael Honigstein). *BFG. Big Friendly German. My Autobiography.* Liverpool: deCoubertin Books, 2019

Nedden, Dietrich zur (Hrsg.). *Das Freiburg-Fieber. Ein Lesebuch zum SC Freiburg.* Frankfurt: Georg Simader, 1995

Neumann, Claudia. *„Hat die überhaupt 'ne Erlaubnis, sich außerhalb der Küche aufzuhalten?" Wie ich lernte, das Leben sportlich zu nehmen.* Hamburg: HarperCollins, 2020

Neumann, Herbert; Sickel, Ruprecht; Haffner, Steffen u.a. *Spanien. Fußball-Weltmeisterschaft '82. Herausgegeben von der Sportredaktion der Frankfurter Allgemeinen Zeitung.* Bad Homburg: Limpert, 1982

Reif, Marcel (mit Christoph Biermann). *Aus spitzem Winkel. Fußball-reporter aus Leidenschaft.* Köln: Kiepenheuer & Witsch, 2004

Reng, Ronald. *Miro.* München, 2019

Reng, Ronald (mit Teresa Enke). *Robert Enke. Ein allzu kurzes Leben.* München/Zürich: Piper, 2010

Reng, Ronald. *Spieltage. Die andere Geschichte der Bundesliga.* München/Zürich: Piper, 2013

Schiller, Kay; Young, Christopher. *The 1972 Munich Olympics and the making of modern Germany.* Berkeley and Los Angeles: University of California Press, 2010

Schneider, Mathias. *Löw. Die Biographie.* Berlin: Ullstein, 2018

Schulze-Marmeling, Dietrich. *Der Fall Özil. Über ein Foto, Rassismus und das deutsche WM-Aus.* Göttingen: Verlag Die Werkstatt, 2018

Theweleit, Klaus. *Tor zur Welt. Fußball als Realitätsmodell.* Köln: Kiepenheuer &Witsch, 2004

Wilson, Jonathan. *Inverting the Pyramid. The History of Football Tactics.* London: Weidenfeld & Nicolson / Orion, 2018 (3. Aufl.)

Woller, Hans. *Gerd Müller oder Wie das große Geld in den Fußball kam. Eine Biografie.* München: C.H.Beck, 2020 (3. Aufl.)

Wortmann, Sönke. *Deutschland. Ein Sommermärchen. Ein WM-Tagebuch.* Köln: Kiepenheuer & Witsch, 2006

B) Zeitungen und Zeitschriften

Auch für diese Quellensorte gilt im Prinzip das zu den Büchern Geschriebene, mit der Einschränkung, dass die Zahl der von mir überhaupt zum Thema Fußball konsumierten Artikel sicher in die Zehntausende geht und daraus vieles unbewusst mit eingeflossen sein kann. Aufgrund gesetzlicher Vorgaben erkläre ich hiermit, mich von den Inhalten verlinkter Internetseiten zu distanzieren; insbesondere mache ich mir rassistische und extremistische Inhalte nicht zu eigen.

Biermann, Christoph. *Eine kurze Geschichte des modernen Fußballs.* 11FREUNDE, April 2019

Bock, Andreas. *Gilbert Gress* [Interview]. 11FREUNDE, November 2018

Buschmann, Rafael; Ahrens, Peter. *Freigeist in Ketten* [Thema: Mesut Özil]. *https://www.spiegel.de/sport/fussball/deutschland-hofft-auf-oezil-gegen-die-usa-bei-der-wm-2014-in-brasilien-a-977521.html*, abgerufen am 14.09.2020

Carlin, John. *Nur wer blind ist, glaubt an ehrlichen Fußball.* DIE WELT, 19.08.2016

Escher, Tobias. *Bayern München* [Taktik-Rubrik: So wollen sie spielen]. 11FREUNDE, Februar 2020

Fritsch, Oliver. *Deutschland, einig Dopingland?* DIE ZEIT, 14.08.2013

Fuchs, Ulrich. *Die große Rochade.* HATTRICK, IV. Quartal 1999

Hummel, Thomas. *Zeit, das Genie rauszulassen* [Thema: Mesut Özil]. Süddeutsche Zeitung, 26.06.2014

Hytner, David. *Mesut Özil: Pressure is nothing that scares me. I don't feel pressure.* *https://www.theguardian.com/football/2013/dec/06/mesut-ozil-arsenal-germany-real-madrid*, abgerufen am 14.09.2020

Kamp, Christian. *Hoffen auf den Geistesblitz* [Thema: Mesut Özil].
Frankfurter Allgemeine Zeitung, 08.07.2014

Kneer, Christoph. *Bundestrainer Löw vor dem WM-Finale: Spiel des Lebens.*
Süddeutsche Zeitung, 13.07.2014

Köster, Philipp. *Die Stimme erheben* [betr.: WM in Katar].
11FREUNDE, November 2019

Kriener, Manfred. *Ach Kamerun!* die tageszeitung, 03.07.1990

Radelt, Martin. *Frankreich – Deutschland 0:1.* https://spielverlagerung.de/2014/07/04/deutschland-frankreich/, abgerufen am 14.09.2020

TR (Kürzel für nicht namentlich bekannten Autor). *Louis van Gaal. Der Missverstandene.* https://spielverlagerung.de/2011/07/05/louis-van-gaal-der-missverstandene/, abgerufen am 14.09.2020

Ulrich, Ron; Bock, Andreas. *Der Bruch* [zum Fall Özil].
11FREUNDE, Oktober 2018

Unfried, Peter. *Der Libero.* HATTRICK, IV. Quartal 1999

Yinanç, Barçin. *Özil 'shined a mirror in the face of the German nation'.*
https://www.hurriyetdailynews.com/ozil-shined-a-mirror-in-the-face-of-the-german-nation-135172, abgerufen am 14.09.2020

Dank

Ohne Burkard gäbe es dieses Buch nicht. Zu wissen, dass man einen ge-wissen Grad an Verrücktheit mit jemandem teilt, der ansonsten mit beiden Beinen im Leben steht, erleichtert den Schritt, über diese Ver-rücktheit zu schreiben, enorm. Viele Spiele sahen wir seit den Siebzigern gemeinsam, fast alle in Cannstatt, mit vielen Toren gegen Schalke 04, aber auch bei den Kickers den noch ganz jungen Jürgen Klinsmann. Ein erster Anstoß kam einige Wochen nach der WM 2014: das Algerien-Spiel sei zu schlecht gemacht worden. Burkard war demzufolge der erste, der Teile des Manuskripts zu lesen bekam (natürlich war es der erste Anlauf auf das Algerien-Kapitel). Er und meine beiden ältesten Söhne Benedikt und Lennart waren die ersten, die die Frühversion des ganzen Buches gegenlasen; Lennart hat für die zweite Auflage am überarbeiteten Schlusskapitel mitgeschrieben. Liliana, mit der ich 2011 in Frankfurt das WM-Finale sah, hat mir in den letzten Wochen einige Male über die Schulter geschaut und Nachsicht walten lassen. Allen Kindern, also auch Marlene und Johann, schulde ich Dank für die Geduld beim Fußball-schauen im Irish Pub und das tapfere Ertragen der dortigen variantenreichen Kost. (Sie ist tatsächlich großartig!)

Im Kolleginnenkreis (und auch überhaupt) waren Tine und Lorenz die ersten, die von meinen Plänen erfuhren, zu einem Zeitpunkt, als besten-falls Rohfassungen einiger Kapitel existierten und andere Kapitel noch nicht einmal wussten, dass sie noch geschrieben würden. Lorenz war der-jenige, der die Endfassung so formatierte, dass sie auf einmal wie ein Buch aussah; zudem hat er den Text an einigen Stellen nochmal ausge-wuchtet. Tine liest viel; vielleicht schafft es dieses Buch auf ihre Liste – vielleicht. Das Spiel um den dritten Platz der WM 2018, das wir beim Iren sahen, hat sie wahrscheinlich nicht so vom Stuhl gerissen, dass sie zum Fußballfan mutiert wäre. Aber hoffen darf ich.

Zu den Menschen, ohne die dieses Buch niemals entstanden wäre, gehö-ren außer Burkard noch Usha, Ulla, Ariane, Gertrud, Silvia, Knut und Stephan, meine „Wirschis" (das ist ein Insider und bleibt es auch): unser jährliches Treffen ist ein Quell der Ermutigung und Stärkung darin, etwas zu wagen. Usha rechne ich hoch an, dass sie, obwohl sie Fußball hasst, eine halbstündige Autofahrt auf sich nahm, um mich im Irish Pub beim Fußball zu treffen. Sie war früh eingeweiht, jetzt wisst ihr es auch.

Der ominöse Irish Pub ist auch Ort mehrerer Treffen der *Geordies*, mit Linde und Britta, und auch hier muss erwähnt werden, dass Britta (von uns dreien die sportlichste, und danach komme *nicht* ich) *trotz* Fußball dorthin kam. Mit all den flimmernden Bildschirmen rundum war es tatsächlich vor allem sehr schön, mit euch die nächste Fahrt nach Newcastle zu besprechen – oder auch sonst irgendwas.

Da der Irish Pub nun schon einige Male erwähnt worden ist, ist schon klar, dass es sich dabei um einen besonderen Ort handeln muss. Es ist das O'Reilly's am Neckar unterhalb der Theodor-Heuss-Brücke. Der gesamten Belegschaft dort gilt mein Dank für die immer freundliche Aufnahme, wenn wir einfielen; es war eine nette Zugabe, dass es ab und zu mal noch etwas aufs Haus gab. Wir wären auch ohne immer wieder gekommen.

Wären. Das O'Reilly's in Heidelberg hat nach dem ersten Lockdown nicht wieder geöffnet. Irgendwie kursiert das Gerücht, dass es keinesfalls wirtschaftlich zwingend war, Heidelberg zu schließen. Aber wie voll muss ein Laden sein, damit es heißt, er brummt? Dort war wirklich ein sozialer Treffpunkt, keineswegs nur mittwochs und samstags, lediglich garniert mit Fußball, Rugby und ab und zu auch Gaelic Football. Auch Live-Musik und Quizabende wurden regelmäßig geboten. Falls irgendwer von den Verantwortlichen das hier liest, macht einfach wieder auf, OK? Dann, wenn es wieder ungefährlich und erlaubt ist. Wir kommen, versprochen, und wir bringen noch welche mit.

Frank hat es, anders als ich, in einen Fußballverein geschafft. Allerdings erst während des Studiums. Vorher versperrte ihm ein Orthopäde mit der Prognose einer frühen Invalidität diesen Weg. Später ließ er sich nicht mehr aufhalten und spielt nun schon seit zweieinhalb Jahrzehnten für den FSV Hansa 07 in Kreuzberg, zuletzt in der Ü32, mit über fünfzig. Frank kann *richtig* kicken, mit seinem linken Fuß *richtig* Freistöße in den

Winkel zwirbeln, und er kann sich *richtig* aufregen, wenn Bela Réthy kommentiert. Darin folge ich ihm nicht, aber im Zweifel ist seine Absenderkompetenz die höhere. Gefolgt ist er aber mir, damals zum Offenbach-Spiel. Seitdem war ich in der Familie nicht mehr der weiße Rabe.

Antje war beim Pokalfinale dabei, das die Bayern gegen Köln gewannen. Ich müsste mich schwer täuschen, ich denke, sie war nie mehr in einem Stadion, um ein Fußballspiel zu sehen. Als es etwa zehn Jahre später darum ging, welchen Weg ich eigentlich einschlagen wollte, sprang sie mir bei. Auch deinetwegen, liebe Antje, bin ich heute da, wo ich bin.

Mein verstorbener Vater und meine Mutter haben mir jede erdenkliche Unterstützung zukommen lassen, ebenso wie Rolf, mein Patenonkel, der mich in meiner Kindheit einige Male zum VfR Bürstadt mitnahm, auch zu jenem Spiel, in dem sich die Bürstädter 1972 den Aufstieg in die Regionalliga Süd sicherten. Rolf, einem zeitlebens engagierten Amateursportler, ist der heutige Fußball zuwider; die Diskrepanzen zwischen den Mondgehältern heutiger Spitzenprofis und den mageren Stipendien, ohne die es nicht geht, wenn man sich als Turner auf die Olympischen Spiele vorbereitet, lösen bei ihm nur noch Kopfschütteln aus, ebenso wie das ganze mediale Brimborium.

Philipp Laux danke ich für die Vermittlung einer professionellen Beratung. Der Weg führte zu Jörg Achim Zoll, der zusammen mit seiner Kollegin Dorothee Köhler das Manuskript unter die Lupe nahm und wertvolle Hinweise gab. Für alles Unstimmige, auch für sachlich Falsches, trage ich die alleinige Verantwortung.

Zu guter Letzt danke ich Ute. Du hast meine Leidenschaften immer unterstützt. Auch das hat geholfen, in vielen Dingen.

Zeitfracht Medien GmbH
Ferdinand-Jühlke-Straße 7
99095 Erfurt, Deutschland
produktsicherheit@kolibri360.de